D1292293

LA SÉRIE DU SIÈCLE

SEPTEMBRE 1972

Simon Richard

LA SÉRIE DU SIÈCLE

SEPTEMBRE 1972

Chronique d'une épopée extraordinaire

HURTUBISE
HMH

Les Éditions Hurtubise HMH bénéficient du soutien financier des institutions suivantes pour leurs activités d'édition :

– Conseil des Arts du Canada
– Gouvernement du Canada par l'entremise du programme d'aide au développement de l'industrie de l'édition (PADIÉ)
– Société de développement des entreprises culturelles au Québec (SODEC)
– Programme de crédit d'impôt pour l'édition de livres du gouvernement du Québec

Maquette de couverture : Julie Charpentier
Photographie de la couverture : Denis Brodeur
Photographie de l'auteur : Jean-Guy Richard
Composition et mise en page : Claude Bergeron

Éditions Hurtubise HMH ltée
1815, Avenue De Lorimier
Montréal (Québec) H2K 3W6
Tél. : (514) 523-1523 Téléc. : (514) 523-9969
edition.litteraire@hurtubisehmh.com

Distribution en France :
Librairie du Québec/DEQ
30, rue Gay-Lussac
75005 Paris France

ISBN 2-89428-587-6

Dépôt légal : 3ᵉ trimestre 2002
Bibliothèque nationale du Québec
Bibliothèque nationale du Canada

Imprimé au Canada
www.hurtubisehmh.com

À Claude
À ma mère
À la mémoire d'Yves St-Pierre.

Remerciements

Cet ouvrage n'aurait pu voir le jour sans la collaboration et le soutien de nombreuses personnes.

Serge Savard tout d'abord qui a bien voulu lire mon manuscrit, me faire de nombreuses remarques constructives et qui a accepté d'écrire une préface très personnelle ce dont je lui suis très reconnaissant.

Je tiens aussi à remercier les personnes suivantes qui ont eu la générosité de m'accorder une entrevue : Dr Georges Larivière, Me Michel M. Dagenais, MM. Alexandre V. Archugov, Denis Brodeur, Yvan Cournoyer, Richard Garneau, Bruce Hood, Pete Mahovlich, Denis Neznanov, Jean Ratelle et l'honorable Marc Lalonde. Je désire également remercier les personnes suivantes, qui m'ont offert, d'une manière ou d'une autre, leur collaboration : Me Paul Corbeil, Mme Annie Gérin, MM. Pierre Bouchard, Denis Faille, Alain Laliberté, Marc Lebel, Ron Fournier, et Gino Ongaro ainsi que ma sœur, Micheline Richard, et mon frère, Raymond Richard. Je remercie également Émilie Archambault pour son excellent travail d'assistante de recherche dans les archives des journaux.

Trois personnes m'ont offert un soutien plus particulier. Je leur adresse ma plus vive reconnaissance : Alain Boisvert, mon ami, pour ses précieux conseils et ses encouragements ; Carolle Richard, ma sœur, pour sa générosité et les innombrables heures consacrées à la révision du manuscrit ; Claude Cantin, ma conjointe, pour sa patience, sa compréhension et son soutien indéfectible.

Enfin un livre sur le hockey n'aurait pas vraiment de sens sans quelques illustrations. Je dois à Denis Brodeur ce photographe passionné de hockey, la grande majorité des superbes photos qui parsèment cet ouvrage.

L'auteur remettra, pour chacun des exemplaires vendus de cet ouvrage, une partie de ses redevances au Camp Papillon *et à la* Fondation Gaudet-Richard *de la ville de Bécancour. Dans le premier cas, les sommes seront destinées à la bibliothèque de cette importante colonie de vacances québécoise pour enfants physiquement handicapés. Dans le second cas, les montants versés serviront, conformément à la mission de la fondation, à encourager l'excellence des citoyens et citoyennes dans les domaines culturel et sportif.*

TABLE DES MATIÈRES

LA SÉRIE DU SIÈCLE

Préface

La Série du siècle a été l'événement le plus important de ma carrière, plus encore que les dix coupes Stanley que j'ai remportées à titre de joueur ou de directeur général du Canadien de Montréal.

Cette compétition déborda la frontière du sport. Ce fut une guerre entre deux régimes, la bataille de deux philosophies. Cette série changea à tout jamais notre hockey, autant sur la surface de jeu que sur le plan de la préparation des joueurs. Son impact aurait été encore plus grand si l'élargissement à répétition des cadres de la Ligue nationale n'avait pas entraîné l'arrivée d'un grand nombre de joueurs marginaux, freinant du coup la progression du hockey professionnel.

Néanmoins, cette série sera toujours le point de référence pour le développement du hockey professionnel. Elle a permis au hockey de s'internationaliser. Pour le hockey canadien, il n'y a désormais plus rien d'acquis. Tout récemment, les Américains gagnaient le Championnat du monde des moins de 17 ans. Cela donne un aperçu des dimensions qu'a prises notre sport national au fil des 30 dernières années. L'auteur de cet ouvrage exalte les valeurs exceptionnelles que préconise le hockey européen, s'attardant sur ses méthodes d'entraînement et ses systèmes basés sur la collectivité, l'équipe, rejetant la brutalité et les bagarres.

Je me suis toujours fait un devoir de condamner la violence, les actes disgracieux et l'accrochage, cette maladie endémique de la dernière décennie qui ne doit pas anéantir les efforts déployés pour aider le hockey nord-américain à s'adapter aux nouvelles méthodes et poursuivre le développement de l'excellence chez nos jeunes patineurs.

Simon Richard propose une série de solutions pour améliorer la qualité du spectacle au hockey professionnel. Pour ma part, je soutiens que c'est d'abord le trop grand nombre de formations dans la Ligue nationale qui dilue la qualité du jeu et ternit le spectacle. Il est exact toutefois que l'espace est devenu restreint sur la glace. Le jeu est plus rapide aujourd'hui et les joueurs plus costauds. Quant aux gardiens, ils ont imposé leur loi. Or, je ne crois pas que la solution consistant à porter la dimension de la surface glacée au niveau des patinoires olympiques soit envisageable car les nouveaux amphithéâtres ont été conçus pour des patinoires de 200 pi. × 85 et il est illusoire de croire qu'elles seront modifiées. Il faut donc trouver d'autres pistes pour améliorer le produit offert aux amateurs. À défaut de pouvoir agrandir la surface glacée, le concept de jeu à quatre contre quatre pendant toute la durée des matchs devrait être sérieusement considéré. Cette approche, déjà en vigueur lors des périodes de prolongation de la LNH en saison régulière, n'offre-t-elle pas du jeu spectaculaire qui tient le public en haleine et le ravit pendant cinq minutes? Pourquoi en serait-il autrement pendant 60 minutes?

L'ouvrage que l'auteur vous propose est à l'évidence le fruit d'une recherche exhaustive, détails et anecdotes foisonnent. Il fait revivre, de chapitre en chapitre, l'extraordinaire tension qui a culminé à 34 secondes de la fin du match ultime. Il met beaucoup d'emphase sur les gestes répréhensibles de certains joueurs. Il ne faudrait pas perdre de vue, comme il le souligne d'ailleurs lui-même, ceux qui ont fait gagner leur équipe et ceux qui n'ont participé à aucun de ces actes.

Je garde un souvenir impérissable de la Série du siècle, de la camaraderie exceptionnelle qui régnait au sein d'Équipe Canada et du respect mutuel qui s'est développé entre les joueurs soviétiques et canadiens. Ce respect a perduré. Je me rappelle qu'il y a quelques années, alors que j'étais dans le stationnement d'un aréna en Suisse, mon regard a croisé au loin celui d'Alexandre Yakushev. Spontanément, nous nous sommes approchés pour nous saluer chaleureusement, comme deux vieux amis.

Cette série a tout simplement transcendé le sport. Je me sens infiniment privilégié d'y avoir participé. Bonne lecture!

SERGE SAVARD

PROLOGUE

Ah! 1972, l'année de mes 10 ans. Je me souviens de cet âge angélique. Au retour de l'école, comme tous les enfants, je m'empressais d'ouvrir le téléviseur pour regarder mes émissions et personnages favoris. Il y avait bien sûr Bobino, avec sa Bobinette et ses amis Tapageur, Camério et Télécino. Il y avait l'inoubliable Souris verte. Il y avait également La Boîte à surprises *où se retrouvaient le pirate Maboule, Fanfreluche, Sol et Gobelet, Marie Quat'Poches et plusieurs autres. Leurs aventures invraisemblables, leurs mimes et leurs farces justifiaient l'oubli occasionnel que j'avais de faire mes devoirs. D'autres émissions incontournables meublaient mon quotidien. Je pense à* Symphorien *et à* Amicalement vôtre *avec Roger Moore et Tony Curtis. Il fallait une catastrophe pour me faire manquer les aventures du chien Rin-tin-tin ou de la belle Samantha dans* Ma sorcière bien-aimée. *Je prenais toujours un peu plus de temps à m'endormir les soirs de* Mission impossible, *les dernières minutes me remuant le sang dans tous les sens car je craignais invariablement le pire pour mes agents secrets préférés.*

Comme tant d'autres jeunes et moins jeunes, l'émission de télévision qui m'était la plus chère demeurait La Soirée du hockey. *Comme mon père, plusieurs de mes frères et une bonne partie des Québécois, je vénérais les héros de mes Canadiens chéris et adulés. Je vivais pour voir les Savard, Lapointe, Cournoyer, Dryden, Mahovlich et compagnie culbuter leurs adversaires. Tout joueur qui portait un autre chandail que le bleu-blanc-rouge arboré du CH m'était des plus antipathiques.*

En cette fin d'été, le Québec se remettait de la crise d'Octobre. Les Québécoises soupiraient en écoutant J'ai rencontré l'homme de ma vie *de Diane Dufresne. Les Québécois se joignaient à elles pour danser sur* J'entends frapper *de Pagliaro.* American Pie, *de Don McLean, faisait se dandiner toute la belle jeunesse nord-américaine, y compris celle que le malheur contraignait à se trouver sous la mitraille au Viêt-nam. Les mélancoliques se berçaient sur* Les plaisirs démodés *d'Aznavour. Quant aux jeunes de mon âge, on ne cessait de fredonner, depuis le mois de juillet: « Oh Patof... Oh Patof, Patof blue... Oh Patof blue! »*

Encore aujourd'hui, je me souviens assez nettement du 2 septembre 1972, si lointain et si près à la fois. Il faisait une chaleur du diable dans la vallée du Saint-Laurent. En ce temps, la température était graduée en gros nombres. Fahrenheit qu'on disait. Ce samedi, il faisait 90 °F - ou 32 °C si vous préférez. Avec l'humidité accablante, c'était étouffant.

Sur la ferme familiale, la journée avait commencé comme les autres. Mon père et trois de mes frères qui étaient encore à la maison s'étaient levés à cinq heures et quart pour aller traire les vaches. À 41 ans, ces trois-là étaient en âge de contribuer aux labeurs de la terre. Quarante et un ans, c'était le total de leur âge, soit 16, 13 et 12 ans. Vers sept heures, j'ai rejoint le groupe à table pour déjeuner. Cela fait, nous avons entrepris les divers ouvrages commandés par l'exploitation d'une ferme laitière: le soin des animaux, l'entretien de la machinerie agricole, la réparation des clôtures des pacages, ce genre de choses quoi. Pendant ce temps, ma mère et mes sœurs voyaient aux travaux domestiques propres à une famille constituée d'une dizaine d'individus: la préparation des repas, les multiples lavages, l'entretien de la maison en plus de la corvée saisonnière, soit la cueillette des légumes du jardin et leur mise en conserve.

Ce jour-là, nous procédions aussi à la moisson de l'avoine. Les efforts s'étaient ainsi poursuivis, comme de général, jusqu'au début de la soirée. Il était maintenant passé sept heures. Je donnais un coup de main au versement du grain dans la vis sans fin qui servait à son ensilage dans le petit bâtiment d'entreposage. La vis faisait un bruit terrible, qui s'ajoutait à celui du tracteur qui la faisait se mouvoir. Ce n'était pas agréable mais, en dedans, c'était de loin plus pénible, mes frères épandaient la céréale à la pelle au fur et à mesure qu'elle s'écoulait du long tuyau. Il y avait cette chaleur, bien sûr, mais il y avait surtout la poussière. On n'y voyait point. Ces millions de fines particules émergeant du grain donnaient à ceux qui passaient quelque temps dans cette pièce l'allure de mineurs. Ces minuscules corps passaient à travers les mouchoirs de fortune placés sur nos bouches. Pendant des heures ensuite, notre système de défense naturel jouait son rôle expurgatoire en provoquant des crachats continuels, tout à fait noirs au début, puis de plus en plus clairs.

La veille avait été riche en actualités. Le Blue Bird, une boîte de nuit de Montréal, s'était enflammé après qu'un cocktail Molotov eut été lancé, causant le décès de 37 individus. Pierre Elliott Trudeau, le premier ministre du Canada, avait déclenché des élections. L'Américain Bobby Fisher avait renversé à Reykjavik le Russe Boris Spassky, et par le fait même le monde des échecs, en devenant le premier champion depuis 1948 qui ne soit pas soviétique. Aux Jeux olympiques de Munich, commencés quelques jours auparavant, les joueurs de basket-ball soviétiques renversent un autre ordre établi en battant pour la première fois les Américains dans une finale dramatique contestée par leurs rivaux. Ce sont les premiers Jeux olympiques dont j'ai gardé souvenir. Je me souviens en particulier du nageur américain Mark Spitz, qui avait accumulé sept médailles d'or. Et comment oublier la description unique de ces courses par Jean-Maurice Bailly ?

Ce 2 septembre néanmoins, les gens n'en ont que pour le hockey. À la ferme familiale, l'excitation est grande. On s'empresse de terminer l'entreposage de l'avoine pour enfin courir vers le téléviseur quelques minutes à peine avant le début de la mêlée. La famille est agitée. Nous sommes installés dans le salon de cette maison qu'a construite mon père deux ans auparavant. Le plancher est encore sur le contreplaqué, une idée de mon père qui n'a pas l'heur de plaire à ma mère. N'empêche, La Soirée du hockey débute. Les caméras montrent un Forum de Montréal plein à craquer. Les 18 818 spectateurs qui assistent à l'événement sont visiblement différents de la foule habituelle, constituée d'ordinaire de *riches détenteurs de billets de saison. Pour cette série spéciale, les billets ont été vendus au prix fixe de 7,50 $, par voie d'une loterie pancanadienne[i]. Ce n'est pas le moment de faire des distinctions sociales. Après tout, on reçoit les communistes, faut bien donner l'exemple.*

Le public applaudit chaleureusement les joueurs des deux équipes lorsqu'ils sautent sur la patinoire. Les bandes sont toutes blanches. Les magnats de la Ligne nationale n'ont pas encore pensé tacher ce décor immaculé en y apposant de la publicité. Au cours de la présentation des joueurs, ce sont les vedettes du Canadien qui soutirent les encouragements les plus nourris. Le premier ministre Pierre Elliott Trudeau, vêtu d'un veston pâle orné d'une rose rouge à la boutonnière, se présente sur le tapis rouge. Il est accompagné des entraîneurs des deux équipes et de quelques autres personnalités pour faire la mise au jeu protocolaire.

Alexandre Vikulov et Phil Esposito ont été désignés pour faire cette mise au jeu. Le joueur soviétique dépose son bâton sur la glace. Esposito semble fébrile. Il fait de même. Lorsque M. Trudeau laisse tomber la rondelle, le joueur canadien, dans un geste tout à fait inhabituel, effectue un mouvement énergique du revers pour soutirer le disque. Vikulov, ayant laissé son bâton en place comme il se doit, pose un regard incrédule vers Esposito, qui se retourne vers ses coéquipiers, le bras gauche en l'air en signe de victoire. Le ton est donné.

Quelques instants plus tard, l'orgue du Forum fait entendre l'hymne national soviétique. Pour des raisons inconnues, nous sommes malheureusement privés de la magnifique voix de Roger Doucet, qui s'était pourtant longtemps entraîné pour le chanter. Durant les hymnes, les joueurs des deux équipes restent sans mouvement, comme au garde-à-vous sur leur ligne bleue. Pour la plupart des joueurs canadiens, habitués à jouer en Amérique parmi les leurs, c'est la première fois que l'hymne canadien entonné avant un match prend quelque signification. Quant aux télé-spectateurs, pour la première fois, plusieurs voient de près de vrais communistes, grâce aux plans rapprochés de la caméra. Et sur-

---

i   Fait à noter, les journalistes devaient également payer ce tarif. Cette pratique a prévalu pour les quatre duels au Canada.

prise! ils ne sont pas tous identiques, contrairement à ce que nous imaginions tous et toutes. Il y a des blonds, des châtains, des bruns foncés. Certains sont grands et minces, d'autres trapus.

Les hymnes se terminent. Les joueurs se rencontrent au centre de la glace pour échanger un petit souvenir et se serrer la main. Quelques-uns, un large sourire au visage, se donnent une tape amicale sur l'épaule, chose impensable dans un duel de la Ligue nationale de hockey. Quelques instants encore et la série se mettra en branle. À la maison, nous avons quelques secondes pour aller expectorer encore un peu de cette saleté de poussière et nous donner un coup de débarbouillette.

Pour entreprendre le jeu, le Canada oppose aux six hockeyeurs inconnus de l'URSS un nombre équivalent de joueurs qui ont l'assurance d'être, à une ou deux exceptions près, les meilleurs au monde à leur position respective: Ken Dryden dans le but, Brad Park et Gary Bergman à la défense, Frank Mahovlich à la gauche, Phil Esposito au centre et Yvan Cournoyer à la droite. Trois d'entre eux sont du Canadien, je ne puis être davantage comblé. La rondelle est mise au jeu.

Vue du tableau indicateur à la fin du 6e match. En URSS, la rencontre contre les Canadiens s'inscrit dans le soulignement du 50e anniversaire de l'État soviétique.

CHAPITRE 1

CHOC ATTENDU SUR FOND DE GUERRE FROIDE *

C'était la guerre. Et l'enfer pour nous ;
que nous le voulions ou non.
PHIL ESPOSITO

O n estime à 15 millions l'auditoire de ce match historique au Canada alors que sa population totale se
chiffre à un peu moins de 22 millions d'habitants. On
dit également que cet auditoire canadien double le nombre
absolu de téléspectateurs de tout autre événement à cette
date au pays. Ce n'est pas rien. Pourquoi plus des deux tiers
des Canadiens se trouvent-ils devant leur téléviseur pour ce
match de hockey ? Pourquoi cet intérêt peu commun, cette
tension extraordinaire ? Qu'est-ce qui explique les débordements qui surviendront sur la glace et hors de la glace ? Il n'y
a pas qu'une seule réponse à ces questions. Il y a qu'en 1972
il est admis dans le monde du hockey que le Canada est la
première puissance sur la glace. Il est admis qu'un seul autre

---

* Pour alléger la lecture l'auteur utilisera deux types de notes. En chiffres
arabes (1, 2, 3...) pour les références bibliographiques placées en fin de
volume. En chiffres romains pour les compléments d'information, placés en bas des pages concernées.

pays peut prétendre relever le défi d'affronter le Canada: l'URSS. Il y a toutefois que, privé de la possibilité de désigner ses meilleurs éléments aux tournois internationaux, le Canada se fait systématiquement humilier par les Rouges depuis 10 ans sur les glaces de la planète et aux yeux du monde entier. Il y a également qu'outre le tiers-monde la planète est divisée en deux en 1972: les bons et les méchants, soit les pays aux économies dites libérales et les pays socialistes. Il faut comprendre que ces deux régimes se livrent une lutte sans merci pour le contrôle du monde. «C'était une guerre, une guerre de tranchées», a dit Serge Savard en parlant de la série. Pete Mahovlich a dit la même chose. Esposito et plusieurs autres également. Permettez de faire ici un petit détour hors glace et un bref voyage dans le temps.

Au milieu du XIXe siècle, la plupart des humains vivent dans la misère sur la planète, sauf les membres de classes privilégiées. Dans nos pays dits civilisés, les travailleurs peinent à l'ouvrage pour un salaire qui ne leur permet pas de donner convenablement à manger à leur famille. Et encore faut-il qu'ils aient un travail. Les gens éduqués sont l'exception. Il n'y a pas d'assurance en cas de maladie. Bref, c'est la misère à peu près généralisée quand deux Allemands, Karl Marx et Friedrich Engels, publient en 1848 *Le manifeste du Parti communiste*. Ces deux personnages réclament des choses étonnantes comme le droit au travail pour tous, l'éducation publique et gratuite pour tous les enfants, l'abolition du travail des enfants dans les fabriques, la fin de l'exploitation des femmes et la fin de l'exploitation de l'homme par l'homme. Ils lancent cet appel qui deviendra célèbre de par le monde: «Prolétaires de tous les pays, unissez-vous!»

Leurs idées font le tour de la planète à la vitesse de l'époque, soit en quelques décennies. Le livre est traduit en plusieurs langues et réédité régulièrement. Un peu partout, au tournant du XXe siècle, les travailleurs se prennent en main et forment des associations pour sortir de la fange dans laquelle on les tient engoncés.

C'est en Russie, où la désorganisation économique et la famine généralisée sont particulièrement présentes, que les choses changent le plus radicalement. Une première révolution du peuple frappe en 1905 ce pays monarchiste, puis une seconde en février 1917, justifiée cette fois en plus par les pertes de la Première Guerre mondiale[i]. Une troisième révolution, celle d'octobre 1917, fait basculer définitivement le régime du tsar Nicolas II. Un jeune idéaliste, Vladimir Illich Oulianov, dit Lénine, prend la tête du pays. C'est sous sa gouverne qu'en décembre 1922 l'Union des républiques socialistes soviétiques (URSS) est fondée. Celle-ci intègre alors trois républiques, dont la Russie. Au fil des ans, 12 autres républiques s'ajouteront. De ce jour, le monde est divisé en deux : celui des socialistes et celui des capitalistes.

Les mouvements ouvriers et la doctrine socialiste atteignent rapidement l'Occident. Il existe déjà un parti ouvrier au Québec dans les années 1890. Le Parti socialiste du Canada est fondé en 1904. Le 1er mai 1907, Montréal connaît sa première manifestation socialiste et la police intervient pour disperser les manifestants qui dénoncent la pauvreté et les conditions de travail misérables des travailleurs. Les organisations socialistes dérangent et le gouvernement canadien profite de la *Loi des mesures de guerre* imposée au cours de la Grande Guerre de 1914-1918 pour interdire les associations socialistes. Ces groupements devront vivre longtemps dans la clandestinité et subir les frappes policières. Plusieurs lois québécoises et canadiennes seront adoptées au fil des ans pour contrer le fléau du communisme et par le fait même les réclamations faites par ses sympathisants. Signalons entre autres la *Loi du cadenas* de 1937, adoptée par Maurice Duplessis, qui interdira à toute personne d'utiliser son domicile pour propager le communisme.

Qu'importe, les revendications des organisations ouvrières et des groupes de gauche permettent quelques petits gains et même parfois des grands. Le gouvernement du Québec adopte

---

i   On estime que la guerre a fait six à huit millions de victimes russes : prisonniers, blessés et morts.

en 1903 une loi permettant aux femmes d'étudier la médecine et une autre en 1909 sur les accidents de travail. En 1910, il fixe à 58 le nombre maximal d'heures de travail par semaine pour les femmes et les enfants du secteur du textile. Il établit également à 14 ans l'âge minimum pour travailler. Le gouvernement fédéral accorde le droit de voter à certaines femmes en 1917[ii] et à toutes les femmes l'année suivante. Au Québec, elles attendront 1940 pour obtenir ce privilège. Une loi provinciale de 1919 décrète un salaire minimum pour les femmes. En 1943, le gouvernement du Québec proclame enfin une loi instaurant l'instruction obligatoire pour tous les enfants de 6 à 14 ans.

Sur la scène internationale, les États-Unis et l'URSS s'unissent contre Hitler au cours de la Deuxième Guerre mondiale. C'est après cette guerre que les choses se gâtent. La marche des Soviétiques vers Berlin leur a donné l'idée de s'installer pour de bon là où ils passaient. De bon gré ou plus souvent après une persuasion musclée, plusieurs pays rejoignent le bloc de l'URSS : la Yougoslavie et la Bulgarie en 1946, la Roumanie, l'Albanie et la Pologne en 1947, la Hongrie et la République tchèque en 1948. En 1949, le communisme se répand en Asie alors que la Corée du Nord s'aligne sur Moscou et décide d'envoyer des troupes en Corée du Sud l'année suivante. Les Américains n'apprécient pas. Envoi de troupes alliées en Corée. Boum boum ! Ça dure trois longues années. Le Canada, pris dans une alliance, y laisse 1 500 vies humaines.

La course aux gros joujoux de guerre devient une priorité. L'URSS fabrique sa première bombe atomique en 1949. Elle rapplique en 1953 en faisant exploser sa première bombe à hydrogène, un an après les Américains. Le président américain Eisenhower fait adopter un programme de 1,27 milliard de dollars destiné au développement de missiles. Au cours des années suivantes, un déploiement sans précédent de bombes destructrices verra le jour de part et d'autre. On fabriquera promptement des missiles balistiques intercontinentaux por-

---

ii   Ce sont les proches parentes des militaires (épouses, sœurs, etc.) qui obtiennent les premières ce droit.

teurs d'ogives nucléaires pouvant aller à 24 000 km et anéantir des villes entières. On inventera les fusées *Polaris*, lancées à partir de sous-marins, puis d'autres encore pouvant être lancées à partir de silos souterrains, puis des missiles antimissiles, des *Poséidon*, des *Trident* et *tutti quanti*. On parle alors d'équilibre de la terreur.

En 1952, la loi McCarran aux États-Unis y interdit l'immigration de communistes. Le sénateur John McCarthy, pour ne pas être en reste, lance une vaste campagne anticommuniste caractérisée par la délation, la propagande et la traque aux «Rouges». Celle-ci conduit à des arrestations multiples, à l'emprisonnement, à l'exil et même à la condamnation à mort. Le monde du cinéma est particulièrement ciblé. Dans un tel climat, Charlie Chaplin se voit interdire de tourner en raison de ses allégeances politiques. Contraint à l'exil, il part pour la Suisse en 1953. La même année, le couple Rosenberg est exécuté après un procès controversé ayant conclu à leur culpabilité pour avoir livré à l'URSS des secrets sur la bombe atomique. Cette chasse aux sorcières affecte également le hockey professionnel. En effet, en 1957, deux des meilleurs joueurs de la LNH, Ted Lindsay des Red Wings de Detroit et Doug Harvey du Canadien de Montréal, tentent de mettre sur pied, avec quelques compagnons, un syndicat des joueurs de la Ligue nationale. Leur objectif vise notamment la création d'un fonds de retraite. Les initiateurs se font traiter de communistes par les dirigeants de la Ligue, qui réussissent à tuer le projet dans l'œuf. En guise de réprimande et d'exemple, Lindsay sera échangé à Chicago peu après. Harvey subira le même sort quelques années plus tard.

L'affrontement des deux géants se propage dans l'espace. En 1957, les Américains apprennent avec stupéfaction que les Soviétiques ont envoyé dans l'espace *Spoutnik 1*, le premier satellite. En 1961, les Soviétiques récidivent en envoyant le premier homme dans l'espace, Iouri Gagarine. John F. Kennedy réagit en annonçant la même année le vaste et coûteux programme *Apollo*, qui mènera l'homme sur la Lune en 1969.

Deux jeunes idéalistes d'à peine 30 ans, Fidel Castro et Che Guevara, conduisent à Cuba une guérilla qui renverse en 1959 le pouvoir établi. En 1960, les Soviétiques abattent au-dessus de leur territoire un avion espion américain, le *U2*. En avril 1961, John F. Kennedy autorise une intervention pour renverser le régime de Castro dans le lieu dit baie des Cochons. Le débarquement est un échec. Victime d'un blocus économique des Américains, Cuba se tourne alors vers Moscou, qui ne se fait pas prier pour ainsi acquérir un pied-à-terre à 150 km des États-Unis. Au début d'octobre 1962, les services secrets américains photographient des rampes de lancement de missiles soviétiques sur le territoire cubain. JFK n'apprécie pas. Il met en place un blocus naval et annonce au monde que les États-Unis sont prêts à faire la guerre pour empêcher que des fusées soient installées à Cuba. Durant trois jours, le monde est à un cheveu de la catastrophe. Un oui ou un non peut faire tout basculer. Moscou retire finalement ses missiles en échange de la promesse des Américains de ne pas envahir Cuba.

La guerre idéologique ne manque pas d'originalité à l'hôtel de la bêtise! En août 1961, les autorités de la République démocratique d'Allemagne de l'Est, alliée de l'URSS, décident d'ériger en deux temps trois mouvements un mur en pleine ville de Berlin. Ainsi apparaît un matin le Mur de Berlin, long de 45 km et coupant la ville en deux. Le mur s'étendra sur 120 autres kilomètres pour séparer les deux Allemagnes.

Le Viêt-nam Nord a choisi le camp communiste, appuyé par le grand frère. Le Viêt-nam Sud est menacé. Les Américains s'en mêlent encore, surtout à partir du début des années 1960. Et voilà que ça saute de nouveau. En 1968, plus de 500 000 militaires américains combattent au Viêt-nam, dans une guerre finalement inutile qui les mènera aussi au Cambodge et au Laos. Les États-Unis se retireront finalement dans la honte, à la fin des années 1970, après avoir englouti plus de 20 milliards de dollars et gaspillé des dizaines de milliers de vies.

Au début des années 1970, on se met de part et d'autre à compter ses bombes et à réaliser, avec de grands frissons dans le dos, leur danger potentiel pour l'humanité. En février 1971, Moscou et Washington signent un traité pour dénucléariser les fonds marins. En mai 1972, le président Nixon se rend à Moscou pour signer divers accords mutuels de bonne coopération dans les domaines scientifique, médical et technologique et, surtout, pour ratifier les accords SALT sur la limitation partielle des armes stratégiques.

Ces premiers signes d'assouplissement ouvrent la voie à la tenue de la Série du siècle, mais la guerre froide n'est pas terminée pour autant...

Denis Brodeur, dans l'uniforme de l'équipe olympique canadienne en 1956, gagnante de la médaille de bronze aux Jeux olympiques de Cortina d'Ampezzo en Italie.

CHAPITRE 2

UNE SUPRÉMATIE MENACÉE

Le propre de la médiocrité est de se croire supérieur.
LA ROCHEFOUCAULD

E n 1972, le hockey est grandement populaire au Québec et au Canada. Il faut patienter quelques années pour avoir la chance d'obtenir un billet de saison au Forum de Montréal tellement la liste d'attente est longue. C'est la même chose au Maple Leafs Gardens, où toutes les parties jouées depuis 1946 ont fait salle comble !

Les rencontres des deux principales équipes professionnelles canadiennes sont radiodiffusées depuis 1931 sur les ondes de Radio-Canada. Depuis le premier match de hockey télédiffusé le 11 octobre 1952 à la *Soirée du hockey*, les samedis soir d'hiver sont sacrés. Bon an mal an, l'émission hebdomadaire qui présente les plus hautes cotes d'écoute aux réseaux français et anglais de la chaîne nationale est la partie du samedi soir. La deuxième émission la plus écoutée au réseau anglais est la rencontre du mercredi soir… Les distractions sont moins variées que de nos jours. Il n'y a pas de Nintendo, ni jeux électroniques, ni Internet, ni appareil vidéo, ni télévision par câble ou satellite, ni micro-ordinateur. Nous ne nous doutons même pas que ces choses-là puissent un jour exister. Nous ignorons qu'un certain Ray Tomlison a effectué quelques mois auparavant le tout premier envoi d'un courriel dans le cadre d'un projet de recherche du département de la Défense américaine. La plupart des familles du pays se rassemblent donc devant le téléviseur le samedi soir pour regarder le hockey. Pour les enfants, c'est le bonheur de pouvoir veiller plus tard. Pour les adultes, ce sont la passion, la frénésie et les engueulades – parfois amicales, parfois moins – à propos des décisions des entraîneurs, du jugement des arbitres, du jeu des favoris et que sais-je encore. Pour tout le monde, c'est l'amour d'un sport profondément enraciné dans la culture, c'est la passion pour un sport pratiqué par des hommes auxquels on peut s'identifier, c'est le plaisir d'entendre la magnifique voix et les commentaires judicieux de René Lecavalier, c'est enfin le bonheur sublime de prolonger, dans la chaleur du salon, les moments d'excitation vécus sur la glace de la cour ou de l'étang du coin.

Le hockey est notre sport national. C'est ici qu'il a été inventé par des militaires au milieu du XIXe siècle, bien que l'on ne s'entende pas sur son lieu d'origine exact, à savoir Halifax ou Kingston[1]. On sait toutefois que le jeu du hockey est issu de l'adaptation du hockey sur gazon et d'autres sports pratiqués de longue date qui ont pour noms *hurley, bandy* et *shinty.* Le tout premier match documenté de l'histoire du hockey s'est joué au Victoria Rink de Montréal, le 3 mars 1875. Il opposait deux équipes de neuf étudiants de l'Université McGill. Le journal *The Gazette* a rendu compte de cette partie jouée avec une rondelle de bois dans son édition du lendemain.

Le développement du hockey sera pour le moins fulgurant. Dès 1876, Montréal comptera cinq équipes. La toute première ligue est formée en 1886. La Coupe Stanley est créée en 1893, le Canadien de Montréal en 1909 et la Ligue nationale en 1917. L'historien Donald Guay recense 81 ligues de hockey formées au Canada entre 1886 et 1917[2].

C'est au Canada[i] qu'ont été définies les règles du jeu. L'adoption des filets remonte à 1900. En 1911, on a fixé à six le nombre de joueurs et le format des parties a été défini, à savoir 3 périodes de 20 minutes. La ligne bleue est apparue en 1913. La dimension actuelle des patinoires rappelle celle du Victoria Rink, de 200 pi sur 85 pi (61 m × 26 m) L'établissement de la grandeur des buts à 6 pi × 4 pi (1,83 m × 1,22 m) date de 1886. Et ainsi de suite.

Propagé par les étudiants universitaires et les militaires, le hockey atteint prestement le continent européen. Dès 1885, on signale à Saint-Moritz en France des rencontres entre les Universités de Cambridge et d'Oxford. En 1903, l'Angleterre a son premier championnat national de hockey. La Fédération de hockey de France est fondée en 1905. En 1908, le hockey est déjà assez répandu en Europe pour que soit créée la Fédération internationale de hockey sur glace (FIHG). Celle-ci organise son premier championnat en 1910, aux Avants, en Suisse. Les équipes de Belgique, d'Angleterre, d'Allemagne et de Suisse s'y affrontent.

En 1920, le Canada et les États-Unis joignent les rangs de la FIHG. Le hockey fait son entrée aux Jeux olympiques cette même année, à titre de sport de démonstration, à Anvers en Belgique. Sept pays se font la lutte[ii], mais les forces en présence sont inégales. Le Canada est représenté, comme ce sera en général le cas par la suite, par les gagnants de la Coupe Allan, dont les titulaires sont les Falcons de Winnipeg en 1920[iii]. Cette équipe, composée principalement de Canadiens

---

i   La majorité des règlements ont été définis à Montréal.

ii   Les sept pays présents aux Jeux olympiques d'Anvers en 1920 sont la Belgique, le Canada, les États-Unis, la France, la Suède, la Suisse et la Tchécoslovaquie. Pour obtenir des renseignements sur les représentants canadiens aux championnats du monde, aux Jeux olympiques et aux championnats amateurs canadiens (Coupe Allan), consultez l'inestimable site WEB *A to Z Encyclopeadia of Ice Hockey*: http://www.azhochey.com/team.html#Canada/

iii   La Coupe Allan est remise annuellement aux champions canadiens amateurs. Cette coupe existe depuis 1908. Jusqu'en 1963, le gagnant de l'année précédant les Olympiques et les championnats du monde était désigné pour représenter le Canada.

d'origine islandaise[iv], écrase les Tchèques 15-0 et la Suède 12-1. Les Falcons remportent l'or devant les Américains et acquièrent par le fait même, à la grande joie des citoyens de Winnipeg, le titre de champions du monde[v].

Ce sont les Granites de Toronto qui représentent le Canada aux premiers Jeux olympiques d'hiver, à Chamonix, en 1924. Ils remportent l'or après avoir accordé 3 buts en 5 parties, mais non sans avoir pris la peine de marquer 132 buts ! Plusieurs joueurs de cette équipe atteindront la Ligue nationale par la suite et connaîtront même, dans certains cas, une carrière professionnelle enviable[vi]. Ce ne sera pas le cas du meilleur compteur de l'équipe, Harry E. Watson, dit le Moose. Celui-ci détient encore aujourd'hui le record de buts dans une rencontre, soit 13, réussi contre la Suisse. En tout, il aura marqué 36 buts en 5 joutes. L'histoire se répétera aux Jeux de 1928, à Saint-Moritz, quand les Graduates de l'Université de Toronto ramèneront l'or au pays après avoir joué 3 parties et marqué 38 buts[vii].

À partir de 1930, le championnat mondial a lieu chaque année. En 1931, parce qu'elle ne dispose pas des ressources financières pour défrayer les coûts du long voyage, l'équipe championne amateur de l'année précédente, le Montreal AAA[viii], ne peut se rendre au mondial de Krynica en Pologne. Les Grads du Manitoba se portent finalement volontaires pour les remplacer et gagnent les grands honneurs du tournoi. Toutefois, une première est survenue au cours de ce

---

iv   *The Icelandic boys*, comme on les appelait.

v   Pour visualiser des photos exceptionnelles de l'équipe, du voyage et des conditions dans la Belgique d'après-guerre, consultez le site WEB de Brian Johannesson : http://www.kw.igs.net/~brianj/falcons.htm.

vi   Signalons Reginald Smith, qui sera intronisé au Panthéon de la renommée après avoir joué pour quatre équipes de la LNH dont les Maroons de Montréal.

vii L'illustre Conn Smythe était l'instructeur de cette formation, mais il n'avait pu se rendre au tournoi.

viii Le Montreal AAA (Montreal Amateur Hockey Association) est également connu sous le vocable de Montreal Hockey Club. Il a le mérite d'avoir gagné la première Coupe Stanley en 1893.

rendez-vous annuel lorsque la Suède a réussi à soutirer un verdict nul de 0-0 aux Grads, devenant ainsi la première nation européenne à ne pas perdre un duel de hockey avec le Canada. Deux ans plus tard, l'étoile du Canada pâlit encore davantage car ce dernier perd, pour la première fois, un titre mondial. Ce sont les Sea Fleas de Toronto qui s'inclinent à Prague devant les Américains[ix]. Le Canada se contentera également de l'argent aux Jeux olympiques de 1936 à Garmisch-Partenkirchen alors qu'il est représenté, comme en 1931, par une équipe de remplacement, les Bear Cats de Port Arthur. L'or va cette fois à l'Angleterre! Les Anglais forment, si on peut dire, l'équipe B du Canada car la majorité d'entre eux ont appris à jouer de ce côté-ci de l'Atlantique[x].

En 1947, le Canada n'est pas représenté à Prague, sans doute parce qu'aucune formation senior n'a réussi à trouver les sommes importantes nécessaires à un tel voyage. C'est l'équipe tchécoslovaque qui remporte l'or[xi].

Le Canada est encore incapable d'envoyer une équipe aux Jeux de 1948 à Saint-Moritz. À la dernière minute, un dirigeant de la Royal Canadian Air Force décide de monter une équipe. Celle-ci s'embarque à New York pour l'Europe sur le *Queen Mary* au début de janvier 1948. Altis International Inc. rapporte :

---

ix Des recherches sur l'origine des joueurs de l'équipe américaine nous permettraient sans doute de découvrir que plusieurs de ces joueurs soit jouaient au Canada, soit en étaient d'origine.

x Certains de ces joueurs anglais étaient excellents. Il en est ainsi par exemple du gardien étoile de l'équipe, Jimmy Foster. Joueur des Hawks de Moncton, une équipe senior du Canada, il a réussi en 1932 une séquence de 417 minutes sans accorder de but; il conduira ensuite son équipe à la Coupe Allan en 1933 et en 1934. Il terminera sa carrière avec les As de Québec.

xi Cette équipe tchécoslovaque annulera 0-0 contre le Canada au championnat de 1948. Malheureusement, tous ses joueurs perdront la vie dans l'écrasement d'un avion le 8 novembre 1948. Fait singulier à noter, la Tchécoslovaquie remportera l'or au mondial de 1949, avec une nouvelle équipe.

« Au cours des 80 jours qui suivirent, ce ramassis d'avia-teurs parcourut 15 000 milles (24 140 km), joua devant 250 000 spectateurs, remporta 31 victoires, perdit 5 fois, annula 6 parties et rapporta la médaille d'or au Canada. L'équipe des Flyers a joué toutes ses parties sur des patinoi-res extérieures, souvent dans des conditions difficiles : tempête de neige, orage, blizzard, en altitude à plus d'un mille au-dessus du niveau de la mer, sur des surfaces de neige fondante et des patinoires entourées de bandes mesurant un seul pied de hauteur... Le lendemain de l'obtention de cette médaille d'or, le joueur Hubie Brooks maria une Danoise, Birth Grontved, à Saint-Moritz. Il était l'un des cinq seuls aviateurs canadiens à avoir reçu une croix militaire durant la Deuxième Guerre mondiale. Son avion fut abattu. Il fut capturé, s'évada, fut repris et s'évada de nouveau pour se battre avec des partisans dans les Carpates[3]. »

En 1949, les Wolfes de Sudbury se contentent de l'argent à Prague, malgré leur victoire record de 47-0 contre le Dane-mark. Le Canada gagne deux autres championnats, puis les Jeux de 1952 à Helsinki. Cette médaille d'or, remportée par les Mercurys d'Edmonton, est la seule de cette nature gagnée par les Canadiens à ces Jeux. C'est la quatrième fois d'ailleurs que cela se produit, ce qui confère aux joueurs canadiens le statut de héros. Cependant, c'est la dernière médaille d'or olympique remportée par une équipe de hockey canadienne, avant qu'elle ne réussisse l'exploit en février 2002 à Salt Lake City.

Le Canada ne peut envoyer d'équipe au Championnat du monde de 1953. Il délègue l'année suivante à Stockholm les Lyndhursts d'East York, Ontario (LEY), une équipe qui n'a pu réussir mieux que se rendre en finale du groupe senior B de l'Ontario, un calibre inférieur au senior A. Le LEY traverse l'Atlantique en janvier 1954 pour jouer des parties hors concours en Europe avant le Championnat du monde. Il perd 11-2 à Paris devant 15 000 spectateurs contre une équipe de Canadiens vivant en Angleterre. L'atmosphère est conviviale : des joueurs prennent de la bière au banc des punitions[4]! Le LEY joue d'autres matchs préparatoires, notamment à Bâle et à Zurich devant des foules de 15 000 adeptes de hockey. Ce tournoi de Stockholm en 1954 marque l'entrée des Soviétiques dans le hockey international. Ils sont là pour apprendre, disent-ils, et ils délèguent 35 joueurs, tandis que les autres équipes en ont une quinzaine. L'événement suscite un intérêt extraordinaire. On dénombre en effet 261 journalistes de 125 pays. La compétition se déroule à l'extérieur sur une glace artificielle. Doug Smith, de Montréal, filme la partie entre les Canadiens et les Soviétiques pour Broadcaster Canada. La rencontre est également décrite à la radio canadienne. La tension est forte. L'anticommunisme des années 1950 est présent. Avant la partie, Jim Vipond du *Globe and Mail* émet le commentaire suivant: « Il n'y a aucun doute que les joueurs russes ont été victimes de propagande et qu'ils vont tout donner dans une cause désespérée pour montrer au monde qu'ils peuvent battre les Canadiens[5]. » Finalement, le Canada perdra 7-2 contre les Soviétiques devant 18 000 fanatiques. Plusieurs joueurs pleureront après la partie, déçus d'avoir laissé tomber leur pays. Éric Unger, du LEY, dira: « Leur joueur le moins rapide l'était davantage que notre plus alerte[6]. »

Cette défaite aux mains des Soviétiques sonne le réveil des Canadiens. Les journaux, qui pourtant n'avaient envoyé aucun journaliste à Stockholm, critiquent le gouvernement et l'Association canadienne de hockey amateur (ACHA). De son côté, l'Association ontarienne du hockey réclame qu'à l'avenir seule l'équipe championne amateur du Canada puisse représenter le pays aux championnats du monde. Le gérant du Canadien de Montréal, Dick Irwin, s'en mêle en suggérant que chaque équipe de la LNH libère deux joueurs pour la durée de l'épreuve.

En 1955, les Vees de Penticton, champions de la Coupe Allan en 1954, vont défendre les couleurs canadiennes à Dusseldorf en Allemagne. L'équipe est renforcée par la présence de quelques joueurs sélectionnés parmi d'autres équipes canadiennes. La bière coule à flots. Les émotions également.

Au cours du premier exercice à Berlin, deux joueurs canadiens s'empoignent, ce qui fait dire à leur instructeur que «les entraînements sont plus dangereux que les joutes[7]. » À Prague, un membre de l'ambassade canadienne rapporte qu'il arrive que leurs voitures soient peintes en rouge avec la mention « 7-2 ». La partie Canada-URSS est décrite en direct à la radio anglophone par le légendaire Foster Hewitt. Avant la rencontre, l'entraîneur de l'équipe, Grant Warwick, dit à ses coéquipiers : «Si vous perdez, vous ne pourrez retourner à la maison. Aussi bien vous en aller en Chine[8]. » Les Vees affrontent les Soviétiques devant 12 000 spectateurs sur une patinoire extérieure. Les Canadiens ne ménagent pas le jeu viril et cognent rondement le meilleur joueur soviétique, Vsevolod Bobrov, au début de la partie. Enfin, ils remportent une victoire de 5-0 et la médaille d'or. L'honneur est rétabli. Pour l'instant.

L'année 1956 voit les Jeux se transporter à Cortina d'Ampezzo, dans les Dolomites italiennes. Les champions de la Coupe Allan, les Dutchmen de Kitchener Waterloo, représentent le Canada. L'équipe est dirigée par Bobby Bauer, une gloire à la retraite des Bruins de Boston. Le gardien est Denis Brodeur, qui deviendra plus tard un célèbre photographe de sports et de hockey en particulier[xii]. Brodeur est le gardien numéro un de l'équipe. C'est lui qui garde les buts dans la majorité des parties. Il se rappelle encore celle jouée contre les Suédois, à 8 h 00 du matin, « par une température de –60 °F (–51 °C) », m'a-t-il confié en entrevue. Il aide son équipe à vaincre l'Allemagne (4-0), l'Italie (3-1), la Suède (6-2) et les puissants Tchèques (6-3). Toutefois, les Dutchmen perdent 4-1 contre les Américains, puis 2-0 contre les Soviétiques. À l'occasion du dernier match, Brodeur avait cédé sa place à Keith Woodall, le Canada ayant à ce moment perdu toute

---

xii   Denis Brodeur sera l'auteur de la fameuse photographie de Paul Henderson. Denis est le père de Martin Brodeur, cerbère étoile des Devils du New Jersey. Martin a perfectionné son jeu en participant à l'école de hockey de… Vladislav Tretiak. Martin fera ensuite partie de l'équipe de formateurs de l'école de gardiens de but de Tretiak. Comme quoi le monde est petit.

chance de médaille d'or. Brodeur se souvient de cette rencontre : « Les Russes étaient très rapides. Ils se passaient très bien la rondelle, et surtout à outrance. Dans cette partie, ils n'avaient lancé que 9 fois au but, contre 29 pour nous. »

En 1957, les Soviétiques effectuent leur première visite au Canada. L'événement majeur de cette visite fut la partie disputée au Maple Leaf Gardens de Toronto contre les Dunlops de Whitby, champions de la Coupe Allan. Les Soviétiques suscitent déjà énormément de curiosité, comme en fait foi le nombre impressionnant de 15 000 spectateurs pour ce match. Les Soviétiques prennent les devants 2-0 tôt en première. Puis, les Dunlops se mettent à jouer l'homme, comme on dit. La partie se termine 7-2 en leur faveur. Le gérant de l'équipe canadienne, Wren Blair[xiii], dira : « À la minute que l'on s'est mis à les bousculer, nous avons brisé leur concentration. C'en était fini de leur Tic-Tac-To[9]. » La même année, les Mondiaux ont lieu à Moscou. Le Canada et les États-Unis boycottent le championnat en raison de l'invasion de la Hongrie par les Soviétiques. Le heurt décisif opposant les Soviétiques aux Suédois est disputé au Grand Sport Arena devant une foule estimée à 55 000 spectateurs, la plus imposante de l'histoire du hockey jusqu'à ce match de la NCAA, joué le 6 octobre 2001 aux États-Unis, au stade de football Spartan Stadium, devant 74 554 amateurs[xiv]. Le tournoi de 1957 marque la dernière année où le championnat se joue sur une glace naturelle.

Les McFarlands de Belleville Ontario représentent le Canada à Oslo en Norvège en 1958. Le capitaine de cette équipe de nouveau renforcée de plusieurs joueurs pour cette épreuve est nul autre que le défenseur Harry Sinden. Le Canada écrase la Finlande 24-0, les Suédois 10-2 et les Américains 12-1. Il vient aussi à bout de l'URSS (4-2). Ce dernier

---

xiii Ce même Blair sera plus tard directeur général des North Stars du Minnesota.

xiv Les équipes de Michigan State et les Wolverines du Michigan ont annulé 3 à 3 cette rencontre historique malgré une période de surtemps.

face-à-face a été difficile. Wren Blair rapporte à Scott Young, auteur de *War On Ice*, que les Soviétiques jouaient déjà en 1958 un jeu psychologique visant à perturber les joueurs adverses. Le gérant canadien Blair utilise aussi la psychologie pour motiver les siens. En retard (0-1), il lance à l'un de ses joueurs, Bobby Attersley : « De la façon dont tu joues, je commence à douter de tes orientations politiques[10]. » Il n'en faudra pas plus pour que celui-ci marque un but et aide son équipe, qui a eu l'aide d'un peu de Sher-Wood, à gagner le match. La victoire réjouit les supporters canadiens. L'équipe reçoit de nombreux télégrammes de félicitations, dont celui du premier ministre du Canada. C'est la dernière année que le Canada domine ainsi ses adversaires.

L'équipe de Belleville se rend à Prague en 1959, sans Harry Sinden cette fois. Maurice le Rocket Richard est invité par les Tchécoslovaques à assister à l'événement. Il est reçu en héros. L'équipe canadienne est encore davantage renforcée pour cette compétition car cinq professionnels retraités et cinq professionnels d'équipes mineures s'ajoutent au noyau de base des McFarlands. Red Berenson, une vedette du junior, se joint aussi à l'équipe[xv]. On est loin des petites délégations des années précédentes. Au cours d'une partie d'exhibition en Finlande, Al Dewsbury, un ancien des Red Wings de Detroit et des Blackhawks de Chicago, brutalise un arbitre. Un autre joueur, George Gosselin, se bat avec un officiel. Le désordre est dans l'auberge, rapporte Young. À Prague, le Canada bat les Soviétiques mais ne peut venir à bout des Tchécoslovaques. Il se contente de l'argent. Le Canadien Jean-Pierre Lamirande remporte le titre de meilleur défenseur de la compétition.

Aux Jeux de 1960, à Squaw Valley aux États-Unis, les champions de la Coupe Allan refusent de représenter le Canada parce que les règlements du CIO interdisent la présence de professionnels. Une équipe de remplacement, les Dutchmen de Kitchener Waterloo, s'y présente, sous la direction de

---

xv   Berenson fera partie de l'équipe de 1972.

Bobby Bauer. Les jeunes vedettes junior Terry Harper et Stan Mikita refusent de se joindre à l'équipe. Celle-ci termine au quatrième rang. C'est la première fois que le Canada ne remporte pas de médaille dans une compétition internationale. C'est la commotion chez les joueurs et les partisans. Leur honneur est meurtri. Un échevin de la ville de Kingston, berceau du hockey de l'avis de ses habitants, écrit à l'équipe : « Je vais demander que soit décrété un jour de deuil national et que notre drapeau soit mis en berne[11]. »

Les Smoke Trail Eaters, ou mangeurs de fumée, représentent le Canada, en 1961, en Suisse. Dans une mêlée préparatoire disputée en Suède, la foire prend encore. Le joueur étoile des Suédois, Nils Nillson, a la mâchoire fracturée par un coup d'un opposant. Un de ses compagnons de jeu sort sur une civière. Ils manqueront tous les deux le Championnat du monde en Suisse. Les journaux suédois traitent les joueurs canadiens de bandits et de meurtriers. Le portier du Canada, Seth Martin, confie à Young : « Nous avons été brutaux ce soir-là. Nous avions quelque chose à prouver et nous l'avons fait[12]. » Au tournoi, le Canada bat les Soviétiques 5-1 à l'occasion de l'engagement décisif et obtient la médaille d'or. Seth Martin, choisi le meilleur joueur de la compétition, rapporte qu'après la partie le défenseur étoile des Soviétiques, Nikolaï Sologubov, se rend à sa chambre pour lui offrir de la vodka et trinquer avec lui. Plus tard dans la soirée, le gardien Viktor Konovalenko fera de même[13]. C'est la dernière victoire des Canadiens au Championnat du monde.

Les Canadiens ne réussissent à gagner que l'argent en 1962, à Colorado Springs, malgré le boycott des Russes et des Tchécoslovaques. En 1963, les Smoke Eaters de Trail finissent quatrièmes à Stockholm. C'en est trop. Le Canada ne peut rivaliser avec les meilleurs joueurs des autres pays dans les conditions actuelles. Le frère de Bobby Bauer, le père David Bauer, crée à l'été 1963 le programme de l'Équipe nationale du Canada. À partir de 1964, le Canada ne sera donc plus représenté par les champions de la Coupe Allan, mais par une équipe nationale formée de jeunes poursuivant leurs études universitaires. Cette nouvelle équipe termine quatrième aux Jeux de 1964 à Innsbruck, en dépit d'une fiche identique à celles des Suédois et des Tchèques de cinq victoires et deux défaites. Le joueur étoile du Canada, Seth Martin, se blesse à une cheville et n'entre en jeu qu'à la troisième période contre les Soviétiques. L'entraîneur Tarasov ordonne à ses joueurs de ne pas lancer sur Martin afin de ne pas lui permettre de se réchauffer. Les Soviétiques remportent la partie 3-2 de même que la médaille d'or[14]. Trois des six joueurs choisis dans l'équipe d'étoiles de hockey de ces jeux sont canadiens, soit l'avant Roger Bourbonnais, le défenseur Rod Seiling[xvi] et le gardien Seth Martin.

À Tampere en Finlande, en 1965, l'Équipe nationale perd 8-0 contre les Tchécoslovaques. Au cours de ce duel, Brian Conacher[xvii] prend huit punitions et quitte la glace après la partie, au milieu de l'hymne national de l'équipe gagnante[15]. Le Canada ne peut faire mieux qu'une troisième place. L'année 1967 marque la première expansion de la LNH. Celle-ci passe de 6 à 12 équipes. L'Équipe nationale se trouvait à menacer la LNH pour l'embauche de jeunes talents. De jeunes prodiges du hockey junior comme Bobby Orr et Serge Savard ont considéré la possibilité de poursuivre leurs études et d'aller jouer dans l'Équipe nationale[xviii]. Cela n'avait pas l'heur de plaire aux bonzes de la LNH, qui devaient alors offrir davantage d'argent aux joueurs concernés pour les retenir. L'Équipe nationale connaîtra finalement peu de succès dans le recru-

---

xvi   On retrouvera Rod Seiling dans l'équipe de 1972.

xvii Brian est le fils de Lionel Conacher, un athlète canadien remarquable qui a joué au hockey et exercé divers sports. Lionel fut d'ailleurs choisi en 1971 l'athlète canadien des 50 premières années du XXe siècle. Pour sa part, Brian jouera deux ans dans la LNH pour les Leafs. Il sera l'analyste du codiffuseur CBC/CTV pour la Série du siècle.

xviii Serge Savard a été tenté de vivre l'expérience de l'Équipe nationale pour pouvoir étudier à l'université à Winnipeg. Il a même rencontré à Montréal le père Bauer, lequel était accompagné d'un homme prêt à offrir à Savard une forme de rémunération pour qu'il se joigne à l'Équipe nationale. Le lendemain de cette rencontre, Sam Pollock rencontre Savard dans son bureau et ce dernier décide finalement de se joindre au club école du Canadien, à Houston, pour 3 500 $ par an.

tement de jeunes joueurs de talent. L'expansion sonnera pour elle l'hallali en ce qu'elle diminuera de façon importante le nombre de jeunes juniors disponibles. D'ailleurs, aucun joueur des ligues junior canadiennes n'adhérera à l'Équipe nationale à l'été 1969, une première depuis ses débuts.

Rien ne va plus pour l'Équipe nationale. Le rêve du père Bauer prend fin au début de l'année 1970 lorsque l'équipe est dissoute en pleine saison, à quelques semaines des Mondiaux. D'année en année, les défaites s'accumulent contre les équipes européennes de premier plan. De 1963 à 1969, l'Équipe nationale a maintenu une fiche de 14-16 contre les Tchécoslovaques et de 6-35-2 contre les Soviétiques. N'eut été des prouesses de Seth Martin, désigné le meilleur gardien du tournoi en 1961, 1963, 1964 et 1966, le bilan aurait été plus sombre encore. Richard Garneau est un témoin privilégié de cette époque, ayant couvert, pour le compte de Radio-Canada, les championnats du monde de hockey et les Jeux olympiques de 1964 à 1969. Pour lui, il était évident que, malgré leur bonne volonté :

« Les joueurs de l'Équipe nationale ne faisaient pas le poids avec les Soviétiques. En 1969, même si l'Équipe nationale du Canada avait pu compter sur les neuf professionnels qu'elle réclamait, elle n'aurait pu vaincre les meilleures équipes européennes. J'ai l'impression que, dès 1964, les meilleures équipes de la Ligue nationale auraient eu de la difficulté à battre les Russes. »

À propos de l'équipe soviétique, Roger Bourbonnais, un Franco-Manitobain qui a joué cinq ans pour l'Équipe nationale, confiera : « On jouait contre des équipes professionnelles des parties hors concours et nous voyions que les Russes n'étaient pas très loin d'eux. »

Il ajoute : « Homme pour homme, il n'y avait pas, dans notre équipe de 1968, plus de deux ou trois joueurs qui auraient pu faire partie de l'équipe russe[16]. »

L'équipe aura du moins accompli une partie de son mandat. En 6 ans, 49 des 83 joueurs qu'elle aura accueillis ont obtenu un diplôme universitaire, et 35 de ses joueurs ont ensuite joué dans la LNH ou des circuits professionnels mineurs. Brian Conacher rappelle qu'il y avait probablement plus de joueurs avec un diplôme universitaire dans la seule équipe de 1968 que dans toute l'histoire de la LNH[17]. La réalité est toute simple. Le Canada, pourtant reconnu comme La Mecque du hockey, peine contre les équipes européennes de premier rang et perd systématiquement contre les Soviétiques. Les équipes européennes désignent leurs meilleurs joueurs pour les représenter alors que le Canada ne peut déléguer que des équipes formées d'athlètes de second ordre. L'honneur des Canadiens est en jeu et nos dirigeants vont prendre les moyens pour changer les choses.

CHAPITRE 3

UNE QUESTION D'HONNEUR...
ET DE POLITIQUE

*Vous avez beau ne pas vous occuper de politique,
la politique s'occupe de vous.*
CHARLES DE MONTALEMBERT

Quelques politiciens, sportifs et journalistes se sont un peu inquiétés au printemps 2001 des objectifs cachés d'unité nationale à l'occasion du Sommet national sur le sport lancé par Denis Coderre, secrétaire d'État au Sport amateur. Or, ce n'est pas d'hier que les dirigeants canadiens sont sensibles à l'importance du sport comme moyen de propagande.

Au Canada, dès 1949, le secrétaire d'État Lester B. Pearson souligne que le sport international est un moyen de démontrer la supériorité d'une nation sur les autres et qu'il faut que le Canada s'adapte à cette réalité[18]. À partir des années 1950, et particulièrement au cours de décennie suivante, les défaites des représentants canadiens et la brutalité dont ils font preuve sur les glaces européennes gênent les autorités du pays, au point où plusieurs sont embarrassés par notre représentativité au hockey international. Nombreux sont en effet les ambassadeurs canadiens en poste en Europe qui se plaignent

Photo : Denis Bro

C'est Alan Eagleson, président de l'Association des joueurs de la LNH et agent de dizaines de joueurs, qui a permis la tenue de la Série du siècle. Il discute ici avec le jeune prodige Vladislav Tretiak.

formellement de la piètre image véhiculée par leurs hoc-keyeurs. Par exemple, en 1960, l'ambassadrice canadienne de Suède se dit outrée par «l'ignominieuse représentation des hockeyeurs canadiens[19]». La question de la représenta-tivité atteint même la Chambre des communes, où le député J. R. Taylor souligne, après les Jeux de 1960, qu'une «publi-cité considérable a été propagée au Canada pour cette per-formance inadéquate[20]». Paul Martin, secrétaire d'État aux Affaires extérieures, écrit le 10 juin 1966 : «Le hockey devrait être vu comme une des armes de la diplomatie canadienne[21].» La situation est telle que le ministre fédéral John Munroe forme le projet, à la fin des années 1960, de désigner des diplo-mates rattachés au hockey dans les ambassades européennes.

Bref, la situation est tellement préoccupante que le gou-vernement libéral commande à l'été 1966 une vaste étude sur le hockey amateur au Canada. Le premier ministre Pierre Elliott Trudeau s'intéresse personnellement à la question et déplore, pendant la campagne électorale fédérale de 1968, la représentativité canadienne au hockey international. Il s'en-gage à former un comité spécial sur le sport amateur[i]. Voilà une problématique qui doit être particulièrement délicate puisque Trudeau respecte sa promesse en mettant sur pied une «*task force*» dès que son gouvernement est réélu à l'été 1968. «On a voulu revaloriser le sport à la fois comme élément d'un programme de santé des Canadiens, de prestige national et d'appui à l'élite», précise Marc Lalonde[ii]. Le mandat du

---

i   Ce comité aura une importance non négligeable dans l'histoire du sport canadien. Il jouera non seulement un rôle crucial dans l'orga-nisation de la Série du siècle, mais il conduira également à la création de nombreuses fédérations canadiennes de sport, à l'établissement du Centre national du sport à Ottawa et à la mise en place d'un pro-jet populaire qui aura pour nom *Participaction*.

ii   Le gouvernement Trudeau réalise aussi, quoique bien après les Sovié-tiques, que le sport contribue au développement de la fierté natio-nale. «Ce n'était pas un vaste complot pour s'en servir d'instrument de promotion de l'unité nationale, dit Lalonde. Cette priorité était là à l'époque mais elle n'était pas aussi importante qu'elle le deviendrait plus tard.» Lalonde reconnaît d'emblée, cependant, que le sport était reconnu comme un facteur considérable de rassemblement.

comité spécial porte sur le sport en général et concerne nom-
mément le hockey. Les choses ne traînent pas. Dès le début
de 1969, le travail du comité spécial mène à la création de
Hockey Canada. Le mandat de Hockey Canada est simple :
développer le hockey canadien, former une équipe nationale
compétitive et en assurer la gestion. Son conseil d'administration est formé de représentants du gouvernement, de
l'ACHA, de la LNH et du milieu des affaires.

Le chef de cabinet de Pierre Elliott Trudeau à ce moment-
là, Marc Lalonde, se souvient de cette aventure. Selon lui, le
Canada envoyait aux rencontres internationales de hockey
« des équipes de second ordre qui se faisaient souvent battre
à plate couture. Cela créait beaucoup de mécontentement
au Canada ». Il a frais à la mémoire, 30 ans plus tard, que ce
n'est pas par hasard qu'Alan Eagleson, « malgré qu'il ait été
un conservateur affiché », fut néanmoins nommé directeur
de Hockey Canada[iii], car le gouvernement libéral de Trudeau
n'était pas sans savoir qu'Eagleson, en tant que directeur
exécutif de l'Association des joueurs et agent de nombreux
joueurs, « était en position pour forcer la main de la Ligue
nationale afin de permettre aux joueurs canadiens de se libé-
rer pour jouer contre les Soviétiques ». Comme on le verra
plus loin, ce sera effectivement le cas.

C'est dans ce contexte que le Canada est, pour la première
fois, choisi comme pays hôte du Championnat du monde
de hockey, en 1970. L'année précédente, des pourparlers
avaient été engagés avec la FIHG pour que des joueurs actifs
professionnels soient admis aux Mondiaux. De son côté, Alan
Eagleson, membre du conseil de direction de Hockey Canada,
se rend à Moscou en 1969 pour engager des pourparlers au
sujet de l'organisation d'une série entre les Soviétiques et les
professionnels canadiens. Il est reçu froidement par ses hôtes,

---

iii C'est un peu hors d'ordre, mais signalons qu'un Albertain réalisera
     plusieurs années plus tard une étude sur le rôle de Hockey Canada de
     1969 à 1973. Le jeune auteur, le dénommé Preston Manning, devien-
     dra éventuellement le chef du Parti réformiste du Canada. Comme
     quoi l'étude du sport mène à tout.

qui désirent faire affaire avec l'ACHA, l'organe sanctionné du Canada pour le représenter sur la scène internationale du hockey. Un sondage effectué en 1969 dans le *Week-end Magazine*, auquel répondent 40 000 personnes, révèle que 99 % d'entre elles souhaitent une confrontation entre les hockeyeurs Soviétiques et les professionnels de la LNH[22]. Le peuple réclame des jeux. Il veut voir enfin les professionnels livrer bataille aux Rouges, ces prétendus champions du monde. Il faut en finir avec cette chimère. Et puis, comme l'a dit Napoléon, « En guerre comme en amour, pour en finir il faut se voir de près. »

En 1969, une équipe soviétique ne comprenant pas les meilleurs joueurs effectue une tournée canadienne de 10 parties en 15 jours. Les Soviétiques remportent les 10 parties jouées contre l'équipe nationale et d'autres formations canadiennes en dépit du décalage horaire, de la fatigue, de la dimension des patinoires et de la rudesse des Canadiens. « Cela a été plaisant », commentera simplement l'entraîneur Anatoli Tarasov.

Au début de 1970, la FIHG refuse d'admettre des joueurs professionnels aux championnats mondiaux, sans tenir compte des récriminations des Canadiens, qui rétorquent que les joueurs des équipes soviétiques, suédoises et tchèques s'entraînent et jouent au hockey à temps plein, comme les professionnels. On accuse les Européens de jouer à l'autruche[iv]. Le prétexte de ce refus est la menace d'exclusion des prochains Jeux olympiques, proférée par le Comité international olympique (CIO), de toute équipe qui affrontera dans une compétition certifiée des professionnels. Dans un geste dramatique, le Canada se retire du Championnat du monde de 1970, quelques semaines seulement avant l'événement. Les échanges traditionnels du hockey mineur sont également compromis. Les voyages en Europe de jeunes joueurs de niveau pee-wee sont annulés. Ce boycott en règle

---

iv   Des années plus tard, plusieurs joueurs russes avoueront que tout le monde en URSS admettait que les joueurs soviétiques étaient des professionnels.

des Canadiens durera quelques années. La population de Winnipeg, un château fort du hockey au Canada, est outrée de la décision canadienne car elle vient de perdre la chance d'être l'hôtesse d'un événement d'envergure internationale.

Comme on l'a vu précédemment, la détente de la guerre froide fait son petit bonhomme de chemin. Le premier ministre Trudeau se rend pour la première fois à Moscou en 1971. Le Canada et l'URSS signent un traité général de bonne coopération dont un article, le quatorzième, porte précisément sur des échanges en matière de sport. Marc Lalonde était de ce voyage à Moscou et se souvient que Trudeau et Brejnev ont parlé de hockey. L'année suivante, le premier ministre Alexei Kossyguine foule le sol canadien. C'est la première visite au Canada d'un chef d'État ou du gouvernement de l'histoire de l'URSS.

Toujours en guise de protestation, et pour éviter la gêne de nouvelles défaites humiliantes, le Canada s'absente également des Mondiaux de 1971 à Stockholm, ceux de 1972 à Prague et des Jeux olympiques de 1972 à Sapporo[v]. Cette décision ne relève pas des responsables du sport. Elle vient du gouvernement : « On trouvait qu'il y avait deux poids deux mesures concernant la définition du statut de joueur amateur », commente aujourd'hui Marc Lalonde. Les dés étaient pipés en faveur des pays européens ». Au début de 1972, à la suite des visites et des échanges de civilités de Trudeau et des dirigeants soviétiques, le ministère canadien des Affaires extérieures offre son aide à Hockey Canada pour sortir le sortir de l'impasse. Une fois les Jeux de Sapporo terminés, les Soviétiques acceptent de discuter avec les représentants canadiens de la possibilité d'une rencontre avec les joueurs professionnels. Fin mars, début avril 1972, une rencontre secrète de représentants des deux pays se tient pendant trois jours à Prague. On invite Eagleson à la dernière minute pour sceller les derniers éléments d'une entente. Un accord final est signé le 18 avril, autorisant l'ACHA à former une équipe canadienne

---

v   Le Canada ne recommencera à participer aux Mondiaux de hockey qu'en 1977 et aux Olympiques qu'en 1980, à Lake Placid.

sans restriction de joueurs pour affronter dans une série de huit parties les Soviétiques. La Série du siècle est née.

L'organisation de la Série du siècle a donc été une affaire complexe qui dépassait le simple cadre du sport. « Rien n'aurait été possible sans la volonté des gouvernements. Il a fallu l'implication pendant de nombreux mois des diplomates des deux pays et des membres des ministères des Affaires étrangères », commente Marc Lalonde. Pour ce qui est de la Ligue nationale de hockey, il ajoute que « la pression politique était telle au Canada que Campbell [Clarence] a vite réalisé qu'il était de son intérêt de réorganiser la saison pour permettre la participation des joueurs à la série ».

Place au hockey maintenant. Ou presque.

Photo : Denis Bro

Dans l'ordre : Brad Park, Ron Ellis et Paul Henderson. N'eût été des huit joueurs vedettes absents de l'équipe canadienne, les deux derniers n'auraient sans doute pas fait partie de la formation régulière.

CHAPITRE 4

ÉQUIPE CANADA
OU ÉQUIPE LNH?

Souviens-toi de te méfier.
ÉPICHARME

L e projet d'entente avec les Soviétiques est à peine rati-
fié que Hockey Canada désigne cinq membres pour
organiser la Série du siècle. L'un d'entre eux prendra
finalement toute la place, Alan Eagleson, fondateur en 1967
de l'Association des joueurs de la LNH.

Eagleson s'empresse de chercher un entraîneur et un directeur général. Quelques candidats sont considérés, dont les
retraités Jean Béliveau et Gordie Howe. Finalement, Eagleson
et ses collègues de Hockey Canada choisissent, le 7 juin à
Toronto, Harry Sinden à titre d'instructeur et de directeur
général. Sinden sélectionne immédiatement John Ferguson
comme entraîneur adjoint et joueur. Ferguson, un ancien du
Canadien de Montréal retraité depuis 1971, s'entraînera à
quelques reprises avant de décider de s'en tenir à son rôle
d'entraîneur adjoint.

L'annonce des 35 joueurs invités à faire partie d'Équipe
Canada par Harry Sinden est faite le 12 juillet. Même si la
Série du siècle est organisée par Hockey Canada, la LNH

impose une condition : les joueurs qui composeront Équipe Canada devront avoir un contrat de la LNH. Or, 4 des 35 invités n'ont pas un tel contrat car ils s'apprêtent à faire le saut dans la nouvelle ligue qui entreprendra sa première saison en septembre, soit l'Association mondiale de hockey (AMH). Par conséquent, ils ne seront pas invités au camp d'entraînement de l'équipe d'étoiles, à moins qu'ils ne reviennent à la Ligue nationale entre-temps. Trois de ces quatre exclus sont d'excellents joueurs. Jean-Claude Tremblay est estimé être par la majorité des spécialistes le troisième meilleur défenseur de la LNH. Le flamboyant Derek Sanderson est un talentueux joueur des Bruins de Boston. Et Gerry Cheevers excelle devant le filet des Bruins. Le quatrième joueur touché est une *superstar*, Bobby Hull[i].

La comète blonde, alias Bobby Hull, a popularisé le lancer frappé. Hull est un des premiers joueurs avec Stan Mikita à avoir utilisé un bâton à lame courbée. Malgré ses 15 saisons dans la LNH jusque-là, Hull a de nouveau terminé parmi les premiers buteurs en inscrivant 50 buts la saison précédente. À ce jour, il avait maintenu une moyenne 40 buts par saison en carrière. Il avait fait partie à 10 reprises de la première équipe d'étoiles et avait été choisi le meilleur joueur du match des étoiles de 1970 et de 1971. Pour bien apprécier la valeur réelle de Hull, il faut savoir que celui-ci remplissait déjà abondamment les filets adverses avant l'expansion de la LNH, contrairement à plusieurs autres joueurs qui se sont soudainement révélés de grandes vedettes quand le nombre d'équipes a doublé et que le produit du jeu s'est dilué à partir de 1967. Le 13 juillet 1972, Yvon Pedneault écrit dans *La Presse* : « Il est dommage que les dirigeants de la Ligue nationale oublient que Bobby Hull demeure encore le meilleur joueur actif du hockey professionnel[23] ». Les journaux anglo-

---

i   Hull a signé un faramineux contrat de 2,5 millions de dollars pour évoluer quelques saisons avec les Jets de Winnipeg, équipe dont le nom a d'ailleurs été choisi en raison de la vitesse de la super étoile. Tremblay a signé avec les Nordiques de Québec, Sanderson avec les Blazers de Philadelphie et Cheevers avec les Crusaders de Cleveland. Environ 50 joueurs de la LNH passent à l'AMH au cours de l'été.

phones et francophones du Canada consacreront pendant plus de deux semaines nombre de titres et de colonnes sur l'affaire Hull. Le problème suscitera un intérêt qui dépassera largement les pages sportives. Guy Cormier, éditorialiste de *La Presse*, écrira, sous le titre *Quand le Canada patine* :

> « On croirait vraiment que Robert Marvin Hull est devenu, à son corps défendant, l'agent aveugle d'un vaste complot communiste pour discréditer le sport capitaliste [...] en réalité, la Ligue nationale se comporte en l'occurrence comme un monopole et un monopole largement contrôlé par des Américains[24] ».

L'exclusion de Bobby Hull d'Équipe Canada devient « l'affaire Hull ». Celle-ci illustre la passion du hockey chez les Canadiens à l'époque. On ne se joue pas facilement des héros canadiens. Une vague de sympathie sans précédent déferle sur le Canada. Le bureau du premier ministre Trudeau reçoit des milliers de télégrammes de protestation. Lorsqu'il revient de ses vacances d'Europe, Ken Dryden, qui n'est pas au courant de l'affaire, voit une affiche près d'une autoroute à Montréal qui titre : « *To Russia with Hull*[ii] ».

Roch Lasalle, député aux Communes, déclenche une campagne auprès de ses collègues pour convaincre les autorités de faire accepter Hull dans l'équipe du Canada. Le sénateur Keith Davey fait de même. La pression sera telle que le premier ministre Trudeau se mêlera publiquement de l'affaire en réclamant par écrit à Clarence Campbell l'insertion de Hull au sein de l'équipe. En 1972, 14 des 16 propriétaires de la LNH sont américains. La question de la représentativité du Canada au hockey international n'est pas leur première préoccupation. Ils en veulent toutefois à Bobby Hull et aux autres joueurs qui ont agi comme lui d'avoir quitté la LNH pour l'AMH. Leur monopole est menacé. D'ailleurs, les dirigeants de la LNH tentent d'éliminer l'AMH en poursuivant ses dirigeants en justice. Le président de la LNH, Clarence

---

ii   « En Russie avec Hull ».

Campbell, fait peu de cas du mouvement de contestation populaire et déclare : « Les déserteurs représentent des dépenses incroyables pour le circuit [...] Toutes les pétitions que nous recevons aux bureaux de la ligue sont immédiatement jetées aux poubelles[25] ».

Bref, plusieurs réclament que l'on change le nom d'Équipe Canada pour celui d'Équipe LNH. L'affaire est délicate. D'une part, les autres joueurs sélectionnés, qui auraient pu faire changer les choses, préféreront se tenir à l'écart de cette histoire[iii]. D'autre part, Hull, qui a déjà traité l'Association des joueurs de « syndicat de boutique », n'a pas la faveur d'Eagleson ni des instructeurs. « Je le considérais comme un perdant et ne pas l'avoir dans l'équipe ne me dérangeait pas le moins du monde », dira plus tard John Ferguson avec diplomatie[26]. Par ailleurs, le gouvernement du Canada, qui organise et finance la Série du siècle, ne veut pas froisser Campbell de crainte qu'il ne retire sur-le-champ tous les joueurs professionnels. Finalement, le conseil de direction de Hockey Canada décide de garder le *statu quo* à la faveur d'un vote tenu le 2 août, au moment où 9 de ses 14 dirigeants décident de garder les déserteurs de la LNH à l'écart. Hull, qui n'a pas la langue dans sa poche, affirme : « J'aurais sans doute pu faire partie de l'équipe si Alan Eagleson avait été mon agent, mais je ne voudrais surtout pas qu'il soit mon agent[27] ».

Quatre joueurs invités déclinent l'invitation pour des raisons personnelles. « Ils ont commis l'erreur la plus importante de leur vie », dira Eagleson. Il s'agit de l'ailier Walt Tkachuck des Rangers, du cerbère Ed Giacomin, également des Rangers, et des défenseurs Jacques Laperrière du Canadien et Dallas Smith des Bruins[iv].

---

iii   Le plus embêté sera Dennis, le frère de Bobby, également sélectionné dans l'équipe. En fait, il doit peut-être sa sélection à des préoccupations stratégiques... Il considérera la possibilité de refuser l'invitation pour demeurer solidaire de son frère. Celui-ci le convaincra finalement de demeurer au sein de l'équipe.

Voici donc les joueurs qui feront partie d'Équipe Canada.

Gardiens:

Ken Dryden. Né en 1947. Dryden a été un choix de troisième ronde du repêchage de 1964 des Bruins de Boston alors qu'il jouait Junior B pour Etobicoke, Ontario. Il choisira d'étudier aux États-Unis à l'Université Cornell. Passé entre-temps à l'organisation du Canadien de Montréal, il ne joindra la LNH qu'à la toute fin de la saison 1970-1971. Dryden a été choisi la première étoile du match à sa première partie jouée dans la LNH. Puis, après avoir gardé les buts dans seulement six parties en fin de saison, il a gagné le Conn Smythe en aidant le Canadien à vaincre en séries les Bruins de Boston. Les Bruins, pourtant grands favoris pour gagner la coupe, avaient eu Dryden dans leur cour en 1964. Après ce Conn Smythe, Dryden gagnera en 1971-1972 le Calder, le titre de la recrue de l'année, une réussite qui ne s'est jamais répétée depuis. Avec ses 6 pi 4 po (1,95 m), Dryden est très grand pour l'époque. Dryden est l'un des quelques joueurs d'Équipe Canada ayant une expérience de jeu contre les Soviétiques car après son séjour à Cornell, il a joint les rangs de l'Équipe nationale canadienne en 1969. Peu avant que l'équipe soit démantelée au début de 1970, il avait eu le temps d'affronter les Soviétiques dans un match à Vancouver.

Tony Esposito. Né en 1943, Esposito est un gardien phénoménal. Il a 29 ans. Il a joué quelques parties avec le Canadien de Montréal, avant que celui-ci le laisse aller à Chicago dans le repêchage d'expansion de l'été 1969. À sa première année à Chicago, en 1969-1970, il blanchit l'adversaire à 15 reprises, ce qui lui vaut les trophées Calder et Vézina. Il récolte de nouveau le Vézina en 1971-1972 avec une moyenne exceptionnelle de 1,76 et 9 blanchissages. Il a un style peu orthodoxe pour l'époque, appelé le papillon. Il

---

iv   Il est à noter que quatre des joueurs ayant été refusés dans l'équipe ou ayant décliné l'invitation seront plus tard introduits au Temple de la renommée du hockey: Bobby Hull, Jacques Laperrière et les gardiens Ed Giacomin et Gerry Cheevers.

est devenu gardien parce que son frère aîné, Phil, avait besoin de quelqu'un pour bloquer des tirs. Tony est alors l'un des très rares joueurs formés dans une université américaine (Michigan Tech).

Eddie Johnston. Né en 1936. L'aîné d'Équipe Canada. Eddie est le substitut de Gerry Cheevers à Boston. Il a été sélectionné parce que Gerry Cheevers a signé dans l'AMH et qu'Ed Giacomin, gardien des Rangers de New York, a refusé l'invitation. Il est donc le cinquième choix des entraîneurs et ne devrait pas trop voir d'action.

Défenseurs:

Don Awrey. Né en 1943. Il a eu sa meilleure saison à l'attaque en comptant quatre buts en 1971-1972. Quant on sait qu'il jouait le plus souvent avec Bobby Orr, cela en dit beaucoup sur la nature de ses principales qualités.

Gary Bergman. Né en 1938. Il joue pour Detroit. Il n'a atteint la LNH qu'à 25 ans. Un défenseur fiable et prudent qui aime cogner durement.

Brian Glennie. Né en 1946. Il a joué deux ans pour les Malboros de Toronto, puis un an avec Michigan State de la NCAA. Il joue dans la LNH depuis trois ans avec Toronto. Glennie a compté 3 buts en 3 ans, maintenant une moyenne de 11 points par année. Il doit sa présence dans l'équipe à l'absence de quelques joueurs et peut-être aussi au fait qu'il a affronté les Soviétiques alors qu'il jouait pour l'Équipe nationale en 1968 aux Jeux de Grenoble.

Jocelyn Guèvremont. Né en 1951. Premier choix des Canucks de Vancouver en 1971 et troisième au général après Guy Lafleur et Marcel Dionne. Il possède un puissant lancer. Imposant défenseur à 6 pi 2 po (1,89 m) et 190 lb (87 kg), il s'est classé troisième compteur des Canucks à sa première saison. Il est aussi utilisé à l'avant. Reconnu pour bien transporter la rondelle. Guèvremont a joué chez les juniors avec Perreault et Martin.

Guy Lapointe. Né en 1948. Lapointe est un jeune joueur de talent chez le Canadien. Il aime forcer l'attaque et peut jouer physiquement. Il doit sa présence dans l'équipe à la décision de son coéquipier Jacques Laperrière de décliner l'invitation de Sinden pour des raisons personnelles. A déjà affronté les Soviétiques, dans un tournoi à Moscou en 1968. Tout ce que nous savons de ses 10 jours de compétition, c'est qu'il n'avait pas aimé la nourriture et qu'il n'a mangé que des sandwichs aux tomates.

Bobby Orr. Né en 1948. Sans doute le meilleur joueur de la LNH en 1972. Il ne pourra jouer de toute la Série du siècle en raison d'une blessure au genou gauche.

Brad Park. Né en 1948. On le reconnaît comme le meilleur défenseur de la LNH… après Bobby Orr. Jeune défenseur offensif, il a été choisi deux fois au sein de la première équipe d'étoiles au cours de ses quatre premières saisons.

Serge Savard. Né en 1946. Un grand défenseur de 6 pi 3 po (1,91 m). Au cours de sa deuxième saison complète dans la LNH, il devient le premier défenseur de l'histoire de la Ligue à gagner le Conn Smythe, remis au meilleur joueur des séries. Il a manqué presque deux saisons depuis 1970 en raison de deux fractures à la jambe gauche. Ce défenseur fiable a une bonne vision du jeu. Il a affronté deux fois en 1965 les Soviétiques alors qu'il était junior; la première fois à Toronto avec une équipe ontarienne, renforcée notamment par Bobby Orr, et la seconde, le lendemain soir, avec le Canadien Junior.

Rod Seiling. Né en 1944. Il joue à la défense pour les Rangers. Seiling est un joueur mobile. Son expérience face aux Soviétiques, alors qu'il jouait au sein de l'Équipe nationale aux Jeux olympiques de 1964, explique probablement sa sélection.

Pat Stapleton. Né en 1940. Stapleton, avec ses 5 pi 8 po (1,79 m), est un des excellents défenseurs de la Ligue nationale. Il a mis quelques années à percer définitivement la LNH. Il a joué les sept dernières saisons à Chicago. Défenseur mobile et bon passeur, il a obtenu le record du nombre de passes en une saison avant que Bobby Orr s'amène. Il fait la paire avec Bill White à Chicago.

Dale Tallon. Né en 1950. Premier choix de l'histoire des Canucks de Vancouver en 1970. Second choix au général, derrière GilbertPerreault. Tallon est un défenseur offensif qui évolue parfois à l'avant. Il a réussi 56 points à sa première saison.

Bill White. Né en 1939. White n'a percé la LNH, avec les Kings de Los Angeles, qu'à 27 ans, grâce à l'expansion de 1967. Il a été échangé à Chicago en 1969. Il a maintenu une moyenne annuelle de 35 points. « C'est un joueur constant », disent les professionnels.

Attaquants :

Red Berenson. Né en 1939. Il a mis quelques années à percer dans la LNH. Diplômé de l'Université du Michigan, il est le quatrième joueur de l'équipe issu des universités américaines, un ratio étonnant puisqu'il n'y en a pas quatre autres dans toute la Ligue nationale. Il joue pour les Red Wings et il en est déjà à sa quatrième équipe dans la LNH. Berenson est l'un des rares joueurs de la Ligue à détenir un diplôme universitaire et le seul à posséder une maîtrise (MBA, 1966, Université du Michigan). Il est le président de l'Association des joueurs de la LNH. Berenson a également joué pour Belleville aux Mondiaux de 1959. Il connaît par conséquent les Soviétiques. Voilà au moins deux raisons pour justifier sa présence dans l'équipe. Sur la glace, les rares saisons complètes qu'il a jouées, il a réussi à compter en moyenne une trentaine de buts. Il a la distinction d'avoir marqué 6 de ses 35 buts de l'année 1968-1969 dans un seul match, à Philadelphie, en novembre 1968. Quatre d'entre eux ont été comptés en seulement neuf minutes.

Wayne Cashman. Né en 1945. Cashman est d'abord un joueur d'utilité chargé de protéger Phil Esposito. Il sort la rondelle des coins pour la remettre à son as compteur devant le filet. Cashman a enfilé 82 buts et écopé de 331 min de punition au cours de ses 4 années dans la LNH.

Bobby Clarke. Né en 1949. Clarke a été le champion compteur de la Ligue junior de l'Ouest à deux reprises. Il n'a pourtant été choisi qu'au dix-septième rang par les Flyers en

1969 en raison de son problème de diabète, qui l'astreint à s'injecter quotidiennement de l'insuline. Un des joueurs les plus énergiques et combatifs de la Ligue nationale malgré son handicap. Il a terminé dixième compteur de la LNH en 1971-1972. Le joueur le plus complet de la LNH selon son entraîneur, Fred Shero.

Yvan Cournoyer. Né en 1943. Avec ses 5 pi 7 po (1,70 m), Cournoyer est l'un des plus petits joueurs de la Ligue nationale. Surnommé le *Roadrunner*, il est reconnu comme le joueur le plus rapide de la LNH. Compteur explosif, il possède aussi l'un des plus puissants lancers. Cournoyer s'est classé au huitième rang des pointeurs de la Ligue en 1971-1972, avec 47 buts et 83 points.

Marcel Dionne. Né en 1951. Dionne est une recrue dans la LNH, ayant été choisi au second rang par les Wings de Détroit au repêchage de 1971, derrière Guy Lafleur. Il a établi un record pour une recrue en produisant 77 points à sa première année, en 1971-1972.

Ron Ellis. Né en 1945. Ellis joue pour Toronto. Ce bon patineur sait jouer dans les trois zones de la patinoire. Il a connu 7 saisons de plus de 20 buts.

Phil Esposito. Né en 1942. Ses 6 pi 1 po (1,86 m) en font un grand joueur pour l'époque. Esposito a joué quatre ans dans l'ombre de Bobby Hull à Chicago avant d'être échangé en 1967 aux Bruins dans un des « vols du siècle » de la LNH. Il a remporté deux des trois derniers championnats des compteurs. Il est devenu en 1968-1969 le premier joueur de la LNH à enregistrer 100 points dans une même saison. Esposito a remporté cette année-là le titre de joueur le plus utile à son équipe (MVP). Il a réalisé un record en 1970-1971 en marquant 76 buts et en obtenant 152 points, une marque qui tiendra la route un bout de temps.

Rod Gilbert. Né en 1941. Pas grand avec ses 5 pi 9 po (1,75 m), mais combatif. C'est un bon passeur et excellent compteur. Athlète naturel, Gilbert est repêché également par les Braves de Milwaukee au baseball. Il s'est acquis plusieurs honneurs avec les Rangers. Il est l'un des plus brillants joueurs de la ligue. Ce beau bonhomme est un miraculé puisqu'il a dû subir deux délicates opérations au dos dans sa carrière. Selon la légende, les médecins le tenaient pour mort après sa seconde opération, en 1963.

Bill Goldsworthy. Né en 1944. Ce robuste joueur de 199 lb (91 kg) joue dans les deux sens de la patinoire. Goldsworthy évolue pour les North Stars du Minnesota. Peut marquer des buts, comme en font foi ses 101 réussites au cours des 3 années précédant la Série du siècle.

Vic Hadfield. Né en 1940. Il a maintenu pendant 8 ans avec les Rangers une moyenne de 18 buts et 41 points par saison, avant de connaître en 1971-1972 une saison de 50 buts et 106 points. Il doit son succès à Jean Ratelle et à Rod Gilbert. Hadfield a été impliqué au cours de sa première saison dans «l'accident» qui a paralysé Lou Fontinato et mis un terme à la carrière de ce dernier. Reconnu comme l'un des joueurs rudes de la LNH, il a été le joueur le plus puni de la LNH en 1964 avec 151 minutes passées au cachot.

Paul Henderson. Né en 1943. Henderson a connu sa saison la plus éclatante en 1971-1972 avec 38 buts, après en avoir compté en moyenne 18 au cours de ses 8 premières années. Joueur très diligent sur patins, il ne fait pas vraiment partie des étoiles de la LNH. Il a affronté les Soviétiques en 1962 alors qu'il jouait pour les Red Wings de Hamilton, futurs champions de la Coupe Memorial.

Dennis Hull. Né en 1944. Il est le frère cadet de Bobby. Dennis n'est pas une grande étoile, mais il peut compter des buts comme en font foi les 70 marqués au cours des 2 dernières saisons (1970-1971 et 1971-1972). Il possède, comme son frère, un tir frappé redoutable. Il cumule sept ans d'expérience dans la LNH.

Frank Mahovlich. Né en 1938. Il est choisi recrue de l'année en 1958 avec Toronto, devant... Bobby Hull. Son total de 464 buts en carrière en 1972 en fait l'un des meilleurs compteurs de l'histoire de la LNH. Il a connu quelques saisons de plus de 40 buts. Il été choisi au sein de nombreuses équipes d'étoiles. Mahovlich a été échangé en 1968 à Detroit dans un des échanges les plus importants de l'histoire de la LNH[v]. Il ne jouera qu'un peu plus d'un an dans cette ville et sera échangé au Canadien. Il a établi un record de la LNH dans les séries de 1971 en comptant 14 buts pour le Canadien.

Pete Mahovlich. Né en 1946. Grand joueur de 6 pi 5 po (1,96 m). Pete a la distinction d'avoir été choisi au deuxième rang du tout premier repêchage amateur de l'histoire de la LNH, en 1963, par les Red Wings de Detroit. Pas maladroit avec la rondelle, il excelle en désavantage numérique. Pete a joué le match des étoiles de 1971. Pince-sans-rire, il est très apprécié de ses compagnons de jeu. Il a marqué 2 buts en 5 secondes contre Chicago en février 1971. L'un des meilleurs de la Ligue... quand il le veut.

Richard Martin. Né en 1951. Martin est un joueur léger de à 165 lb (76 kg). Il jouait avec Perreault pour le Canadien Junior. Premier choix des Sabres en 1971, il rejoint Perreault à Buffalo. Ensemble, ils ont compté 70 des 203 buts des Sabres en 1971-1972. Martin brise d'ailleurs le record de buts que Perreault avait établi à sa saison recrue en marquant 44 buts à sa première année. Malgré cette fiche, Ken Dryden lui soutire le Calder. Martin est un compteur surdoué. Il est également un bon patineur et un bon manieur de rondelle. Il a fait partie du Canadien Junior ayant battu les Soviétiques 9-2 en 1969 (2 buts).

Stan Mikita. Né en 1940 en Tchécoslovaquie, sous le nom de Stanislav Gvoth. Il immigre en Ontario à l'âge de huit ans, adopté par le frère de sa mère parce que celle-ci et son mari cherchaient à lui garantir un avenir plus prometteur. Avec ses 5 pi 9 po (1,75 m) et ses 169 lb (77 kg), il a gagné 4 championnats des pointeurs, exploit que seul Gordie Howe a réalisé plus souvent à ce moment-là avec 6 titres. Mikita a été le premier joueur à remporter la même année les trophées de champion compteur, de joueur le plus utile à son équipe et de plus gentilhomme. Il a dominé la décennie

---

v   Un des joueurs qui se retrouvent à Toronto dans cet échange est un dénommé Paul Henderson...

1960-1970, aux côtés de Bobby Hull. Il a aussi obtenu huit nominations au sein d'équipes d'étoiles. Il a diminué passablement sa production depuis 1971, et ce, malgré l'expansion. C'est presque un choix sentimental des entraîneurs.

Jean-Paul Parisé. Né en 1941. Parisé fait 5 pi 9 po (1,75 m). Il n'a réussi à jouer régulièrement dans la LNH qu'à l'âge de 26 ans, grâce à l'expansion de 1967 et aux North Stars du Minnesota, qui ont bien voulu lui faire confiance. Sa présence dans Équipe Canada étonne plusieurs observateurs, compte tenu de sa moyenne de 17 buts par saison jusque-là. Sinden dit l'avoir choisi parce qu'il est, à ses yeux, « le meilleur homme de coin de la LNH ».

Gilbert Perreault. Né en 1950. Premier choix au repêchage de 1970. Il ne décevra pas les Sabres de Buffalo : trophée Calder et record de buts pour une recrue. Choisi au sein de l'équipe d'étoiles de la LNH à ses deux premières saisons, Perreault possède plusieurs qualités : habile manieur de bâton, bonne vitesse et tireur d'élite. Un diamant, rien de moins, mais ce n'est pas le plus vaillant à l'entraînement. Reconnu pour commencer ses saisons avec quelques kilos en trop. Il était aux côtés de Richard Martin dans le célèbre match hors concours opposant le Canadien junior et les Soviétiques en 1969[vi].

Jean Ratelle. Né en 1940. Il joue pour les Rangers. Sa charpente plutôt mince fait 6 pi 1 po (1,86 m). On dit de lui qu'il est un joueur classique, qu'il joue en finesse. Il a plusieurs affinités avec Jean Béliveau, sur et hors glace. Il a dû subir une grave opération au dos qui aurait pu mettre fin à sa carrière au milieu des années 1960. Il pivote un trio avec Rod Gilbert et Vic Hadfield. Cette ligne, appelée GAG par les amateurs de hockey (*Goal A Game*), a été la plus productive de la LNH en 1971-1972. Ratelle a connu sa meilleure saison en 1971-1972, avec 109 points malgré une longue absence causée par une cheville cassée. Ratelle a reçu plusieurs hon-

---

vi   Une dizaine de joueurs soviétiques de l'édition de 1972 étaient de cette partie. Le Junior de Montréal était alors renforcé de joueurs de la Ligue américaine.

neurs au cours de sa carrière, dont le trophée Masterton à la fin de la saison 1971.

Mickey Redmond. Né en 1947. Redmond a commencé sa carrière avec le Canadien en 1967, avant de passer aux Red Wings pendant la saison 1970-1971, dans l'échange qui a amené Frank Mahovlich à Montréal. Bon marqueur et lièvre sur patins, il est sorti de sa coquille en marquant 42 buts en 1971-1972 après ses 3 premières saisons complètes, où il n'en avait compté que 56 au total.

Malgré l'absence de quatre joueurs exclus par la LNH et de quatre autres qui ont décliné l'invitation pour des raisons personnelles, l'équipe canadienne demeure la plus puissante formation de hockeyeurs jamais réunie selon les spécialistes de l'époque. C'est la première fois qu'une telle équipe est formée, aucune autre formation composée des meilleurs professionnels n'ayant été réunie auparavant. Aucun des quelques joueurs américains évoluant dans la LNH n'aurait pu faire partie de l'équipe si celle-ci avait regroupé les meilleurs joueurs de la LNH, toutes nationalités confondues. Cela donne une mesure de la qualité de cette équipe. Enfin, cette formation d'étoiles professionnelles disposera de trois semaines d'entraînement pour se préparer à affronter les amateurs d'URSS. Les Russes n'ont qu'à bien se tenir.

Photo : Denis Brod

L'équipe soviétique pendant les hymnes nationaux au Palais des sports de
Loujniki. On reconnaît, en partant de la droite : Liapkin (25), Anisin (220),
Tretiak (20), Shadrin (19), Vikulov (18), Kharlamov (17), Petrov (16),
Yakushev (15), Mikhailov (13) et Mishakov (12).

CHAPITRE 5

LES RUSSES S'AMÈNENT[i]

Grattez le Russe et vous trouverez le Tartare.
JOSEPH DE MAISTRE

L es Soviétiques descendent à l'aéroport de Dorval dans la soirée du mercredi 30 août, pour apprendre et s'améliorer, clament leurs entraîneurs Vsevolod Bobrov et Boris Kulagin. C'est un événement que les journaux couvrent en première page. Le *Montréal-Matin* y consacre le tiers de la une et trois autres pages de sa section sportive, le tout enrichi d'une dizaine de photos. On les scrute comme s'ils étaient des Martiens, comme en témoigne ce passage de *La Presse* : « Vêtus d'un pantalon gris, d'un veston bleu marine, cravate rouge et chemise blanche [...] À première vue, poursuit Yvon Pedneault, ils ressemblent plutôt à des écoliers qu'à des membres d'une équipe de hockey[28] ».

Malgré le voyage de 13 h et les 8 h de décalage horaire, l'instructeur des Rouges commande un exercice de 90 minutes le lendemain matin à 10 h 00, à Ville Saint-Laurent. Plus de 50 journalistes assistent à l'entraînement. Personne

---

i   La Russie n'existait pas comme pays en 1972 et il aurait fallu par conséquent parler des Soviétiques. Dans le langage populaire toutefois, le terme *Russe* référant à la nation prédominait sur celui de Soviétique.

n'est impressionné, sauf Dryden, qui qualifie ainsi cet exercice commandé par l'instructeur en chef Bobrov : « Exercices légers ! Durant 90 minutes, les 27 joueurs russes ont patiné sans arrêt tout en réalisant une série de manœuvres que la plupart des Canadiens n'avaient jamais vues auparavant[29] ». Les Soviétiques s'entraînent de nouveau durant 60 min le soir même. La moitié de la une du *Montréal-Matin* du lendemain est occupée par une photo montrant le gardien soviétique, un certain Tretiak, en déséquilibre, tentant d'arrêter une rondelle. Le titre qui accompagne la photo : « La faiblesse des Russes ? »

Ils retournent sur la glace du Forum le vendredi matin pour une durée de 90 min. « Je suis nerveux comme le Diable, confie Sinden à John Robertson du *Montreal Star* à la fin de l'entraînement des Russes. Maintenant, je suppose qu'ils vont aller à l'intérieur et s'entraîner sur le trampoline pendant six heures[30] ! » Tout le monde s'étonne de leur énergie et de leur capacité de récupération malgré le décalage horaire, jusqu'à ce que Bobrov révèle que son équipe s'était mise à l'heure de Montréal deux semaines avant son départ pour le Canada.

Les joueurs soviétiques sont protégés par de l'équipement Bauer. Leurs patins, de marques Lange, CCM ou Bauer, sont usés à la corde. Cela provoque quelques moqueries irrespectueuses des joueurs Tallon et Park, qui assistent à leur entraînement. Les visiteurs surprennent leurs hôtes quand ceux-ci se rendent compte que, contrairement aux professionnels, ils aiguisent eux-mêmes leurs patins – avec une lime à main – et portent eux-mêmes leur sac d'équipement au cours de leurs déplacements. Interrogé sur cette pratique, l'entraîneur adjoint Boris Kulagin fait remarquer qu'ils se comportent simplement comme les parachutistes, qui préfèrent prendre soin eux-mêmes de leurs affaires.

Qui sont donc ces joueurs soviétiques dont les noms sont orthographiés de tant de façons différentes dans les journaux ?

Gardiens :

Alexandre Sidelnikov. Né en 1950. Joue pour les Ailes du Soviet. Première présence en rencontre internationale.

Vladislav Tretiak. Né en 1952. Il joue dès l'âge de 17 ans pour l'Armée centrale. Première présence dans l'équipe nationale en 1969, au tournoi des Izvestia, alors qu'il n'a que 17 ans. Il a remporté, à 19 ans, le titre de meilleur gardien des Jeux olympiques de Sapporo. Son père est pilote d'avion. Sa mère jouait au *bandy*.

Viktor Zinger. Né en 1941. Gardien vétéran de l'équipe nationale. Il participe toutefois à la série en remplacement de Vladimir Shepovalov, qui est blessé.

Défenseurs :

Alexandre Gusev. Né en 1947. Joue pour l'Armée centrale. Il aime attaquer. Il a un bon lancer de la pointe. Sa première année dans l'équipe nationale.

Viktor Kuzkin. Né en 1940. Un vétéran des Rouges. Il a gagné les Mondiaux de 1963 à 1971 et remporté trois fois l'or olympique (1964, 1968 et 1972).

Youri Liapkin. Né en 1945. Il joue pour le Spartak de Moscou. Évolue au sein de l'équipe nationale depuis 1971.

Vladimir Lutchenko. Né en 1949. Joue pour l'Armée centrale. Il n'a que 23 ans, mais il en est déjà à sa quatrième année avec l'équipe nationale. Il a déjà été nommé deux fois au sein de l'équipe d'étoiles de l'URSS malgré son jeune âge.

Evgeni Paladiev. Né en 1948. Joue pour le Spartak de Moscou. Jeune joueur qui revient au sein de l'équipe nationale après une absence de deux ans. Il a déjà été nommé dans l'équipe d'étoiles de la ligue d'URSS.

Alexandre Ragulin. Né en 1941. Joue pour l'Armée centrale. Le plus imposant joueur de l'équipe, avec ses 6 pi 2 po (1,89 m) et ses 220 lb (100 kg). Fiable en défensive, il possède un tir puissant. Patin moyen, mais ferait l'affaire de plusieurs équipes de la LNH. Il a gagné neuf fois la médaille d'or aux Mondiaux et trois médailles d'or aux Olympiques. Choisi le meilleur défenseur du championnat mondial de

1966. Cinq fois sélectionné dans l'équipe d'étoiles des Mondiaux (1963-1967). Il revient dans l'équipe nationale après trois ans d'absence. A joué 210 parties avec l'équipe nationale.

Youri Shatalov. Né en 1951. Un tout jeune défenseur de 21 ans.

Gennady Tsygankov. Né en 1947. Petit défenseur, mais mobile et rapide. Avec l'équipe nationale depuis 1971.

Valeri Vassiliev. Né en 1949. Joue pour le Dynamo de Moscou. Jeune défenseur qui aime le jeu physique. En est à sa troisième année avec l'équipe nationale.

Attaquants :

Viacheslav Anisin. Né en 1950. Il joue pour les Ailes du Soviet. Il a peu d'expérience sur la scène internationale, ce qui s'entend puisqu'il n'a pas encore 22 ans.

Youri Blinov. Né en 1949. Il joue pour l'Armée centrale. En est à sa première année dans l'équipe nationale.

Alexandre Bodunov. Né en 1951. Il joue pour les Ailes du Soviet. Recrue de 21 ans seulement dont c'est la première expérience internationale.

Anatoli Firsov. Né en 1941. Ailier gauche étoile. Adulé en URSS, il a été choisi meilleur joueur avant des Mondiaux de 1967, 1968 et 1971. Il ne jouera pas dans la Série du siècle. Il serait apparemment blessé[ii].

Valeri Kharlamov. Né en 1948. Joue pour l'Armée centrale. Petit joueur. Excellent coup de patin. Bon manieur de rondelle. Il a enregistré 77 buts en 89 rencontres internationales.

Youri Lebedev. Né en 1951. Joue pour les Ailes du Soviet. Recrue de 21 ans seulement dont c'est la première expérience internationale.

Alexandre Maltsev. Né en 1949. Joue pour le Dynamo de Moscou, l'équipe numéro deux au classement de la Ligue soviétique. Peut-être le joueur soviétique le plus doué, après

---

ii   Nous apprendons la véritable raison 25 ans plus tard (référence chapitre 26).

Firsov. Petit mais malin. Il a compté 13 buts en 5 parties au Championnat européen junior de 1969. Joueur soviétique de l'année en 1970. Membre de l'équipe d'étoiles d'URSS de 1970 à 1972. Membre de l'équipe d'étoiles des Mondiaux de 1970 à 1972 et choisi le meilleur attaquant de ce tournoi en 1970 et en 1972. Il a compté 87 buts en 94 rencontres internationales.

Alex Martyniuk. Un jeune joueur prometteur. C'est tout ce que l'on sait sur lui.

Boris Mikhailov. Né en 1944. Il joue pour l'Armée centrale. Il porte le numéro 13, une pratique inexistante dans la LNH. Il fait partie de l'équipe nationale depuis 1968. Très travaillant. Brillant compteur.

Evgeni Mishakov. Né en 1941. Il joue pour l'Armée centrale. Vétéran de 31 ans, fiable.

Vladimir Petrov. Né en 1947. Il joue pour l'Armée centrale. Gros joueur soviétique pour l'époque avec ses 6 pi 1 po (1,86 m) et ses 205 lb (93 kg). Évolue au sein de l'équipe nationale depuis 1969. Joueur énergique, travaillant et très habile. Contrairement à la majorité des joueurs soviétiques, il possède un coup de patin ordinaire. Petrov pivote la ligne de Kharlamov-Mikhailov. Son père était un grand joueur de *bandy*, un sport similaire au hockey très pratiqué en URSS.

Vladimir Shadrin. Né en 1948. Il joue pour le Spartak de Moscou. A compté 23 buts en 48 rencontres internationales.

Viacheslav Solodukhin. Né en 1950. Il joue pour Leningrad. Jeune joueur prometteur qui n'a que 21 ans. A terminé second pointeur au Championnat européen junior de 1969 derrière Maltsev. A compté 12 buts en 13 parties à sa première année dans l'équipe nationale en 1971.

Viacheslav Starshinov. Né en 1940. Il joue pour le Spartak de Moscou. Doyen de l'équipe. Une grande vedette des années 1960. Choisi dans l'équipe d'étoiles du Mondial de 1965 et nommé meilleur attaquant de cette compétition. Il a gagné neuf Mondiaux d'affilée (1963-1971). Excellent compteur. Fort, preste et résistant. Il a enfilé 135 buts en

165 rencontres internationales. Il est sorti de sa retraite pour jouer dans cette Série du siècle. Il a blessé à l'œil le Canadien Carl Brewer au cours du Championnat mondial de 1967. Son entraîneur dit de lui qu'il est un croiseur, qu'il avance à son rythme, peu importe ce que les adversaires peuvent lui faire subir sur la glace.

Vladimir Vikulov. Né en 1946. Il joue pour l'Armée centrale. Joueur d'expérience. Il a compté 85 buts en 139 parties internationales. Choisi trois fois dans l'équipe d'étoiles de l'URSS. Il a gagné six titres mondiaux et deux titres olympiques. Choisi au sein de l'équipe d'étoiles des Mondiaux de 1971 et de 1972.

Alexandre Volchkov. Né en 1952. Nouveau dans l'équipe nationale. Il a terminé second compteur au Championnat européen junior de 1971.

Alexandre Yakushev. Né en 1947. Il joue pour le Spartak de Moscou. En URSS, il est considéré comme un joueur géant avec ses 6 pi 4 po (1,93 m). Il fait de longues enjambées à la canadienne. Un observateur averti verrait, au cours des entraînements, du Jean Béliveau dans ce joueur.

Evgeni Zimin. Né en 1947. Joue pour le Spartak de Moscou.

C'est cette bande d'inconnus, dirigée par l'entraîneur chef Vsevolod Bobrov et son assistant Boris Kulagin, qui va faire face à la puissante équipe du Canada. De pauvres jeunes gens envoyés à l'abattoir...

CHAPITRE 6

MICHEL M. DAGENAIS CONTRE L'UNION DES RÉPUBLIQUES SOCIALISTES SOVIÉTIQUES

On peut briser l'entêté, mais non le faire plier.
SÉNÈQUE

Nous sommes la veille de la première rencontre de la Série du siècle. Trois années d'efforts diplomatiques et administratifs vont finalement se concrétiser d'ici 24 h et ainsi permettre au Canada non seulement de revenir sur la scène internationale du hockey mais de pouvoir enfin démontrer sa suprématie. Tout le monde attend avec fébrilité et enthousiasme le début de la série. Un incident vient toutefois ébranler l'organisme Hockey Canada ainsi que les dirigeants soviétiques. Ce 1er septembre, un jeune étudiant, Michel M. Dagenais, obtient un bref de saisie de l'équipement des Soviétiques et menace de l'exécuter si le gouvernement de l'URSS ne lui rembourse pas les 1 569 $ qu'il lui doit selon ses prétentions. Les autorités sportives soviétiques répondent qu'elles ne joueront pas le match ni la série si leur équipement est saisi. L'affront du jeune homme est terrible. Vingt-six ans d'attente pour ce face-à-face, dont trois ans de préparation ardue, pour aboutir à cette bravade ! Quelle poisse !

No: 02 **053816** 72

COUR **P R O V I N C I A L E** COURT

DISTRICT MONTREAL

MICHEL DAGENAIS,

Partie demanderesse
Plaintiff

VS

GOUVERNEMENT DE L'UNION DES REPU-
BLIQUES SOCIALISTES SOVIETIQUES
a/s LE CONSULAT   Partie défenderesse
GENERAL DE L'URSS, *Defendant*
3655, avenue Ontario, Montréal.

BREF DE SAISIE AVANT JUGEMENT

WRIT OF SEIZURE BEFORE JUDGMENT

Demande
Demand $1,569.00

Rapporté
Returned

Me *Trudel, Gamache, Nadeau,*   7783
Letourneau & Lesage
1259, rue BERRI,   Suite 200
MONTRÉAL 132,   QUÉBEC

Photo : Collection Michel M. D.

Deux documents qui ont mis en péril
la Série du siècle la veille du premier
match : la photo de la Renault 10 de
Michel Dagenais écrasée par un tank
soviétique à Prague et le bref de saisie
de l'équipement soviétique.

Par une torride journée de juillet 2001, je me suis rendu dans les bureaux lavallois de Lavery, de Billy, sur le boulevard du Carrefour à Laval, rencontrer celui qui a failli mettre en péril la Série du siècle : l'avocat Michel M. Dagenais. Il me reçoit avec courtoisie. Ciel ! cet homme a fait l'inimaginable. Il a défié à lui seul une superpuissance en pleine guerre froide. Il a par le fait même embarrassé le gouvernement canadien et l'*establishment* du hockey. Je lui donnerais beaucoup moins que la jeune cinquantaine qu'il a, mais j'ai tout de même peine à reconnaître celui dont la photo avait paru dans le *Montréal-Matin* du 2 septembre 1972. Il n'a plus les cheveux longs. Je m'attends à rencontrer un dur, un arrogant, un homme au-dessus de ses affaires. Ce n'est pas le cas. Dagenais est modeste, avenant, souriant. Il me semble physiquement le sosie du chroniqueur financier Claude Picher de *La Presse*. Dagenais me raconte.

Pendant l'été 1968, alors qu'il étudie aux HEC à Montréal, il se rend effectuer un stage en Suisse grâce au soutien de l'Association des étudiants en sciences économiques et commerciales. Il achète à Paris, pour la somme de 1 581 $, une Renault 10 qu'il compte ramener par bateau au Canada. Il profite de son séjour pour faire du tourisme et décide d'aller visiter Prague après son stage. Le soir du 20 août, il passe sans difficulté la frontière tchécoslovaque. Les douaniers sont courtois. Ils blaguent sur le célèbre « Vive le Québec libre ! » lancé par De Gaulle. Dagenais dort dans son auto non loin de la frontière. Le 21 août, il entre dans Prague vers 7 h 30 du matin. L'atmosphère est étrange. Il n'y a pas de circulation dans les rues, quoique les stations d'essence regorgent de clients. Partout, des gens sont rassemblés près des individus qui portent à l'oreille un petit transistor. Une quantité phénoménale d'avions survole la ville, dont plusieurs *Mig* russes. Inquiet, M. Dagenais se rend au CEDOK, l'agence officielle de tourisme de la Tchécoslovaquie, pour s'informer de ce qui se passe. Il gare sa voiture dans la rue Nekasanka. À l'intérieur du CEDOK, on lui apprend que, la veille, à 23 h 00, des chars d'assaut soviétiques ont franchi la frontière du pays et qu'ils arrivent maintenant à Prague. Les chars se font subitement nombreux en ville. Il est déjà impossible de quitter celle-ci. Vers 10 h 00, des Suisses arrivent au CEDOK, où se trouve toujours le Québécois, et racontent que des chars ont écrasé des voitures. Dagenais court alors vers la sienne et constate que celle-ci est littéralement écrabouillée.

Le lendemain, un convoi d'étrangers est formé pour faciliter leur sortie sécuritaire du pays. Entêté, Dagenais décide de rester à Prague afin de voir au remboursement de sa voiture. Il erre ainsi trois jours en ville, d'officines gouvernementales tchèques en commissariats de police, en passant par l'ambassade canadienne. Il ne réussit pas à obtenir un quelconque dédommagement des assureurs, mais obtient tout de même d'un commissariat tchèque un document attestant la destruction de son véhicule.

De retour au Canada, le jeune étudiant déterminé sollicite à de nombreuses reprises les autorités tchèques et soviétiques pour obtenir un dédommagement. Ses démarches demeurent infructueuses. Mécontent du traitement qui lui est réservé, il fait publier dans *Le Devoir* un texte intitulé « Où les diplomates russes ont-ils appris la politesse ? »

Arrivent les athlètes russes à Montréal à la fin d'août 1972. Notre jeune homme termine alors des études en droit et effectue un stage. Un avocat du cabinet où il travaille lui suggère à la blague de saisir l'équipement des Soviétiques. Michel, sans croire vraiment au succès de sa démarche, ne fait ni une ni deux. Il rédige avec un collègue stagiaire André Denis une procédure formelle de réclamation contre le gouvernement de l'URSS qu'il soumet à la cour le jeudi 31 août. Le vendredi matin, le juge Bernier, contre toute attente, accorde un bref de saisie de l'équipement de l'équipe soviétique. L'opiniâtre et jeune stagiaire se rend le même jour avec son bref et une mise en demeure au consulat de l'URSS à Montréal. Il y est reçu avec froideur. Il téléphone également à Ottawa au ministère canadien des Affaires extérieures pour expliquer la situation. Il mandate l'huissier Linteau pour qu'il se tienne prêt à se rendre au Forum pour exécuter le bref.

L'affaire devient sérieuse. Les collègues du cabinet d'avocats réalisent brusquement l'ampleur de l'affaire et décident de venir en aide au jeune stagiaire. Le 1ᵉʳ septembre, la veille du premier affrontement au Forum, dès la fin de l'après-midi, le téléphone ne dérougit pas au cabinet d'avocats. L'incident devient diplomatique ! Le dossier se rend jusqu'au bureau du premier ministre canadien. Craignant une pluie d'autres réclamations semblables, le gouvernement soviétique refuse de verser les 1 569 $ réclamés. Le gouvernement canadien est avisé par les autorités soviétiques de ne pas payer et de ne pas autoriser Hockey Canada à le faire. Furieux, Alan Eagleson communique dans la soirée avec les représentants de Dagenais. La version des faits, selon Eagleson, sera qu'il s'est rendu le matin du 2 septembre à l'hôtel Reine Élisabeth de Montréal rembourser de sa poche la somme demandée. Plus tard, plusieurs ont écrit à tort, sur la base de la version d'Eagleson, que l'équipement avait été saisi[31]. Il n'en est rien selon Dagenais. L'affaire s'est réglée le vendredi soir 1ᵉʳ septembre quand le cabinet d'avocats représentant Hockey Canada a accepté de verser la caution demandée. Le bref de saisie n'a jamais été exercé par l'huissier Linteau. Le vendredi soir, la Série du siècle n'était plus en péril. Le premier satisfait est Michel M. Dagenais, puisqu'il aime bien le hockey.

L'affaire n'est pas pour autant réglée. Neuf jours plus tard, le procureur général du Canada prend cause pour le gouvernement de l'URSS dans le dossier Dagenais, geste qui démontre la délicatesse de l'affaire pour les relations diplomatiques des deux États. La caution ne peut donc être encaissée par le demandeur. S'ensuivent de longues démarches qui se concluront en mars 1973, quand l'assureur d'État de la Tchécoslovaquie acceptera de rembourser, dans la plus grande discrétion, le tenace jeune homme.

Tout à fait inconnu des amateurs canadiens à 20 h 00 le 2 septembre 1972,
Valeri Kharmalov était devenu, après avoir marqué deux buts électrisants,
une star trois heures plus tard.

CHAPITRE 7

ENTHOUSIASME, FRIC ET PRÉDICTIONS

La parole n'est pas un moineau ;
une fois envolée, tu ne la rattraperas plus.
PROVERBE RUSSE

À l'approche du jour J, l'enthousiasme croît d'heure en heure. Les journaux consacrent de plus en plus de pages à la série. On estime que 800 000 auditeurs ont suivi le 29 août, au réseau Câblevision, le match intra-équipe d'Équipe Canada. La compagnie de disques London met sur le marché un texte chanté par Noël Talarico et Gilbert Chénier : *Da da Canada ; niet niet Russia*[i]. Les huit matchs seront présentés à la télé de Radio-Canada par René Lecavalier. La population se demande comment des images et du son peuvent être diffusés d'une telle distance, mais on dit que ce sera possible *via* les satellites. Au réseau anglais, CTV et CBC s'entendent pour assurer conjointement la diffusion des

---

i   « Oui, oui, Canada ; non, non, Russie. ». Ça va comme suit : « On va bientôt séparer les vrais hommes des p'tits gars ; tours du chapeau, à tour de bras et alléluia. » La chanson a été lancée un peu trop tôt, car des sept joueurs qui y sont nommés quatre ne feront pas partie de l'équipe, dont Bobby Hull.

rencontres. À la radio francophone, la chaîne Radio-Mutuel diffusera les huit rencontres avec la voix de Jacques Moreau.

Par ailleurs, la compagnie qui produisait la *Soirée du hockey* à l'époque avait offert 500 000 $ pour obtenir les droits de production de la série. Eagleson, mis au courant de l'affaire, contacte Harold Ballard et Bobby Orr. Ces deux derniers s'associent et achètent les droits pour 750 000 $[ii]. Un fabuleux montant d'argent à l'époque. Orr et Ballard n'ont pas fait une mauvaise affaire pour autant. Alan Eagleson, qui comme d'habitude porte tous les chapeaux[iii], se retourne et contacte ses amis, qui obtiennent en moins de 48 h un peu plus de 2 millions de dollars de publicité de la part de grandes entreprises comme Labatt, CCM, Ford et Edge (crème à raser). Signe de l'intérêt appréhendé des adeptes du hockey, les firmes acceptent de payer une somme record de 27 500 $ la minute pour la publicité à la télé.

Officiellement, seuls trois employés de l'équipe canadienne sont rémunérés pour la série par Hockey Canada. On donne 15 000 $ à Harry Sinden, 10 000 $ à John Ferguson et 5 000 $ à un employé chargé des aspects logistiques de la série. À part les recrues, rappelons que les supervedettes de l'équipe du Canada ont un salaire annuel dans la LNH qui se situe entre 60 000 $ et 100 000 $. Cependant, les joueurs canadiens ne sont pas payés pour jouer dans la série. Tout de même, on leur offre quelques compensations : ils auront droit à 500 $ pour chacun des matchs d'exhibition ; une allocation quotidienne de 17 $ leur sera versée ; de plus, leur conjointe ou un

---

ii   Les choses ne sont plus très claires aujourd'hui, mais il semble que, jusqu'à récemment encore, c'est à Alan Eagleson qu'il fallait s'adresser pour visualiser les parties archivées et obtenir le privilège d'utiliser des images de la série.

iii   On sait qu'il est directeur de Hockey Canada ; il est aussi l'agent de Bobby Orr et, en principe, en conflit avec Ballard, le propriétaire des Leafs de Toronto ; Eagleson, surnommé le Parrain, est également directeur exécutif de l'Association des joueurs de la LNH, agent de dizaines de joueurs et président des jeunes Conservateurs de l'Ontario. De son propre aveu, il lui arrive souvent de ne pas savoir à qui facturer ses frais de voyage.

proche pourra les accompagner à Moscou aux frais de la reine. La popularité de la série à la télé permettra par ailleurs à plusieurs joueurs d'obtenir de lucratifs contrats de publicité pour promouvoir divers produits sportifs. C'est ainsi que Paul Henderson s'associe à CCM pour vanter le casque qui deviendra très populaire après la série[iv]. Les joueurs tireront également indirectement bénéfice de la série puisque des centaines de milliers de dollars de profits seront versés dans leur fonds de retraite. L'entente entre les groupes concernés prévoit en effet que les profits seront ainsi distribués : 200 000 $ à Hockey Canada ; 50 000 $ à l'Association canadienne de hockey amateur ; et les profits au-dessus de 250 000 $ seront partagés à parts égales entre Hockey Canada et le fonds de retraite de l'Association des joueurs de la LNH. Tout le monde y trouvera son compte[v], y compris les autorités soviétiques, comme on le verra plus loin. En somme, les seuls qui ne feront pas d'argent dans cette affaire seront les joueurs des Rouges, qui n'auront que le prestige à gagner en cas de victoire. Ce qui est déjà pas mal.

Les spécialistes et les amateurs de hockey s'expriment sur l'issue de la série. Même si dans le meilleur des cas ils n'ont jamais vu évoluer les Soviétiques ou n'ont assisté qu'à une ou deux séances de leur entraînement, leur avis est assez homogène.

Le 1er septembre, Red Fisher, du *Montreal Star*, prédit que le Canada gagnera les huit parties. « Ce n'est pas un *Team of All-Stars* écrit-il, mais un *All-Stars Team*. Y a-t-il un Yvan Cournoyer chez les Russes ? Un Frank Mahovlich, un Brad Park ou un Ken Dryden ?[32] » Fisher écrira plus tard que John

---

iv   Pendant quelques années, tous les jeunes hockeyeurs canadiens voudront porter le casque « Paul Henderson. »

v   Y compris la LNH, qui s'était montrée favorable à la série parce que ce versement au fonds de retraite des joueurs réglait un vieux litige financier qui l'opposait au syndicat des joueurs.

Ferguson lui a dit, alors qu'ils étaient en visite à Moscou à la mi-juillet : « Nous allons toutes les gagner[33] ». Bref, pour quelle raison Fisher verrait-il les choses autrement que Ferguson ?

Pierre Gobeil, du *Montréal-Matin*, prédisait six victoires du Canada, mais il change d'idée après avoir vu un entraîne-ment des Soviétiques. Le Canada aura au moins sept victoires, avance-t-il maintenant. Dans un texte au titre pompeux (« Ils sont venus pour apprendre, ils apprendront »), Gobeil sou-ligne : « Les Russes font de faibles passes et ils tournent le dos au jeu. De plus, pas un joueur n'a tenté à l'entraînement de contourner un défenseur[34] ». Gobeil rapporte également les paroles que Bobby Orr a laissé échapper, devant les scribes au Forum pendant que les micros étaient fermés : « Nous allons les écraser. » Le *Montréal-Matin* publie la prédiction de 16 de ses employés : tous choisissent le Canada comme vain-queur, et 10 d'entre eux accordent au plus une victoire aux Soviétiques. La veille du premier match, Denis Brodeur, qui a déjà joué contre les Soviétiques et qui les a vus à l'œuvre à quelques occasions, prédisait dans ce journal huit victoires des Canadiens.

Le journal *The Gazette* présente le 2 septembre l'avis de différentes personnalités quant à l'issue de la série[35].

Jacques Plante, gardien actif des Maple Leafs de Toronto et un des grands de l'histoire de la LNH : 8-0 Canada. Il dit aussi : « Je pourrais jouer pour le Canada immédiatement, avec un seul réchauffement. Aucun gardien n'aurait de pro-blème contre eux. Leur faiblesse n'est pas leur gardien. Leur faiblesse, c'est toute l'équipe. »

Red Storey, arbitre légendaire retraité de la LNH : 8-0 Canada.

Anatoly Davidenko, économiste chef de la délégation commerciale soviétique au Canada : quatre victoires chacune.

Claude Mouton, annonceur au Forum et au parc Jarry : 6-2 Canada.

Dick Moore, un ancien du Canadien : « Le Canada gagnera les trois premiers matchs par trois buts. »

Al Cauley, de CJAD : « La Russie va peut-être en gagner deux. »

Brian MacFarlane, de *Hockey Night in Canada* : 6-2 Canada.

Gerald Eskenazi, *New York Times* : « Le Canada va les écraser 8-0. »

Milt Dunnel, *Toronto Star* : « Le Canada va gagner facilement. Il n'en perdra probablement qu'une à Moscou. »

Claude Larochelle, *Le Soleil* : 7-1 Canada. Il ajoute : « On pourrait en perdre une à Moscou. »

Foster Hewitt, animateur des matchs à Radio-Canada qui couvre le hockey depuis plus de 40 ans et qui a vu plusieurs matchs Canada-URSS aux Mondiaux : 8-0 Canada, « Avec une marge de deux buts par partie ».

Dick Beddoes, *The Globe and Mail* de Toronto : 8-0 Canada, « L'équipe russe est en déclin ».

Fred Rose, *Boston Globe* : 8-0 Canada. « Ce sera aussi le résultat du premier duel. »

Mark Mulvoy, *Sports Illustrated* : 7-1 Canada.

Jim Fanning, gérant des Expos de Montréal : 5-3 Canada.

Le jeune journaliste qui couvre la série pour *La Presse*, Michel Blanchard, fait bande à part dans cet élan d'enthousiasme teinté à l'occasion d'un surcroît d'arrogance. Il titre son article de l'édition du 2 septembre : « Les Soviétiques : trois victoires, quatre défaites, un match nul[36] ».

Il n'y a peut-être qu'un individu en Amérique qui donne la victoire aux Soviétiques. Il s'agit de John Robertson, du *Montreal Star*. Celui-ci prédit six victoires aux Russes, après les avoir vus s'entraîner à deux reprises. Pourquoi ? « Équipe Canada n'est pas l'équipe du Canada sans Bobby Hull, Jean-Claude Tremblay, Gerry Cheevers et Derek Sanderson. De plus, le moment de la tenue de la série ne pourrait être plus mal choisi, au moment où les joueurs ne sont pas en bonne condition physique[37] ». Robertson, qui donne ni plus ni moins que l'heure juste, sera victime de chantage, de lettres anonymes et de harcèlement téléphonique. Il sera traité de sale communiste et d'épithètes blasphématoires pour avoir fait une telle prédiction.

Quant au personnel de l'équipe soviétique, les journalistes tentent de leur faire prédire l'issue de la série, mais ceux-ci préfèrent s'abstenir. Les entraîneurs répètent qu'ils participent à cette série pour apprendre et améliorer leur jeu. Le seul commentaire qui peut être soutiré d'un joueur des Rouges est celui du vétéran Starshinov, qui se contente d'affirmer que les amateurs pourront savoir s'ils peuvent évoluer contre des professionnels. Les Soviétiques répètent sans cesse que cet affrontement n'est qu'une rencontre amicale, qu'elle n'a pas l'importance des Championnats du monde et des Jeux olympiques. En cela, leur attitude tranche avec celle des Canadiens, pour qui, malgré une victoire apparemment acquise d'emblée, il s'agit d'une question « de vie ou de mort », selon les mots mêmes de Harry Sinden.

Par ailleurs, à l'approche du premier télescopage, plusieurs compagnies profitent de l'occasion pour mousser leurs produits dans les journaux. La chaîne Simpson's, qui fête son centenaire en 1972, publie le 1er septembre dans *The Gazette* une photo de John Ferguson portant un veston aux couleurs d'Équipe Canada. « Meilleure chance à Équipe Canada et bienvenue en terre canadienne à l'équipe russe », clame Simpson's.

Le Journal de Montréal publie de son côté, dans une pleine page, la photo de chacun des membres de l'équipe associé à un commanditaire. Gilbert Perreault est commandité par le *Chat qui pêche Disco-Club*, de la rue Jean-Talon ; Ken Dryden est représenté par la *Brasserie Pharaon* de la rue Crémazie ; et Dale Tallon par le chic *Motel Métropole* du boulevard Métropolitain. D'autres journaux, comme *The Gazette*, font pareillement avec d'autres commanditaires. Somme toute, cette forme de publicité permet aux joueurs d'aller chercher quelques extras.

Le Soleil publie une grande publicité de la firme RCA (téléviseurs) qui invite les téléspectateurs à regarder la série en couleurs[vi]. Le concessionnaire automobile Alix Canada «souhaite à Hockey Canada de mettre les Russes au pas...[38]» Cooper titre une publicité du *Montréal-Matin*: «Les Russes ont notre protection.» Après avoir précisé que les Russes sont protégés des jambières au casque par des produits Cooper et qu'ils utilisent les bâtons Hespeler de Cooper, la réclame conclut: «Ils sont pas fous ces Russes[39]». Dans le même journal, la Vodka McGuinness présente sans doute la publicité la plus originale. Sur une pleine page, elle titre: «S'ils savent jouer au hockey, nous savons faire de la vodka». La réclame montre une bouteille de vodka sous laquelle est inscrit: «McGuinness Vodka, la vodka capitaliste».

Plusieurs commerçants et entreprises organisent des concours qui donneront la chance à ceux qui auront visé juste de gagner des prix. *Le Journal de Montréal*, la station radiophonique CKAC et divers commerçants organisent le concours «David & Goliath», à l'occasion duquel divers prix et une Renault 10 seront offerts aux chanceux qui auront prédit le nombre exact de victoires des deux équipes. Enfin, Labatt offrira une Mustang Grande 1973 au joueur le plus utile d'Équipe Canada.

En somme, la rencontre Canada-URSS suscite un intérêt remarquable et ne laisse personne indifférent avant même qu'un seul coup de patin ait été donné.

---

vi   Rappelons que moins de 10 % des Canadiens ont une télé couleur en 1972. On estime que des milliers de Canadiens se sont procuré un téléviseur couleur pour regarder la série.

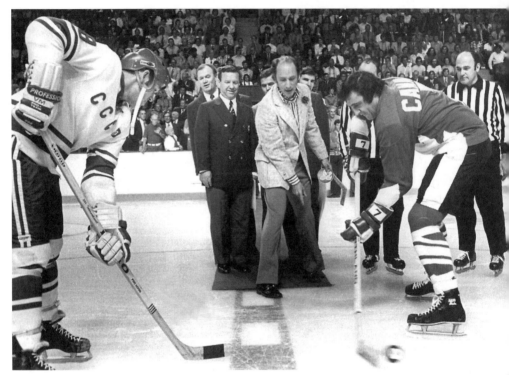

Mise au jeu protocolaire de Pierre Elliott-Trudeau lors du premier match.
On remarque la détermination de Phil Esposito face à son adversaire
Alexandre Vikulov. En arrière-plan, les quatre entraîneurs.

CHAPITRE 8

PREMIER MATCH:
LA SURPRISE DU SIÈCLE

Eh bien, soit! En garde! Tu verras comment
je vais te transpercer ta petite personne.
POUCHKINE

Les règlements appliqués pour la série sont dans l'ensemble ceux utilisés à la Fédération internationale de hockey sur glace (FIHG). Les différences sont peu nombreuses entre les règlements appliqués dans la série et ceux de la LNH, mais elles méritent d'être soulignées. D'abord, deux hommes rayés seulement seront sur la glace, au lieu de trois comme dans la LNH. Les deux officiels peuvent appeler les hors-jeu et les punitions. À l'occasion des quatre épreuves disputées au Canada, des arbitres américains de la FIHG officieront. Les quatre autres jouées à Moscou seront arbitrées par des juges européens de cette même fédération. Sur la glace, les différences notables concernent les dégagements, qui sont signalés dès que la rondelle passe la ligne rouge, et les hors-jeu, qui peuvent être retardés à la ligne bleue. Ces deux règles ont comme avantage de provoquer moins d'arrêts de jeu et d'accélérer le tempo. Les bagarres, très fréquentes dans la LNH, ne sont pas admises au hockey international. Autre distinction à signaler, les parties auront 4 périodes : 2 de 20 min et 2 autres de 10 min chacune.

Pour la première partie, Sinden place ses joueurs les plus alertes à l'avant et les plus expérimentés à l'arrière. Les Cashman, Parisé et Goldsworthy ne jouent pas, ni les jeunes Perreault et Martin. Sinden décide d'y aller avec cinq défenseurs seulement et quatre lignes complètes à l'attaque. Serge Savard est laissé de côté. C'est Dryden qui est devant les buts, malgré une bonne performance au camp d'entraînement de Tony Esposito. Ferguson dira plus tard que la décision tenait au fait que la partie était jouée à Montréal. Bobrov, de son côté, choisit d'y aller avec 7 défenseurs et seulement 10 attaquants, un choix étonnant compte tenu de l'arrivée récente des joueurs à Montréal – à peine 3 jours.

Avant la partie, Jacques Plante se rend dans le vestiaire des Soviétiques, à leur grand étonnement. Et là, l'idole de Tretiak se met à donner des conseils au jeune portier soviétique de 20 ans[i]. Plante lui explique comment se comporter devant Esposito, Cournoyer et Henderson. « Pour m'aider, Plante a fait des diagrammes sur le tableau noir », écrira Tretiak[40]. Bien sûr, le gardien russe se doute que Plante fait cela un peu par charité, mais il lui a toujours été reconnaissant de ses conseils, fort utiles comme en témoignera la série.

Parmi les personnalités importantes dans la foule, outre le premier ministre Trudeau, il y a sa femme Margaret (qui garde ses lunettes fumées), le chef de l'opposition Robert Stanfield et le maire Jean Drapeau. Le match est suivi par des journalistes canadiens, soviétiques et américains, bien entendu, mais plusieurs journalistes européens et même un Japonais sont au Forum pour couvrir l'événement[ii]. Ken Dryden et plusieurs autres joueurs affirment qu'ils étaient très nerveux au début de la rencontre, saisissant soudaine-

---

i   Tretiak avait rencontré Plante à l'occasion d'une tournée précédente au Canada. Plante, faut-il rappeler, a terminé à neuf reprises dans sa carrière avec la meilleure moyenne des gardiens de la Ligue, dont la dernière fois en 1970-1971 avec les Leafs de Toronto.

ii   Il y a notamment quelques Tchèques, quelques Suédois et un Suisse.

ment l'ampleur du défi et le caractère historique de l'événement. Ils jouaient devant l'auditoire le plus important de l'histoire du hockey et ajoutaient une page à cette dernière. Quant à l'auditoire, les chiffres varient, mais la donnée la plus courante l'établit à 100 millions au total, soit 20 millions d'auditeurs en Amérique et 80 millions en Europe.

Les Canadiens sont vêtus du chandail rouge. Au dos, le mot *Canada* est inscrit au-dessus de leur numéro. Sur le devant se trouve une grande feuille d'érable blanche, ornée de sept pointes. Deux autres pointes apparaissent sur les manches, totalisant ainsi les 11 pointes traditionnelles[iii]. Les Soviétiques, eux, sont en blanc.

La partie s'engage devant une foule survoltée, comme dans une escarmouche de fin de série. Trente secondes suffisent pour permettre à Phil Esposito d'ouvrir la marque pour le Canada, de son poste habituel devant le filet. Henderson prend ensuite une punition, dont la nature ne fait aucun doute à 1:03 mais que conteste pourtant immédiatement Frank Mahovlich. Les Soviétiques contrôlent bien la rondelle, mais le Canada résiste. Les mises en échec sont nombreuses. Les Soviétiques démontrent une adresse enviable et, surprise, ils se défendent bien physiquement.

Dès la sixième minute de jeu, Paul Henderson ajoute à l'avance du Canada, sur un lancer de loin, après une mise au jeu remportée par Clarke. Malgré cette avance, les Soviétiques patinent avec vigueur, leurs passes sont brillantes, nombreuses et précises. Contrairement au jeu des professionnels de la LNH, ils multiplient les passes arrière, ce qui a pour effet de déstabiliser les Canadiens. Ils font également un chassé-croisé sur la patinoire qui laisse pantois les joueurs canadiens, habitués au traditionnel respect des couloirs[iv].

Malgré l'avance de 2-0, les Canadiens ne sont pas dupes de la qualité du jeu des Russes. John Ferguson dira que, dès

---

iii   Dix pour chacune des provinces et une pour les deux territoires.

iv   Notons que dans la LNH l'ailier gauche reste à gauche, le droit reste à droite et le centre reste autant que possible au centre. Pourquoi se casser la tête ?

le début de la joute, il a remarqué leurs passes extraordinai-
res et la qualité de leur jeu. Quant à Rod Gilbert, il raconte
de façon assez colorée ce qu'il ressentait alors : « À 2-0, j'étais
impatient d'aller sur la glace. La partie allait se terminer 15-
0, 17-0 et je voulais ma part de buts. Là, je finis par sauter sur
la glace et je ne touche pas à la rondelle de mon tour. Les
Russes patinaient, patinaient et moi, je tournais en rond
pour toucher la rondelle[41] ».

À 11:40, posté à droite de Dryden et à sa hauteur, Zimin
enfile l'aiguille sur une réception de passe latérale de Shadrin. On remarquera tout au long de la série cette tactique
pratiquée par les Soviétiques[v]. Mikhailov puis Ragulin prennent coup sur coup des punitions et, chose pour le moins
inhabituelle en Amérique, ni l'un ni l'autre ne se rue vers les
hommes rayés pour rouspéter. La reprise du jeu qui fait
suite à la punition de Ragulin s'effectue à la droite de Tretiak.
Les Soviétiques remportent la mise, Petrov et Mikhailov se
retrouvent rapidement à deux contre un seul Canadien. Petrov
atteint la cible, c'est 2 à 2. Est-ce possible ? Les meilleurs joueurs
au monde accordent un but en désavantage numérique à
une équipe formée d'inconnus ! Un grand silence règne alors
dans les estrades. La première période se termine. Le jeu a été
alerte et assez partagé entre les deux équipes.

Lorsque la deuxième période débute, un léger brouillard
flotte au-dessus de la glace. Le Canada joue un peu plus durement. Clarke donne quelques coups de palette de hockey
dans le ventre de Paladiev derrière le but des Russes. Maltsev
gagne une bataille dans son coin et envoie la rondelle à
Kharlamov. Celui-ci démarre, traverse la ligne bleue des siens
puis la ligne centrale et l'autre ligne bleue. Il se retrouve
devant Don Awrey, l'un des joueurs de la LNH les plus difficiles à contourner selon Sinden. Kharlamov accélère, contourne Awrey, momifié sur ses patins, et se retrouve fin seul
devant Dryden qu'il déjoue d'un lancer entre les jambières.

---

v   Les frères Stastny pratiqueront plus tard ce jeu typique des Européens
     avec les Nordiques de Québec.

Des millions de Canadiens viennent de découvrir un grand, un très grand joueur de hockey.

On entendrait une mouche voler dans le Forum. Un peu plus tard, Tretiak fait un gros arrêt sur un lancer de Frank Mahovlich. Puis Maltsev retient avec sa main le bâton de Clarke, lequel n'apprécie pas le geste et rudoie Maltsev avec son bâton alors que ce dernier est à genoux sur la glace. Quelques minutes plus tard, du fond de sa zone, l'avant Maltsev remet de nouveau la rondelle à Kharlamov, qui se trouve à l'intérieur de sa propre ligne bleue. Le numéro 17 (Kharlamov) décolle, sur la gauche cette fois. Il traverse les trois zones, déborde le « deuxième plus meilleur défenseur au monde », Brad Park, tire au filet et bat Dryden à sa gauche. C'est 4 à 2 pour les Soviétiques.

À sept secondes de la fin du deuxième engagement, c'est le défenseur Liapkin qui effectue la mise au jeu dans le territoire défensif de son équipe, une autre tactique inusitée et étrangère aux stratégies utilisées par les professionnels. À la fin de la période, l'analyste du diffuseur CTV[vi], Brian Conacher affirme qu'il a rarement vu un match d'une telle qualité. On raconte que Bobby Orr a déclaré : « *Man this make Stanley Cup bulshitt*[vii] ! » Cashman se rend dans la chambre des joueurs et suggère de darder quelques Russes pour voir s'ils sont aussi virils qu'ils le paraissent[42].

Durant l'entracte, l'organiste du Forum, sans doute aussi déboussolé que les joueurs d'Équipe Canada, joue cet air connu des Québécois : « *Tant qu'y m'res'tra quequ'chose dans l'frigidaire, j'prendrai l'métro, j'fumerai du pot, j'boirai d'la bière* ». L'analyste Howie Meeker, qui en a pourtant vu d'autres, dit sur les ondes de la CTV qu'il n'a jamais vu une équipe exercer un jeu de passes d'une telle qualité.

Au retour des équipes sur la glace, le brouillard est plus intense encore. L'analyste Conacher regrette déjà l'absence de Bobby Orr. Pendant deux séquences d'affilée, Kharlamov

---

vi   Comme j'ai visionné les parties diffusées sur le réseau CTV, c'est à celui-ci que je ferai référence.

vii   « Diable, que vaut la Coupe Stanley maintenant ! »

(prononcez Harlamof) dribble avec la rondelle, feinte, avance, contourne des joueurs, revient sur ses pas, passe à un camarade. Bref, il fait preuve d'une virtuosité exceptionnelle. Le pauvre Hewitt, qui décrit la partie, doit donc prononcer son nom à plusieurs reprises. Tout y passe, Karmalov, Karlamof, Marlahov et, sauf erreur, on croit même l'entendre dire Malakhov[viii]... Les Soviétiques dominent complètement l'ensemble du jeu en dépit de quelques percées occasionnelles des Canadiens qui obligent Tretiak à se surpasser. L'une de ces montées justement permet à Clarke de marquer à 8:22, resserrant ainsi le pointage à 4-3. La foule du Forum sort de sa torpeur, se rappelant son équipe favorite. Les cris reprennent. Durant cinq minutes, Équipe Canada menace l'adversaire. Rudement mis à l'épreuve, Tretiak refuse de céder et effectue d'importants barrages, dont un arrêt clé sur un lancer de Peter Mahovlich.

À la treizième minute, Blinov et Mikhailov sortent de leur zone et se retrouvent tout de go dans la zone offensive à deux contre trois. Mikhailov feinte, dribble et fait mouche en dépit du surnombre de Canadiens autour de lui. C'est 5 à 3. Retour du silence. Moins d'une minute plus tard, Zimin feinte devant Bergman, déjoue Park avec l'aide du foutu hasard et marque contre un Dryden qui a décidément connu de meilleures soirées. C'est 6 à 3. La foule, qui à quelques reprises a désapprouvé vigoureusement certains gestes rudes des Canadiens, conspue cette fois le jeu mou des meilleurs joueurs de hockey professionnels[ix] au monde. En fin de rencontre, Yakushev réussit un autre but sur une superbe pièce de jeu de Shadrin, lequel a attiré trois chandails rouges vers lui.

Somme toute, les Canadiens ne touchent pas la rondelle durant la dernière minute de jeu. Dryden, qui avait accordé neuf buts en décembre 1969 à Vancouver à l'occasion de sa seule expérience contre les Soviétiques alors qu'il jouait avec l'équipe nationale, doit se demander pourquoi Sinden l'a préféré à Esposito. À la toute fin, il arrête un lancer de la

---

viii   Cela vous dit quelque chose, Vladimir Malakhov?
ix   Voilà une nuance.

ligne rouge des Soviétiques et la foule l'applaudit par dérision. Les Russes s'échangent aisément la rondelle dans la
zone des Canadiens, lesquels courent dans tous les sens. La
partie se termine sur quelques gestes rudes et inutiles de
Lapointe et Esposito, que la foule dénonce distinctement.
Au son de la sirène, la foule applaudit les Soviétiques. Les
joueurs canadiens oublient de serrer la main à leurs rivaux et
se sauvent promptement dans leur chambre, ce qui embar-
rasse ministres et autres personnages publics importants
dans le Forum. Mal à l'aise, l'annonceur du Forum Claude
Mouton est obligé d'excuser à deux reprises le comportement des joueurs canadiens en invoquant l'excuse qu'ils
n'ont pas été informés de la coutume de rester sur la glace
après le match et de serrer la main à l'adversaire. Kharlamov
et Clarke sont choisis joueurs de la soirée, mais seul le Russe
est sur la glace pour recevoir le prix et accorder une entrevue
à la télé devant les 18 818 spectateurs et les millions de téléspectateurs. Nouvelles huées pour souligner l'absence de
Clarke.

Pendant ce temps, à Munich, où se déroulent les Jeux
olympiques, une cinquantaine de personnes se sont réunies
au centre de presse international pour regarder en direct cette
nuit-là la rencontre. Les Russes pavoisent. Les Canadiens
sont stupéfiés. Les autres ne comprennent pas. Comme me
l'a dit Richard Garneau : « Le gagnant du *pool* a été celui qui
avait choisi une nulle. Personne parmi le groupe n'avait
donné la victoire aux Soviétiques. »

Cette cuisante défaite rappelle étrangement celle de 6-3
qu'a encaissée la grande et fière équipe nationale de soccer
d'Angleterre en 1953 contre les Hongrois. La première jamais
subie en terre de Grande-Bretagne. Les Hongrois allaient
remettre cela un mois plus tard, dans leur pays cette fois...

Il aurait avoué avoir mis le feu au Blue Bird

LIRE PAGES 2, 3, 4, 5, 6 ET 7

Dimanche-Matin

176 PAGES   25¢   LIVRÉ À DOMICILE 30¢   ÉTATS-UNIS, NORD ET EST DE QUÉBEC 30¢   Vol. XIX — No 34 — Montréal 3 septembre 1972   FINALE ★★★★

LE CANADA ÉCRASÉ 7-3

Le gardien Vladislav Tretiak a su contenir les offensives des étoiles de la ligue Nationale.

10 PAGES DE COMMENTAIRES ET PHOTOS

La une du *Dimanche-Matin* du 3 septembre.

CHAPITRE 9

LA RÉACTION

A little piece of us died today[i].
HARRY SINDEN

L a défaite-surprise d'Équipe Canada provoque une réaction exceptionnelle qui montre bien l'ampleur de l'étonnement et de l'abattement. Le *Sunday Express* de Toronto titre la une : « *WE LOST* », avec d'immenses caractères noirs funèbres. Le *Montréal-Matin* utilise des capitales de cinq centimètres pour coiffer la une dominicale de « VICTOIRE RUSSE ». Environ 90 % de cette page est consacrée à la défaite de la veille, tandis que l'explosion du *Blue Bird*, survenue tard le vendredi soir à Montréal, ayant fait 37 morts, n'occupe qu'un maigre espace au bas de la page. Jerry Trudel écrit dans ce journal :

> « Le Canada a découvert hier soir... l'intelligence [...] John Ferguson a toujours été considéré comme l'épitomé du hockey [...] Les Cosaques n'étaient pas des danseurs sur pointes et Yvan le Terrible n'était pas le produit d'un conte de bande dessinée [...] Hier soir, un mythe a été détruit et une leçon a été servie. Le mythe détruit, c'est celui de la

---

i   « Un peu de nous est mort aujourd'hui. »

suprématie du Canada au hockey; la leçon, c'est que l'intelligence a sa place même au hockey».

Voici encore des commentaires de Trudel, qui reflètent les réactions de la majorité des commentateurs sportifs:

> «Les Soviétiques n'ont pas cherché à s'imposer par du jeu brutal ni agi en vedettes de cinéma. Ils ont offert un jeu scientifique, ont montré une condition physique et une application remarquables au jeu. Nous n'avons pas vu de Russes utiliser de tactiques malhonnêtes. Après un lancer arrêté et retenu par Dryden, les joueurs soviétiques ne se sont pas lancés sur lui comme des éberlués comme cela est fait dans la Ligue nationale. L'instructeur soviétique ne faisait pas les cent pas, ne mâchait pas de la gomme, n'enguirlandait pas les arbitres et ne se donnait pas en spectacle. Il observait et prenait des notes [...] Les Soviétiques ont servi plus qu'une leçon de hockey, ils ont servi une leçon de savoir-vivre et de savoir-faire. »

Pour sa part, le *Dimanche-Matin* titre sa une: «Le Canada écrasé 7-3». Toujours à la une, ce sous-titre assassin: «Déroute... débandade... débâcle... effondrement... humiliation: 7 à 3». Par ailleurs, Maurice Richard, qui tient une chronique dans le journal, s'excuse d'avoir dû refuser l'invitation de M. Trudeau à assister au match, ayant déjà – vous reconnaîtrez le personnage – «pris des engagements antérieurs pour un voyage de pêche avec des amis».

Le Journal de Montréal consacre lui aussi sa une à la défaite (à l'exception d'un minuscule espace pour le *Blue Bird*), avec ce simple titre «Une leçon!» Le journal rapporte ce commentaire d'Eddie Johnson: «Ils me font penser aux anciens Rangers».

Et ça continue de plus belle dans les journaux du lundi. *The Gazette*, à la une: «*Here they come again*». Fort à propos, le journaliste Ted Blackman avance: «Nous ne serons plus jamais les mêmes». Le *Montreal Star*, non dénué d'ironie, y va de son côté d'un «*Oh, Canada!*» Pat Hickey écrit que le journaliste de Tass a bien résumé l'événement en lâchant sur la galerie de presse du Forum, pendant la partie, alors que les Soviétiques menaient 4-2 : « Nous regardons une légende s'éteindre ».

Un éditorialiste du *Toronto Star* écrit : « Est-ce trop demander que de s'attendre à ce que des joueurs payés entre 50 000 $ et 100 000 $ par année soient en bonne condition physique ? » Il poursuit : « Équipe Canada a ajouté la disgrâce à l'humiliation samedi en assénant des coups vicieux aux joueurs russes (qui ont gardé leur sang-froid face à ces gestes) dans les dernières minutes de la partie et en omettant de rester sur la glace à la fin de la partie[43] ». De son côté, un éditorialiste du *Toronto Sun* se fait sarcastique : « Les Canadiens peuvent-ils rivaliser avec les Soviétiques ? Harry Sinden devrait insérer Bobby Fisher dans son alignement[44] ». Le journaliste souligne ensuite avec pertinence que la Coupe Stanley n'est plus le symbole de la suprématie au hockey.

Scott Young, du *Globe and Mail,* a honte des coups vicieux donnés par les Canadiens[45]. Le chef du Parti conservateur du Canada et chef de l'opposition officielle au Parlement, Robert Stanfield, trouve le moyen de rire en affirmant qu'un telle défaite ne se serait pas produite sous un gouvernement conservateur.

Les Américains suivent la série. Le *New York Times* a donc délégué Gerald Eskenazi. Dans son texte coiffé d'un gênant « *Team Canada's Breakfast : Humble Pie*[ii] », Eskenazi note : « Le Canada s'est réveillé d'un mauvais rêve aujourd'hui ». Il rapporte le constat d'un ancien joueur de la Ligue : « C'est plaisant d'entrer dans l'histoire, mais je n'aurais jamais pensé que ce serait Dunkerque ».

Harry Sinden est dévasté. Dans un ouvrage publié à la fin de 1972 à partir des notes qu'il a consignées au jour le jour pendant la Série du siècle, Sinden écrit : « Un peu de nous est mort aujourd'hui. J'ai perdu des parties difficiles au fil des ans mais je n'ai jamais imaginé que je pouvais perdre une

---

ii   La traduction en français de ce titre « Le déjeuner d'Équipe Canada : des excuses humiliantes », ne rend pas compte du jeu de mots que fait Ezkenazi (*breakfast… pie* et déjeuner… gâteau).

partie comme celle d'aujourd'hui ». Sinden laisse tomber : « *Christ, it hurts*[iii] » et poursuit :

« Il n'y a pas de phase du jeu dans laquelle ils ne nous ont pas dominés. Ils patinaient autour de nous et, à la fin, ils se moquaient littéralement de nous. J'avais évalué leurs chances de gagner à une sur cinq. "Je me suis mis un doigt dans l'œil, je me suis mis un doigt dans l'œil", ne cessais-je de me répéter dans le vol vers Toronto après le match[46] ».

Sinden confie qu'il s'est demandé à quel point les Russes ont appris des Canadiens pendant l'affrontement. Après le match, il a demandé aux journalistes : « Quand est-ce que vous voyez les défenseurs réclamer de jouer à six, et en même temps, les joueurs d'avant de jouer à quatre trios ? » Sinden raconte avoir reçu une centaine de télégrammes dans les deux jours qui suivent le premier match. Tous sont désobligeants, à l'exception d'un seul, celui de Tom Johnson, son copain entraîneur des Bruins de Boston.

Ken Dryden, qui note aussi quotidiennement ses commentaires personnels, est abattu. Après avoir laissé passer 16 rondelles dans son filet en 2 joutes à vie contre les Soviétiques, il se demande si son style n'est pas incompatible avec leur jeu. Commentant quelques coups rudes de ses coéquipiers en fin de match, Dryden ne craint pas de reconnaître que ces gestes manquaient de classe[47].

Même le président de la Ligue nationale, Clarence Campbell, manifeste sa réaction en critiquant publiquement le choix des joueurs de Sinden. Campbell vise principalement Dryden. Touché par ce commentaire, le gardien canadien rencontrera Campbell en privé pour tirer les choses au clair.

C'est la surprise et la consternation chez les joueurs canadiens, chez les journalistes et chez les amateurs. Le Canada a frappé son Waterloo, comme Napoléon, dont l'arrogance lui avait fait croire qu'il pouvait facilement s'emparer de Moscou en 1812.

---

iii   « Merde, ça fait mal. »

Quant aux Soviétiques, la presse russe se réjouit de la victoire des siens. Les joueurs et les entraîneurs ne souffrent visiblement d'aucun complexe, mais la sagesse leur commande la réserve, malgré la victoire historique qu'ils ont remportée. Avant la seconde rencontre, l'un des dirigeants de la troupe soviétique se contentera de rappeler ce vieux proverbe russe : « *Ne comptons pas nos poulets avant la fin de l'automne* ».

Photo : Denis Broc

Dans l'ordre : Vsevolod Bobrov, Boris Kulagin et Harry Sinden.

CHAPITRE 10

LA PRÉPARATION DES SOVIÉTIQUES

On ne perd pas de temps quand on aiguise ses outils.
PROVERBE FRANÇAIS

L es entraîneurs soviétiques sont deux anciens joueurs de hockey. Ils ne dirigent l'équipe nationale que depuis le dernier Championnat mondial, à Prague, en mars 1972. De l'avis de plusieurs, Bobrov est estimé être l'égal de Gordie Howe et de Bobby Orr en URSS. En 1948, il a marqué 52 buts en 18 parties dans la Ligue de hockey soviétique. Dans un match de 1949, il a marqué huit buts d'affilée. À l'époque, Bobrov est un joueur tellement important pour son pays que l'URSS annule sa participation aux Mondiaux de 1953 parce qu'il est malade. L'année suivante, il est choisi meilleur joueur du Championnat du monde. Il a joué au hockey de 1946 à 1957. Il a aussi été une grande étoile de soccer. Capitaine de l'équipe nationale soviétique de soccer aux jeux olympiques de 1952, il a aussi, par la suite, dirigé plusieurs équipes soviétiques de soccer dont la prestigieuse formation de l'Armée Rouge. Bobrov est un colonel. Il a reçu l'Ordre de Lénine, la plus haute distinction qui puisse être accordée en URSS. Il est d'ailleurs le seul hockeyeur à avoir reçu cette distinction au moment de la tenue de la Série du siècle. Quant à l'entraîneur adjoint Boris Kulagin, il a joué pour le Spartak de Moscou et longtemps côtoyé Tarasov à titre d'entraîneur de l'Armée centrale.

Comme la majorité des autres instructeurs de sport en URSS, Bobrov et Kulagin possèdent un diplôme de l'Institut de culture physique de l'URSS. Il faut quatre ans pour compléter ce programme. En plus des 170 h spécifiques au hockey, la formation comporte 690 h de cours variés concernant notamment la médecine sportive, la pédagogie, la chimie, les sciences humaines, l'utilisation de l'audiovisuel comme moyen d'enseignement, la psychologie et l'histoire du sport[48].

Bobrov et Kulagin appliquent les techniques et stratégies de jeu développées par leurs prédécesseurs Tarasov et Tchernychev[i]. Le jeu soviétique est basé sur l'habileté, la rapidité, la finesse, la vitesse, et surtout, le conditionnement physique et l'action collective. Le système soviétique repose sur la mise à contribution des qualités individuelles de chaque joueur au bénéfice du jeu d'équipe. Les Soviétiques ne cherchent pas à créer des vedettes individuelles. La philosophie du hockey soviétique veut qu'un joueur travaille au bénéfice de ses quatre partenaires sur la glace, et non le contraire. Aussi bon soit un joueur, jamais il ne doit s'élever au-dessus des intérêts collectifs de l'équipe. En guise d'exemple, Tarasov reconnaît qu'aucun joueur de son pays ne peut rivaliser avec Bobby Hull sur le plan des habiletés intrinsèques, mais forcé de choisir entre cinq Hull et cinq joueurs soviétiques de premier plan, écrit-il en 1969[49], il hésiterait. Les joueurs russes forment un ensemble tellement homogène qu'en 1964, aux Jeux d'Innsbruck, les organisateurs n'ont pu choisir eux-mêmes le meilleur joueur du tournoi. Ils ont donc présenté le prix à Boris Mayorov, capitaine de l'équipe soviétique, qui a décidé, dans le cadre d'une rencontre avec ses partenaires, d'offrir le titre au défenseur Edward Ivanov.

---

i   Arkady Tchernyshev a compté le premier but de l'histoire de la ligue d'URSS, le 22 décembre 1946. Il a été engagé comme entraîneur de l'équipe nationale dès 1954. Il a indubitablement contribué à construire cette puissance du hockey aux côtés de Tarasov.

« Un joueur de hockey doit avoir la sagesse du joueur d'échecs et la précision du tireur d'élite », a écrit Tarasov[50]. La passe est l'essence du jeu soviétique. Le nombre de passes augmente l'efficacité de l'attaque et crée des ouvertures. La stratégie vise alors à découvrir un joueur libre pour lui remettre la rondelle. Cette avancée se poursuit jusqu'à ce que ce joueur ait une position qui lui permette d'effectuer un tir dangereux vers le but adverse. Au besoin, les joueurs n'hésitent pas à reculer et à reprendre une nouvelle montée. La base de la tactique soviétique consiste donc à se défaire de la rondelle dès qu'un joueur libre est repéré, alors que, en général, dans le jeu canadien, un joueur se débarrasse de la rondelle seulement lorsqu'il est nécessaire qu'il le fasse.

La discipline est de fer chez les Soviétiques. Au cours d'une tournée effectuée au Canada en 1962, trois joueurs sont pris à fumer la cigarette, dont le capitaine Loktev, l'un des plus brillants joueurs de l'équipe. En guise de réprimande, Tarasov suspend ce dernier pour quelques mois, y compris pour le Championnat mondial de 1963. Dans la Ligue nationale, plusieurs joueurs professionnels fument, notamment, Stan Mikita et l'as cerbère Gerry Cheevers. Et cette habitude est tolérée.

Les Soviétiques tentent d'innover dans le jeu. Cela leur est d'autant aisé qu'ils ont appris à jouer au hockey hors de l'influence des professionnels. Par exemple, ils ont développé le concept de cinq à l'attaque, cinq à la défense. En d'autres mots, les défenseurs appuient les attaquants en zone adverse et les joueurs d'avant se replient dans leur zone pour appuyer leurs défenseurs en zone défensive. Par ailleurs, les Soviétiques forment des unités de cinq joueurs qui travaillent autant que possible ensemble, créant ainsi une communication exceptionnelle entre les membres d'un trio. Ils empruntent plusieurs éléments d'autres sports qu'ils pratiquent, comme le soccer et le basket-ball. Du premier, ils ont retenu l'utilisation occasionnelle du 2-2-1, où la pression est mise sur l'attaque alors qu'un seul défenseur reste à l'arrière. Du basket-ball, ils mettent en pratique l'utilisation d'un partenaire comme paravent pour déjouer un rival, stratégie légale qui déplaît au plus haut point aux Canadiens, qui accusent leurs adversaires de faire de l'obstruction. Surtout, les Russes retiennent de ce sport l'attaque par vagues. Selon cette formule, le joueur qui se précipite à l'assaut laisse la rondelle derrière lui à un camarade qui poursuit la montée, parfois encore, celui-ci passe également la rondelle à un troisième coéquipier laissé à l'arrière en maraude. Cette stratégie inusitée crée une déstabilisation de la défensive adverse. Les Soviétiques pratiquent un autre jeu original, près du filet des opposants celui-là. À la différence des Canadiens, qui placent un gros et grand joueur devant le but pour tenter d'obstruer la vue du gardien, dévier la rondelle et prendre des rebonds, ils placent un joueur de chaque côté du but, en parallèle, pour user de finesse, se passer la rondelle et saisir les retours.

L'entraînement des joueurs soviétiques se distingue aussi passablement de celui de nos représentants. Contrairement à la croyance populaire, il faut d'abord souligner que les joueurs de l'équipe nationale soviétique jouent à peu près le même nombre de parties que les professionnels, soit 90 par an. Toutefois, les Russes sont sur la glace 11 mois sur 12[ii]. Chaque année est divisée en phases (entraînement présaison, saison, postsaison), elles-mêmes divisées en cycles (endurance, résistance, etc.). L'entraînement comporte de nombreux exercices sur la glace, mais aussi plusieurs activités hors glace. Chacune d'elles vise à développer des aptitudes particulières : force, résistance, réflexes, vitesse, équilibre, courage, etc. Le jogging, la gymnastique, les poids et altères font partie intégrante de l'entraînement. Les instructeurs incluent également dans la préparation des joueurs la pratique de nombreux sports comme le tennis, le ping-pong, le volley-ball, le basket-ball, le soccer, la natation, le waterpolo, le ski de fond et le ski alpin. Pour développer leur courage,

---

ii   En incluant leur camp d'entraînement de septembre, les professionnels canadiens jouent sept à huit mois par année, selon leur progression dans les séries de fin de saison.

les joueurs sont aussi appelés faire du saut à skis ou à plonger en piscine de la tour de cinq mètres en effectuant au moins une figure. De même, ils peuvent s'entraîner avec des boxeurs et des lutteurs olympiques afin de développer leur force brute et leur robustesse[51]. Les instructeurs soviétiques forment d'abord des athlètes aguerris.

Pour favoriser leur développement personnel, physique et psychologique, les joueurs ont recours à divers spécialistes. Ils subissent périodiquement, selon un calendrier établi, des tests physiologiques, des tests de consommation d'oxygène (VO2 max, etc.) et des tests d'habileté technique et intellectuelle. La performance individuelle des joueurs est notée après chaque partie. Toutes ces données sont consignées et cumulées dans un dossier. Bref, on est à des années-lumière de la réalité canadienne. À l'époque, on dit souvent par exemple que les joueurs canadiens les mieux entraînés pendant les trois ou quatre mois de la saison morte sont ceux qui ont la bonne fortune de travailler sur des camions de livraison de bière.

L'une des caractéristiques les plus stupéfiantes des Soviétiques concerne la minutie de leurs méthodes de préparation à un tournoi ou à une rencontre. Sur ce point ils ont une longue avance sur les Canadiens. Depuis des années déjà, les Soviétiques scrutent minutieusement leurs adversaires avant une grande confrontation. Ils utilisent des appareils photo et même des caméras pour analyser en détail certains joueurs ou certaines situations de jeu des opposants. La préparation psychologique fait également partie de leur stratégie. L'ex-joueur de l'Équipe nationale du Canada, Roger Bourbonnais, raconte une anecdote : « Je me rappelle un tournoi que nous avons joué à Cold Springs aux États-Unis. Les joueurs soviétiques avaient leur nom inscrit sur la porte de leur chambre d'hôtel, mais aussi le nom du joueur canadien qu'ils devaient affronter sur la glace[52] ».

En vue de la Série du siècle, les Soviétiques commencent leur entraînement le 5 juillet. Le camp s'amorce par des exercices et quelques parties de basket-ball. Pour aiguiser les réflexes, dira Bobrov. Des situations de jeu physique sont aussi mises en pratique, car la mise en échec n'est admise dans les trois zones, au hockey international, que depuis 1969[iii]. Et, on l'apprendra plus tard, les joueurs reçoivent des leçons spéciales de boxe. Au cours de l'été, une attention particulière est accordée à Tretiak pour qu'il améliore ses réflexes afin de faire face aux lancers prompts et puissants des professionnels. C'est ainsi qu'il est astreint à une mitraille de rondelles et de balles de tennis, projetées à deux ou trois à la fois par ses entraîneurs et ses coéquipiers, notamment pour améliorer son jeu de gant. Et encore, pour atteindre cet objectif, les Soviétiques innovent en utilisant un appareil qui projette, aux 4 secondes, des rondelles à 160 km/h. Enfin, les entraîneurs préparent leur équipe à affronter le redoutable jeu de puissance des Canadiens, nous apprendra plus tard Tretiak[53].

Durant l'été, joueurs et entraîneurs soviétiques regardent les vidéos des dernières séries éliminatoires. Ils jouent quelques matchs. Bobrov délègue au Canada à titre d'éclaireurs Kulagin et l'ancien bras droit de Tarasov, Arkady Tchernyshev. Ceux-ci passent deux semaines au pays, à scruter les faits et gestes des joueurs à l'occasion des entraînements et des parties intraéquipe. Ils ne cessent de prendre des notes dans les estrades, ce qui soulève plusieurs commentaires de la part des joueurs et d'autres observateurs[iv]. Une fois, se rappelle Sinden, « ils m'invitent dans leur chambre. Et hop! sortent la vodka. L'atmosphère est bonne. Puis ils me demandent combien d'heures d'entraînement mes joueurs font hors

---

iii   Le Canada ayant quitté la scène internationale peu après, les Soviétiques ont peu eu l'occasion de s'acclimater à son jeu particulièrement physique. De plus, l'on sait que le hockey pratiqué sur la scène internationale à ce moment est axé sur la vitesse, la passe, la technique et l'habileté. Le jeu physique et les contacts sont rares. L'intimidation n'existe tout simplement pas comme stratégie.

iv   « Voient-ils seulement la rondelle ? » lance Mikita le 17 août. De son côté, Yvon Pedneault note dans *La Presse* du 19 août : « Kulagin a écrit tellement de pages dans son calepin noir qu'il lui faudra l'aide d'une machine à écrire IBM pour tout déchiffrer. »

glace, soit du trampoline, du soccer, du basket, des poids[54]... »
Sinden en reste pantois, mais pas autant qu'il le sera devant
les performances de ses adversaires quelques semaines plus
tard sur la glace du Forum.

En somme, force est d'admettre que la victoire des Soviétiques au premier affrontement au Forum n'est pas le fruit
du hasard. Reste à voir comment réagiront leurs hôtes à
Toronto, siège du deuxième choc de la Série du siècle.

Photo : Denis Broc

Pete Mahovlich, enfilant l'aiguille en désavantage numérique lors du deuxième match, après avoir réussi un jeu remarquable devant Evgeni Paladiev. Le plus beau but de la série.

CHAPITRE 11

DEUXIÈME MATCH: CHANGEMENT DE STRATÉGIE

Maintenant, nous devons les ralentir.
HARRY SINDEN

L e deuxième match aura lieu le lundi 4 septembre, au Maple Leaf Gardens à Toronto. Les Leafs et le Gardens sont la propriété de Harold Ballard. La veille de l'affrontement, ce dernier offre un million de dollars – une somme considérable pour l'époque – à Valeri Kharlamov pour qu'il joue dans son club. Bien entendu, Kharlamov décline l'invitation. Ce même Ballard a été jugé coupable, le 15 août précédent, par la Cour supérieure de l'Ontario, de 45 chefs d'accusation de vol et de fraude. Selon Jack Ludwig, cela peut expliquer pourquoi il a offert le Gardens gratuitement à l'équipe du Canada pour le camp d'entraînement. Il réussira néanmoins à repousser l'annonce de sa sentence, qui avait été fixée au 7 septembre, au milieu d'octobre, soit après la série. Il sera finalement condamné à deux fois trois ans de prison pour avoir fraudé sa compagnie et le Gardens pour une somme totale de 205 000 $[55]. Ballard est un original. Il contestera dans les années 1970 le règlement de la LNH qui force les équipes à apposer les noms des joueurs sur les chandails. Résigné à donner suite aux directives des autorités de la Ligue, l'étourdi propriétaire fera apposer par ses employés un matériel de couleur identique au chandail. La LNH le condamnera à payer 10 000 $ d'amende pour cette incartade. À un moment donné, Ballard mettra à la porte son entraîneur Roger Neilson, avant de l'embaucher de nouveau deux jours plus tard. Enfin, viendra un moment où il refusera systématiquement de permettre la tenue d'un match impliquant les Soviétiques au Gardens.

À Toronto, plusieurs ne se sont pas remis de leurs émotions, comme en témoignent deux anecdotes. La veille du match, le journaliste Dick Beddoes du *Globe and Mail* s'installe devant l'hôtel où sont logés les joueurs soviétiques à Toronto. Il désire mettre à exécution sa promesse de manger l'article dans lequel il prédisait une victoire canadienne. Au passage des joueurs, il demande à Tretiak de lui faire manger le papier journal. Le gardien soviétique décline l'invitation, mais Beddoes trempe le papier dans son bortsch et avale, morceau par morceau, l'article au complet. De son côté, Red Fisher, un vieux routier du *Montreal Star* qui couvre le hockey de la LNH depuis 19 ans, lance cette boutade à son collègue John Robertson : « Pourquoi ai-je passé une partie de ma vie à couvrir du hockey mineur ?[56] »

Sur la glace, il n'y a plus d'entraînement public. Sinden fait vider le Maple Leafs Gardens pour entraîner ses joueurs en secret. Toutefois, l'ordre n'est pas donné aux instructeurs soviétiques de sortir. Sinden est furieux lorsqu'il les voit dans l'aréna.

Les Soviétiques effectuent trois changements pour le match. Notons d'abord la sortie de l'excellent Vikulov, victime d'une dislocation de l'épaule à l'occasion du premier face-à-face. Entrent notamment en scène le vétéran Starshinov et le jeune Anisin, âgé de 21 ans seulement. De leur côté, Sinden et Ferguson réalisent pas moins de huit changements dans leur alignement. Ils mettent de côté leur stratégie du premier soir, axée sur la vitesse et le talent. Déjà privés des deuxième et septième pointeurs de la dernière saison (Bobby

Orr et Bobby Hull), Sinden et Ferguson envoient dans les estrades Ratelle, Hadfield et Gilbert, respectivement les troisième, quatrième et cinquième meilleurs compteurs de la LNH en 1972[i]. Les rapides Red Berenson et Mickey Redmond les accompagnent. Comme quoi Sinden et Ferguson n'aiment pas les lièvres et les Rangers en général. Comme quoi également Sinden ne fait pas dans les sentiments à propos de Ratelle, que l'on honorera pourtant sur la patinoire en début de match du titre de joueur le plus persévérant de la LNH en 1971-1972. Un quatrième joueur des Rangers est mis de côté, le défenseur Rod Seiling. Sont également retirés le défenseur Don Awrey et Ken Dryden. Pour remplacer tout ce beau monde, les entraîneurs font appel à Tony Esposito ainsi qu'aux défenseurs Bill White, Pat Stapleton et Serge Savard. À l'avant, Stan Mikita fait son entrée avec Wayne Cashman, Jean-Paul Parisé et Bill Goldsworthy. Pas besoin d'un dessin pour comprendre le plan de match échafaudé par les entraîneurs canadiens : de toute évidence, Sinden et Ferguson invoquent l'aide de saint Wolfang de Rastibonne, le patron des bûcherons.

Sur les ondes de CTV, on amorce la couverture de la rencontre avec Sinden et Ferguson, qui se montrent optimistes dans leurs commentaires. Fergie ne cache pas son jeu : « On va frapper davantage ce soir et on ne se fera pas surprendre, croyez-moi ! » Foster Hewitt, qui décrit les parties pour le diffuseur CTV, déclare que ce match, qui n'est pourtant que le deuxième, pourrait déterminer le gagnant de la série.

La classe politique s'est de nouveau donné rendez-vous pour assister à cette collision en ce début de campagne électorale. La foule donne aux politiciens la possibilité de serrer

---

i   Comme le huitième compteur de 1971-1972, Johnny Bucyk, n'a pas été sélectionné pour faire partie de l'équipe, Sinden ne comptera pour ce match que sur deux des huit meilleurs pointeurs de la Ligue. Cela donne encore une meilleure idée du style de jeu qu'il désire. Concernant Hadfield, Ratelle et Gilbert, soulignons qu'ils ont de loin formé la ligne la plus productive de la LNH en 1971-1972 avec 302 points. Seul Phil Esposito a compté plus de buts que Hadfield et Hull au cours de cette saison.

18 000 mains et au surplus la télé leur permet d'être vus par plus d'une dizaine de millions d'électeurs. Signe de son attachement au communisme ou désireux de s'associer à des gagnants, nul ne peut le deviner, toujours est-il que le premier ministre Trudeau est assis directement derrière le banc des Soviétiques. Robert Stanfield est de nouveau présent. S'ajoutent à lui, cette fois, David Lewis, le chef du Nouveau Parti démocratique ainsi que le premier ministre de l'Ontario, William Davis.

Les Soviétiques sautent sur la glace du Gardens sous une salve d'applaudissements[ii]. La foule se lève ensuite pour accueillir les joueurs canadiens. Alan Eagleson accompagne sur la glace l'ex-premier ministre Lester B. Pearson. Eagleson est hué lorsqu'il s'avance vers le micro. Il l'est de nouveau lorsqu'il introduit l'ex-premier ministre, lequel présente le trophée qui porte son nom à Jean Ratelle, gagnant de l'année 1971-1972. Ce trophée attribué au joueur ayant le plus contribué au hockey est, m'a-t-il dit, le plus grand honneur qu'il ait reçu dans sa carrière, « parce qu'il est une reconnaissance de l'ensemble des joueurs de la LNH ». Après le mot de Ratelle au public, les dignitaires quittent la patinoire mais, un instant plus tard, Eagleson revient sur ses pas, prend le micro, avoue au public qu'il ne sait pas ce qu'il fait là et quitte la patinoire. Il aura trouvé le moyen d'être sous les feux de la rampe et de se voir conspué trois fois en quelques minutes.

La présentation des joueurs, comme toutes les interventions de l'annonceur du Gardens, se fait dans les deux langues officielles. Étonnamment, personne ne rouspète dans l'amphithéâtre torontois. Kharlamov et Tretiak sont les plus applaudis chez les Soviétiques. Les joueurs canadiens gardent la tête basse à l'annonce de leur nom. Personne ne sourit à la foule. La tension est palpable, à trancher au couteau. Paul Henderson et Frank Mahovlich sont les mieux

---

ii   Ceux-là ont plus de classe que l'hurluberlu qui a fait un appel à la bombe après le match de samedi et qui a, par le fait même, retardé d'une heure le départ de Dorval de l'avion des Russes.

reçus. Une clameur se fait entendre aux noms de Cashman et Lapointe. Dans le cas de ce dernier, la foule réagit-elle déjà aux quelques coups qu'il a portés en fin de première partie? En tout cas, il n'est pas hué pour sa tête. Sa coupe de cheveux, leur couleur foncée et ses yeux nous feraient jurer que Ringo Star s'est mis au hockey.

Les hymnes nationaux se font entendre. Malheureusement pour les adeptes de l'hymne soviétique, l'enregistrement diffusé laisse à penser que le vinyle tourne à la vitesse d'un 78 tours plutôt que d'un 33 tours.

Juste avant la mise au jeu, les Soviétiques se regroupent, selon leur tradition, devant leur banc à la hauteur de la ligne bleue. Le match commence. Il n'est lancé que depuis quelques secondes quand Phil Esposito se plaint à l'un des deux juges au sujet des changements de joueurs. De leur côté, les Soviétiques poursuivent là où ils en étaient deux jours auparavant. Ils se passent aisément la rondelle, patinent, circulent et… jouent au hockey quoi. Ils pressent le Canada dans les cinq premières minutes de jeu. L'action est souvent arrêtée. Frank Mahovlich, entre autres, palabre longuement avec un arbitre.

Tretiak effectue un premier arrêt important sur un revers d'Esposito. Vers la neuvième minute, c'est Mikita qui critique cette fois l'autorité. Bobrov, qui se tient devant le banc des joueurs, à la façon russe, reste de glace. À la dixième minute, après un arrêt de jeu, Cashman joue son rôle en passant son bâton de hockey près du visage de Maltsev. Peu après, durant une punition accordée à Park, Tony Esposito effectue un arrêt extraordinaire sur une menace de Kharlamov, «un des meilleurs arrêts des dernières années», diront à l'entracte Howie Meeker et Foster Hewitt. Puis, Paul Henderson est puni dans une séquence qui aurait dû valoir trois punitions au Canada. Pete Mahovlich, l'homme de confiance de Sinden dans ces circonstances, effectue de nouveau un admirable travail pendant le désavantage numérique.

La première période se termine. Dominé par leurs opposants, les Canadiens sont restés dans la partie grâce à Tony

Esposito, qui a fait de beaux arrêts. Au cours de l'entracte, Johnny Esaw, de CTV, fait un *vox populi* auprès de l'assistance. Les interlocuteurs ont plus de bons mots pour les Soviétiques que pour les Canadiens. L'un d'eux se montre même dégoûté de l'attitude défavorable des arbitres américains envers les joueurs soviétiques : « On sait ce que pensent les Américains des Russes », dit-il. L'analyste Howie Meeker parle, quant à lui, du jeu robuste des Canadiens et de « Mr Mean[iii] », Wayne Cashman.

Avant le début de la deuxième période, Mikita s'entretient encore longuement avec un officiel. Pendant la première minute de jeu, Esposito effectue trois brillants arrêts, dont le premier sur une échappée de Mikhailov, lequel a contourné Bergman avec facilité. Puis, lors d'un avantage numérique du Canada, Cournoyer donne la rondelle dans sa zone à Shadrin, qui file vers le gardien mais trébuche lorsque Lapointe étire le bâton. Pour la première fois du match, les Russes se plaignent aux officiels. Le verdict tombe immédiatement : deux minutes au banc pour conduite répréhensible à l'égard des arbitres. Les Russes se défendent bien en infériorité numérique. Peu après, à la ligne bleue, Cashman saisit le défenseur Lutchenko à deux mains et le jette par terre. Le Russe perd son bâton. L'action se poursuit : Cashman passe la rondelle à Esposito juste devant le but et le numéro 7 déjoue habilement Tretiak. C'est 1-0. Eagleson court au banc des Canadiens pour féliciter les joueurs.

Le but ravive l'énergie des Canadiens. Ils cognent tout ce qui bouge. Les officiels laissent tout passer. Goldsworthy bouscule Tretiak après un dégagement refusé au Canada. Guy Lapointe fait la même chose quelques minutes après à l'occasion d'une échauffourée devant le but. Mikita donne, à deux mains, un violent coup de hockey à Liapkin. Bergman, débordé par Mikhailov, n'a d'autre choix que de le faire trébucher. Une fois le jeu arrêté, il patine en direction du joueur russe et le menace du bâton sans le toucher. Foster

---

iii   « Monsieur Salaud », selon ses propres mots.

Hewitt, qui en a pourtant vu d'autres au cours des 3 000 matchs qu'il a décrits depuis 1931, commente l'action: «Je ne me rappelle pas avoir vu un match de la LNH avec autant de coups que ce soir». Dans les dernières secondes de la période, Tsygankov est renversé sur la glace par un joueur canadien. Il rouspète auprès de l'arbitre et Kharlamov également. Le premier obtient 2 min et le second 10 min de mauvaise conduite.

Ainsi, le Canada domine cette période haut la main, par 16 lancers contre 5 pour les Soviétiques. Il réussit également son plan de match à merveille: intimider d'abord les arbitres, puis les joueurs adverses. À l'entracte, Hewitt demande à Hadfield ce qu'il pense de «l'arbitrage libéral» des Américains. Hadfield répond que les joueurs canadiens ne se préoccupent pas de cette question et que leur attention est portée uniquement à leurs adversaires.

Cournoyer ouvre la troisième période en marquant en avantage numérique sur une échappée, à la suite d'une superbe passe de Park. C'est 2-0 Canada. Les Soviétiques resserrent subitement la marque grâce à un but de Yakushev en avantage numérique, après une passe sublime de Liapkin à Zimin. Suit immédiatement un avantage numérique des Russes. Pour résister au surnombre des opposants, Pete Mahovlich est envoyé dans la mêlée avec Phil Esposito. Phil sort la rondelle de sa zone. Pete la récupère dans la zone neutre, démarre et se retrouve seul devant le défenseur Paladiev. Il feint de la tête, tourne les épaules, fait mine de lancer, puis contourne le Russe et se retrouve face à Tretiak, qu'il déjoue de façon magistrale après deux ou trois feintes savantes, utilisant la longue portée qui le distingue. Voilà un magnifique but qui porte la marque à 3-1 pour les Canadiens. C'est le tournant de la joute. Encore aujourd'hui, ce but demeure, de son propre aveu, «certainement le plus important et le plus remarquable[iv]» de sa carrière.

---

iv   Ce filet de Pete est l'un des plus remarquables de l'histoire du hockey canadien. Tous les joueurs de l'équipe s'en souviennent encore nettement, 30 ans plus tard.

Vers le milieu de la période, Frank Mahovlich ajoute à l'avance. Après avoir marqué, il donne une tape amicale sur l'épaule de Starshinov. C'est 4 à 1. Arrive la mi-temps, la sirène se fait entendre, les équipes changent de côté[v]. Malgré l'avance du Canada, le jeu demeure ouvert et fort intéressant durant tout le reste de la période. Cournoyer, un gaucher naturel, surprend vers la fin en effectuant un bon tir de la droite sur Tretiak. Quelques secondes après, Esposito fait exactement de même. Peu après, Paul Henderson décoche un boulet depuis 8 m (25 pi) du but adverse, que Tretiak arrête en dépit de la présence de nombreux joueurs. Henderson, dans un geste chevaleresque, se rend à lui, une fois l'action arrêtée, pour le féliciter. Dans un registre moins sportif, pendant la dernière minute, Cashman pose de nouveau un geste proscrit mais pourtant resté impuni : avec son bâton qu'il tient à deux mains, il fouette Mishakov qui contrôlait la rondelle.

Le Canada remporte la victoire selon le plan de match conçu par les entraîneurs. Dans son journal de bord, Ken Dryden note : « C'était vraiment flagrant par bouts. Plusieurs bâtons élevés ont été posés sous le nez des Russes pour leur laisser deviner quelle pourrait être la suite. Il y a aussi eu quelques coups sournois. Parfois, c'était presque embarrassant et gênant à regarder[57] ». En dépit de la rudesse, plusieurs joueurs ont joué un match fort satisfaisant. Pete Mahovlich et Phil Esposito, bien entendu, mais également Guy Lapointe, Brad Park et Serge Savard. Ce dernier, malgré qu'il n'a joué que 30 parties au cours des 2 dernières saisons, a offert une performance irréprochable à la défensive du Canada. Il a contrôlé le jeu, par longs moments, à la façon de Bobby Orr. En seconde période, la foule lui a réservé de chaleureux applaudissements lorsqu'il a réalisé au centre de la glace son 360 degrés si caractéristique. Finalement, Tretiak est choisi le

---

v   Cette règle en usage au hockey international est issue de l'époque pas si lointaine où l'action avait lieu à l'extérieur. Ce changement avait pour but d'équilibrer les chances car le soleil et le vent pouvaient apporter un net avantage pendant la partie.

joueur de la rencontre chez les Soviétiques. Les deux Esposito héritent conjointement de cet honneur pour le Canada. Interrogé immédiatement après la partie par Bill Good de CTV, Phil Esposito affirme que l'émotion dépasse celle des séries de la Coupe Stanley et qu'il n'a jamais vécu une expérience aussi enivrante.

Deux hommes de caractère : l'entraîneur Harry Sinden et son adjoint John
Ferguson.

CHAPITRE 12

L'APPROCHE CANADIENNE

*Écoutez les gars... Je ne suis pas le plus grand
instructeur du monde. Mais... si vous regardez
dans cette pièce, vous allez voir que je n'ai
pas les meilleurs joueurs au monde non plus.*

BERNARD GEOFFRION[i]

L a victoire des Canadiens rassure bien du monde. Le principal reporter du *Montreal Star* désigné pour suivre la série est Red Fisher. Il signe une chronique quotidienne intitulée *Red Fisher with Team Canada*. Le 5 septembre, il écrit: «Donnez tout le crédit à Wayne Cashman pour celle-là». Fisher ne fait nulle mention de la rudesse excessive de son équipe favorite. Dans le *Montréal-Matin*, Maurice Filion, le recruteur des nouveaux Nordiques de Québec, scande: «Les joueurs canadiens sont incontestablement supérieurs». L'ancien instructeur du Canadien Toe Blake renchérit: «Je reste convaincu de la supériorité de notre jeu sur celui des Soviétiques». La réaction atteint l'ébahissement et l'aveuglement chez le regretté Jacques Beauchamp. On croit d'abord à de la fine ironie lorsqu'il écrit dans l'édition du *Journal de*

---

i   Discours de Bernard Geoffrion à ses joueurs des Flames d'Atlanta, avant le premier duel à domicile de l'histoire de cette nouvelle équipe d'expansion, le 14 octobre 1972.
    Source: http://www.hockeyzoneplus.com./f/citati_f.htm

Montréal du lundi : « La science des joueurs canadiens s'est manifestée à Toronto ». On se ravise toutefois lorsqu'on constate qu'il ne fait aucune référence à la rudesse et poursuit : « Les joueurs ont affiché une tenue admirable à Toronto ».

Chez les Soviétiques, Bobrov rétorque que son équipe ne répondra pas à la rudesse par la rudesse. Le chef de la Fédération soviétique de hockey sur glace, Andrei Starovoitov, laisse place à davantage d'émotion lorsqu'il affirme : « Les arbitres américains ont laissé les joueurs canadiens se comporter comme des barbares[58] ».

Si la victoire canadienne fait plaisir à plusieurs, elle ne procure de fierté à personne autant qu'à Sinden : « Nous avons joué une grande partie de hockey ce soir, souligne-t-il dans ses notes personnelles. Parisé, Cashman, Goldsworthy, ces gars ont été choisis dans Équipe Canada parce qu'ils ont un certain travail à accomplir [...] Je suis fier de ces joueurs, de John et de moi-même. Je pense que nous avons fait autant pour gagner cette rencontre que des entraîneurs peuvent faire[59] ».

À Bobrov et Kulagin, le Canada oppose deux personnages colorés en Sinden et Ferguson. Sinden est le fils d'une immigrante écossaise et d'un immigrant anglais. Son père a déjà joué au hockey senior. Issu d'un milieu modeste, il a trimé dur pour élever sa famille, ayant occupé jusqu'à trois emplois simultanés pour que sa famille ait le nécessaire. Son fils, Harry, né en 1932, a du talent. À 16 ans, il obtient un essai avec le Canadien. Il joue ensuite dans le junior à Oshawa. Il est invité à se joindre aux Bruins à 20 ans, mais préfère rester à Oshawa pour jouer senior et travailler pour GM. Il roule sa bosse pendant plusieurs années dans le hockey senior. Les circonstances lui permettent de jouer contre les Soviétiques à l'occasion de la toute première visite de ces derniers au Canada, en 1957. L'année suivante, il est le capitaine de l'équipe canadienne senior, qui gagne l'or au Championnat mondial d'Oslo, en Norvège. Il joue de nouveau pour l'équipe canadienne à l'occasion des Jeux olympiques de 1960, rencontre qui lui donne encore la chance d'affronter les Rouges. Après ce tournoi, à la demande de Sam Pollock, il rejoint le club « ferme[ii] » du Canadien de Montréal à Hull-Ottawa dans la Ligue Eastern. Il passe ensuite au club école des Bruins à Kingston comme joueur et entraîneur. Il se débrouille assez bien pour être choisi le meilleur joueur de la ligue, sans toutefois réussir à percer l'alignement des Bruins. Il a du succès comme entraîneur, à telle enseigne qu'il accède au grand club pour la saison 1966-1967. Sous sa férule, les Bruins, qui croupissent depuis des années dans les bas-fonds de la Ligue, terminent encore au sixième et dernier rang en 1967.

L'année suivante, Sinden décide de donner du caractère à cette équipe. C'est ainsi qu'il entreprend de fabriquer l'image des Big Bad Bruins. « Nous intimidions les autres équipes, écrit-il, et notre réputation se propageait partout et nous aidait à gagner des parties[60] ». Fort de cette stratégie et appuyé par deux joueurs surdoués aux noms d'Orr et d'Esposito, Sinden conduit les Bruins à la Coupe Stanley à sa quatrième saison à leur barre. Il prend subitement sa retraite du hockey à l'âge de 39 ans, à l'été 1971, insatisfait de l'offre salariale de 22 000 $ consentie par la direction de l'équipe. Il monte alors une petite entreprise avec des partenaires financiers, entreprise qui est au bord de la faillite quand Eagleson l'invite à prendre les rennes de l'équipe du Canada à l'été 1972.

Son assistant John Ferguson a déjà été une vedette des Canadiens, pour lesquels il a joué huit ans (de 1963 à 1971). Ce fils d'Écossais est né à Vancouver, où il a joué son hockey mineur. Non dénué de talent selon les critères de l'époque, il se débrouillait bien au hockey et excellait également à la crosse. Fergie a joué son hockey junior dans le bled de Melville en Saskatchewan et a terminé sixième compteur de la Ligue de l'ouest à sa dernière année. Il a ensuite passé cinq ans dans différents clubs des ligues professionnelles mineures avant

---

ii   C'est ainsi que l'on désignait les clubs écoles à cette époque.

que ses droits passent au Canadien. Pour atteindre la LNH, Ferguson a, tout ce temps, entretenu son tempérament bagarreur. Le Canadien l'invite à son camp d'entraînement à l'été 1963. Il se fait finalement un nom en donnant une raclée à Ted Green, des Bruins, à la première mise au jeu de son premier match. Reconnu pour ne pas être solide sur patins, c'est avec ses poings qu'il sèmera la terreur dans la LNH. Agissant à titre de protecteur des joueurs étoiles du Canadien, il forme un trio régulier avec Jean Béliveau et Yvan Cournoyer, ce qui lui permettra d'amasser des buts en nombre raisonnable, tout en terrorisant et violentant les adversaires. En 1967-1968, Ferguson remporte la palme du plus mauvais garnement de la Ligue nationale alors qu'il passe 177 min au cachot. Ses 29 buts de l'année 1968-1969 et ses qualités de pugiliste le font désigner par ses compagnons comme joueur le plus utile de l'équipe[iii]. Ferguson reconnaît son caractère belliqueux et avoue quelques écarts de conduite. Il y a cet arbitre qu'il a rudoyé un soir, ce qui lui valut trois matchs de suspension. Il reconnaît également avoir délibérément cogné le genou blessé du joueur étoile Derek Sanderson[iv], mais se défend bien d'être un *goon*[61]. Selon Ferguson, Sinden l'aurait sélectionné avec les Bruins avant n'importe quel autre joueur, «ayant le genre d'agressivité qui pouvait soulever toute l'équipe, et pouvant de plus frapper et se battre, longtemps après avoir passé le point d'épuisement total»[62]. «Je désirais être le joueur le plus salaud et le plus pourri à avoir jamais joué dans la LNH et c'est comme cela que j'abordais chaque partie», écrira Ferguson[63].

Voilà donc un aperçu du type d'entraîneurs de l'équipe du Canada. Disons qu'ils étaient de la vieille école. «Un match de hockey, ça doit être disputé comme tel, c'est-à-dire en bousculant tout le monde et en ne ratant pas une chance

---

iii   Ce n'est pas rien quand on se rappelle quelques grands noms de cette équipe : Henri Richard, Jean Béliveau, Jean-Claude Tremblay, Serge Savard, Yvan Cournoyer...

iv   À propos de ce geste, il dira : «Tout est permis en amour et en temps de guerre».

de plaquer l'adversaire sur la clôture », confie Sinden à Michel Blanchard le 30 août 1972. « Ma philosophie du hockey, signale Sinden : vous ne pouvez pas sortir des limites du jeu, les bandes vous en empêchent[64] ». Dans son esprit, pour gagner un match de hockey, il faut prendre des punitions, il faut brasser le rival et l'intimider autant que possible. C'est aussi simple que cela. On devine ainsi, chez certain des 35 joueurs canadiens sélectionnés en août, les traits de caractère recherchés par les deux entraîneurs.

Au mois de juillet 1972, Sinden et Ferguson se rendent à Stockholm et à Moscou pour régler quelques questions relatives à la série. Dans leurs mémoires respectifs, ils soulignent n'avoir vu aucune joute de hockey au cours de ce voyage et ne se rappellent que des cuites prises en Suède et en Russie. À Moscou, écrit Ferguson : « Nous avons commencé à cliquer nos verres à midi et nous avons ainsi poursuivi jusqu'à la nuit. À partir de là, je ne me souviens de rien jusqu'au lendemain matin[65] ». Trop assommés par cette beuverie, Sinden et Ferguson ne pourront se rendre effectuer le botté d'ouverture d'un match de soccer le lendemain.

Non confrontés avec l'extérieur, les professionnels canadiens jouent encore au hockey par instinct en 1972. Ils apprennent à patiner et à jouer comme partout ailleurs sur des étangs et rivières gelés. Des bénévoles leur enseignent ensuite les rudiments du hockey. Puis leur développement se fait naturellement. Une fois professionnels, l'entraînement qu'on leur fait suivre se déroule exclusivement sur la glace. Sur celle-ci, les exercices sont simples, classiques. On fait des stops and go, des exercices de routine et des lancers. Rien n'a changé dans la façon de préparer les joueurs depuis des lunes. D'ailleurs, en 1969, Tarasov est surpris de constater que les entraînements et les tactiques du jeu sont semblables à ceux qu'il a observés à l'occasion de sa première visite au Canada en 1957.

Le camp d'Équipe Canada ouvre le 13 août. Plusieurs joueurs manquent à l'appel. Un tel a un tournoi de balle molle à Montréal ; un autre est retenu à son école de hockey ; et ainsi de suite. Les derniers retardataires ne seront là que le

17 août. Pendant le camp d'entraînement, des joueurs s'absen-
teront ici et là une journée pour voir à des activités personnelles. Ce n'est pas grave car, dans l'état d'esprit général, la
victoire est acquise même sans préparation particulière. Les
journalistes sont impressionnés par la forme des joueurs.
Gilles Terroux note dans l'édition du 15 août du *Journal de
Montréal* : « Les joueurs sont tellement conscients de l'enjeu
qu'ils se sont présentés en excellente condition physique ».
Il observe deux jours plus tard : « Eddie Johnston et Guy
Lapointe ne paraissaient pas rouillés du tout à leur premier
entraînement ». Yvon Pedneault s'enthousiasme dans *La
Presse* du 15 août : « Il fallait voir les joueurs de l'équipe du
Canada sur la patinoire du Gardens hier après-midi. Rapides
et aussi bien préparés ». Il rassure encore le public le 19 août
suivant : « Ne soyez pas inquiets, Ken Dryden est en grande
forme, et c'est déjà là un avantage marqué pour le Canada ».
Gilbert Perreault y va de son grain de sel en disant que si les
joueurs ne sont pas en forme après ce camp, ils ne le seront
jamais.

Le camp se déroule assez bien, mis à part quelques petits
incidents, dont celui du 16 août alors que Brad Park reçoit
une rondelle en plein visage et est transporté à l'hôpital.
Rien de grave toutefois. Il revient faire un tour à l'aréna le
lendemain pour rassurer les gars et leur dire que « tout ce
qu'il veut, c'est de retourner à sa chambre et prendre quelques
bières[66] ». Tout le monde, joueurs, journalistes et autres, s'entend pour dire que trois semaines d'entraînement suffisent[v].

Pour la forme, les dirigeants de l'équipe envoient à Moscou
et à Léningrad deux « éclaireurs » : John McLellan, instructeur des Leafs de Toronto, et Bob Davidson, un vieux routier
de la LNH. Les deux observateurs séjournent quatre jours en
Russie, mais ne voient pas l'équipe nationale en action. Ils

---

v   De toute façon, l'entraînement n'est pas la priorité des Canadiens à
    l'époque. À titre d'exemple, au cours de la série, informé que les
    joueurs soviétiques se lèvent à 6 h 00 pour courir autour de leur
    hôtel, Sinden déclarera : « Si je sais une chose au sujet des joueurs
    professionnels, c'est qu'ils peuvent fort bien rentrer chez eux à cette
    heure ».

assistent cependant à deux joutes dont une met à l'œuvre deux groupes de six ou sept joueurs seulement. Or, Tretiak accorde neuf buts dans l'un des deux duels. Les deux Canadiens reviennent au pays et déposent leur rapport à Sinden et à Ferguson. Celui-ci est bref. Deux conclusions s'imposent. La première est que la principale faiblesse de l'équipe est dans les buts[vi]. La seconde, que l'équipe en général est faible; que, tout au plus, un seul des joueurs soviétiques aurait assez de talent pour faire partie de l'équipe canadienne; et encore, McLellan et Davidson ne sauraient le nommer. L'histoire ne dit pas si le voyage a été aussi arrosé que celui effectué en juillet par les instructeurs.

Sinden et Ferguson ne jugent pas nécessaire de consulter des spécialistes du hockey international qui connaissent bien les Soviétiques. À quoi pourraient servir de simples amateurs? On évite donc de perdre son temps à interroger des types comme Jackie McLeod, entraîneur de l'Équipe nationale du Canada de 1966 à 1969; le père Bauer, travaillant depuis près de 10 ans sur la scène internationale; Billy Harris, ex-joueur des Leafs de Toronto et entraîneur de l'équipe nationale de Suède en 1971-1972; et des ex-joueurs de l'Équipe nationale tels Brian Conacher, Roger Bourbonnais ou même l'ancienne gloire des Leafs Carl Brewer[vii].

Vers la fin du camp d'entraînement, Sinden se propose de montrer aux joueurs trois films présentant les Soviétiques à l'œuvre, dont celui de 1958 où ils perdent 4-2 devant l'équipe canadienne, qui a remporté l'or (avec pour capitaine Sinden). Après à peine quelques minutes de visionnement du film de 1958, les joueurs piaffent tant que Sinden se voit contraint de remballer les pellicules. Pourquoi ce cinéma? Ce sont les Russes, se disent-ils tous, qui sont là pour apprendre après tout.

---

vi   Arrivé au Canada et interrogé sur cette remarque des éclaireurs canadiens, Tretiak avouera en souriant qu'il se mariait le lendemain matin du duel de neuf filets et n'avait pas la tête au hockey.

vii   Carl Brewer a été une grande vedette des Leafs de Toronto. Il a été le premier joueur de l'histoire de la Ligue nationale à recourir à un agent pour négocier son contrat (Alan Eagleson).

Vladimir Petrov déjoue en désavantage numérique Ken Dryden, sur la glace légèrement embrumée du Forum de Montréal. Il répétera cet exploit contre Tony Esposito dans le troisième match. En arrière-plan : Boris Mikhailov.

CHAPITRE 13

TROISIÈME MATCH : LES JEUNES SOVIÉTIQUES À L'ŒUVRE

On peut tout faire avec des baïonnettes,
excepté s'asseoir dessus.
LE PRINCE DE SCHWARZENBERG

L a Série du siècle fait escale le mercredi 6 septembre au Winnipeg Arena pour la troisième partie. Cette ville fait montre d'une ferveur peu commune pour le hockey. Le hockey senior y est populaire depuis longtemps. La population est enchantée d'être l'hôte de cette partie de la série, d'autant plus que la ville avait perdu le Championnat du monde de 1970 à la suite du retrait de l'équipe nationale de la scène internationale.

Les amateurs de hockey de Winnipeg, futur berceau du *Golden Jet*, font partie de ceux qui ont manifesté la plus vive opposition à la mise à l'écart de Bobby Hull d'Équipe Canada. Ils ne pourront se consoler en voyant évoluer son frère Dennis dans le troisième match puisque Harry Sinden choisit de ne pas le sélectionner pour cet affrontement. Le seul changement apporté à l'alignement des Canadiens est l'arrivée de Jean Ratelle à la place de Goldsworthy. Aucun des 5 jeunes prodiges de 21 ans n'a encore eu le bonheur de revêtir l'uniforme unifolié. De son côté, Bobrov fait cinq changements dans son équipe. Il déloge notamment le vétéran de 32 ans Starshinov et les défenseurs Ragulin et Paladiev, qui paient pour avoir laissé passer Cournoyer et Pete Mahovlich dans le match précédent. Il introduit 5 jeunes, dont l'aîné est Vassiliev (23 ans). En plus de Tretiak, qui en a 20, 4 membres de l'alignement des Russes pour ce match ont 21 ans : le défenseur Shatalov et le trio Anisin, Lebedev et Bodunov. Les deux derniers joueront leur toute première partie dans l'équipe nationale. En somme, alors que Sinden mise sur l'expérience, Bobrov donne la chance à ses plus jeunes de voir de l'action et de prendre de l'expérience[i].

CTV amorce son émission avec la reprise du but de Pete Mahovlich. Foster Hewitt, dans son adresse d'avant-match, souligne : « L'arbitrage a été correct, à date, mais si cela devait changer, les choses pourraient mal tourner ! » Il signale également l'entrée en jeu d'une « *kid line* » chez les adversaires.

Les Soviétiques sont chaleureusement reçus par les 11 000 spectateurs entassés dans l'amphithéâtre. Les Canadiens, eux, soutirent à peine plus d'applaudissements. Le joueur le plus applaudi à l'occasion de sa présentation est de loin Tony Esposito. Durant l'hymne canadien, l'objectif de la caméra fixe, à l'une des extrémités de la patinoire, l'immense portrait de la reine d'Angleterre, auquel est juxtaposé, à sa droite, un grand *Union Jack*.

Depuis la veille, le monde entier est consterné. En effet, aux Jeux olympiques de Munich, des athlètes israéliens ont été pris en otages par la cellule terroriste Septembre noir, un groupe extrémiste palestinien. La crise s'est terminée dans le sang, avec la mort de 17 individus dont 9 athlètes et 2 membres de la délégation israélienne. Les Jeux ont été suspendus pour 24 h. Après les hymnes nationaux, l'annonceur du Winnipeg Arena demande une minute de silence à la mémoire

---

i   Ce choix délibéré de miser sur la jeunesse donne crédit à l'assertion de Bobrov qui affirme que les siens sont là pour apprendre et que les véritables enjeux des Soviétiques sont les Championnats du monde et les Jeux olympiques.

des victimes de Munich. Finalement, pour une raison inconnue, la pause ne durera que 30 s[ii].

Lorsque la partie débute, Foster Hewitt, qui présente les alignements de départ sur les ondes de CTV, prononce encore avec difficulté le nom de Kharlamov. Jean-Paul Parisé, le petit gars de Smooth Rock Falls dans le nord de l'Ontario, ouvre la marque à 1:54, sur un retour de lancer de White. Moins de deux minutes plus tard, Petrov atteint la cible en désavantage numérique sur un lancer frappé digne de la LNH, à la suite d'une bévue impardonnable de Frank Mahovlich, qui lui a remis la rondelle à la hauteur de la ligne bleue des Canadiens. Une pluie de solides mais légales mises en échec de la part des Canadiens s'abat sur les Soviétiques. Les Russes ripostent occasionnellement. Quelques coups moins sportifs sont assénés par les joueurs canadiens. Bergman y va à deux mains sur le poignet d'Alexandre Maltsev, que le soigneur soviétique se voit contraint de bander méticuleusement à son retour au banc. Un peu plus tard, Cashman écope d'une punition pour avoir attaqué de façon semblable le pauvre Alexandre. En désavantage numérique, Pete Mahovlich accomplit un travail irréprochable.

À la fin de la période, Paul Henderson met solidement en échec un joueur à la ligne bleue adverse. Henderson et ses compatriotes poursuivent ensuite leur inlassable échec avant, qui se concrétise par un but de Ratelle sur une belle passe de Cournoyer. C'est 1-0 Canada. La première période prend ainsi fin. Le jeu était véloce, enlevant et féroce. Les montées se faisaient de part et d'autre.

Durant l'entracte, le père Bauer a la chance de régler subtilement quelques comptes lorsqu'il se prête de bonne grâce à une interview télévisée. Il profite de l'occasion pour rappeler aux bonzes du hockey professionnel que les parties jouées jusqu'à maintenant démontrent le niveau de jeu élevé des

---

ii   Furieux, le journaliste Jack Matheson attribue cette courte pause à des considérations commerciales. Il écrit dans le *Winnipeg Tribune* du lendemain : « Si c'est cela Équipe Canada, je ne peux pas en faire partie ».

Soviétiques. Le père Bauer souligne que ces démonstrations donnent la juste mesure du travail réalisé jadis par les joueurs amateurs de l'Équipe nationale. Dans le *vox populi* effectué à l'entracte, un jeune homme affirme qu'il n'a jamais vu, dans la LNH, une qualité de jeu semblable.

La deuxième période débute. Après être tombé sur la glace avec le défenseur Lutchenko, Phil Esposito donne à son rival une petite tape amicale, en bon sportif. À la reprise du jeu, Tony brille sur un lancer de Maltsev. Puis, Phil réussit un filet classique, de l'enclave, sur une passe en provenance du coin de Cashman. C'est 3 à 1. Le Canada domine la première moitié de la période mais, à 12:56, Kharlamov explose à la ligne rouge, laisse Park derrière lui et déjoue habilement Esposito. Le but est marqué en désavantage numérique, le deuxième de la soirée réussi dans ces circonstances pour les Soviétiques et leur troisième en autant de parties. Quand Kharlamov reprend sa place au banc de son équipe, Kulagin se penche vers lui, prend sa tête à deux mains et lui administre un baiser reconnaissant sur la joue gauche. Voilà une scène peu commune au Canada et il est dommage que les caméras n'aient pas montré la réaction de Sinden ou, mieux encore, celle de Ferguson à cet instant.

Une minute plus tard, Paul Henderson porte la marque à 4-2 dans une séquence chanceuse qui a vu la rondelle dévier malencontreusement sur un défenseur russe avant d'atteindre la palette de Paul, qui n'a pas raté pareille fortune. Mais les Soviétiques ne lâchent pas. Les trois jeunes de 21 ans, Anisin, Bodunov et Lebedev, roulent à fond de train et en font voir de toutes les couleurs à la ligne de Ratelle, Cournoyer et Pete Mahovlich qui leur font face le plus souvent[iii]. Les efforts des jeunes portent leurs fruits. Une minute après le but de Henderson, Lebedev marque, suivi peu après par le but égalisateur de son camarade Bodunov. La période prend fin sur le compte de 4-4. Les Canadiens y ont effectué 17 lancers contre 8 pour les Soviétiques, mais ces chiffres ne

---

iii   Soulignons que les trois joueurs canadiens ont une moyenne de 29 ans, contre 21 ans pour leurs opposants.

reflètent pas la répartition du jeu. Un jeu équilibré. Une période enlevante à souhait.

Pendant l'entracte, CTV présente un entraînement des joueurs soviétiques. Howie Meeker affirme, quand l'objectif fixe Kharlamov, qu'il n'a probablement jamais vu d'athlète supérieur tenant un bâton de hockey.

Le Canada entreprend la troisième période avec détermination, mais Tretiak résiste. Puis, au moment où les deux équipes jouent à 4 contre 4, Kharlamov et Mikhailov donnent du fil à retordre à Cournoyer et à Mikita, au point où l'on croirait que les Russes ont l'avantage d'un joueur. Revenus à forces complètes, les Canadiens reprennent leurs esprits. Henderson effectue de l'enclave un tir dangereux que Tretiak, vif comme un chat, arrête de la mitaine. Henderson, qui était certain d'avoir marqué et avait déjà levé les bras au ciel, se rend féliciter Tretiak après le jeu.

Les Soviétiques prennent l'avantage du jeu. Sauf en de rares moments, ils maîtrisent la rondelle à volonté. Nous assistons à toute une démonstration de hockey même si quelques gestes malheureux sont faits, comme celui de Cashman qui a l'air idiot dans ce spectacle lorsqu'il donne un inutile coup de poing à un défenseur russe. Peu avant la mi-temps, Kharlamov déjoue trois Canadiens à la ligne bleue adverse, passe à Mikhailov qui déjoue Esposito. Mais Park sauve son portier en arrêtant la rondelle avant qu'elle glisse dans la lucarne. Derrière son banc, Sinden va et vient sans arrêt, la tête penchée, comme un lion en cage. Il est subjugué par les Russes. Il se dit à voix haute: «Qu'est-ce qui se passe ici? Ils sont partout sur la glace. Jouent-ils à huit sur la patinoire ou quoi? Pourquoi diable cela m'arrive-t-il? Je ne suis qu'un jeune gars de Rochester. Merde[67]!»

La mi-temps de la période permet aux Canadiens de reprendre leur souffle. Ironiquement, CTV nous montre à quelques reprises Bobby Hull, qui est installé dans les estrades, attentif au jeu. Le deuxième buteur de la LNH en 1971-1972, qui possède l'un des coups de patin les plus épurés de la Ligue, serait bien utile sur la patinoire du Winnipeg Arena.

Dès la reprise du jeu, Cashman, qui ne peut suivre une telle cadence mais qui a un rôle à jouer, comme dit son entraîneur, cingle un adversaire et trouve le moyen de rouspéter lorsque la punition est annoncée. Il se voit alors infliger un 10 minutes supplémentaire. Le spectacle de virtuosité peut continuer. Pete Mahovlich et ses collègues réussissent à sauver la nulle pendant ce désavantage numérique. Bergman fait un geste insensé en dressant son bâton comme une hache dans la direction de Maltsev. La foule est estomaquée et laisse clairement entendre une rumeur de désapprobation.

Peu après, le jeu est arrêté par les arbitres pendant quelques minutes pour que soit réparée une fissure dans la glace. Alors que les Canadiens, heureux d'un tel coup du sort, se reposent au banc, une dizaine de joueurs soviétiques quittent le leur pour se dégourdir les jambes et lancer des rondelles sur Tretiak. L'action reprend. Les deux gardiens sauvent leur équipe respective à la toute fin. Tretiak se dresse devant une charge de Parisé alors qu'il ne reste que 30 s à jouer, puis Esposito frustre à son tour Maltsev avec seulement 13 s à faire. La joute se termine 4-4. Henderson et Tretiak sont choisis les joueurs du match. Kharlamov aurait pu aussi bien mériter le titre chez les Russes.

À part quelques folies de Bergman et de Cashman, on ne peut imaginer plus beau spectacle de hockey. Dans l'ensemble, les arbitres n'ont eu à refuser que deux ou trois dégagements. Les pauses commerciales sont peu nombreuses et ne durent que 30 s. Lorsqu'il y a arrêt de jeu sans pause publicitaire pour les besoins de la télé, la rondelle est le plus souvent remise au jeu en moins de 25 s. Certains arrêts ne durent que 15 s. C'est un feu roulant, une représentation continue et endiablée. Dans sa conférence d'après-match, Sinden commencera par ces mots, repris dans quelques journaux : « Messieurs, ne sommes-nous pas heureux d'être en vie pour admirer ce genre de hockey ? » Il ajoutera : « Les joueurs soviétiques sont aussi bons que les meilleurs joueurs de la LNH. Qui a dit, à part nous [les Canadiens], que nous savions tout du hockey ? » Son assistant Ferguson, sans doute sous le coup de l'émotion, dira que, s'il avait à construire une équipe d'expansion de la LNH, il achèterait d'abord la collection entière des ouvrages de hockey de Tarasov.

Сборная СССР - чемпион мира 1957 года.

Équipe nationale soviétique de *bandy* au Championnat du monde tenu en 1957 à Helsinki en Finlande.

CHAPITRE 14

QUELQUES JALONS
DANS L'HISTOIRE
DU HOCKEY SOVIÉTIQUE

Nous sommes ici pour apprendre.
VSEVOLOD BOBROV

U ne forme ancestrale de hockey est apparue il y a longtemps en Russie. Il s'agit du *bandy*, qui se joue à
11 joueurs avec une balle, sur une surface aux dimensions d'un terrain de soccer. Les lames des patins sont plus
longues que celles utilisées au hockey. Les palettes des bâtons
ont une forme recourbée comme au hockey sur gazon. Les
premiers hockeyeurs russes sont issus de ce sport, que l'on
appelait là-bas « hockey russe ». Le *bandy* permettait aux
joueurs de soccer de garder la forme pendant la saison hiver-
nale.

La première joute documentée de hockey dit canadien
jouée en Russie remonte à 1899. Des Russes auraient alors
affronté, sur le fleuve Neva à Saint-Pétersbourg, des Anglais
résidant en Russie. On sait également qu'il y a eu une démonstration de hockey à Moscou en 1932, alors qu'une équipe
d'Allemagne a joué trois parties contre l'Armée centrale et
le Sélect de Moscou. Par ailleurs, on laisse entendre que le

Cercle des amateurs de sport de Saint-Pétersbourg a organisé un tournoi dès 1898, puis une tournée en Suède, en Norvège et en Allemagne en 1907. L'existence d'une ligue comprenant 32 équipes est rapportée dès 1914, mais il pourrait dans ce cas s'agir de *bandy*[68]. Ce qui est certain, c'est que le hockey n'apparaît «officiellement» en URSS qu'à l'automne 1946, une fois que le Comité d'éducation physique et de sport d'URSS autorise la pratique de ce sport. C'est donc en décembre 1946 que 12 équipes se disputent le premier championnat de hockey d'URSS.

L'apport de la structure du système communiste aidant, on compte dès 1950 quelque 1 400 équipes de hockey en URSS[69]. En 1952, les autorités soviétiques demandent leur adhésion à la Fédération internationale de hockey sur glace (FIHG), en exigeant de celle-ci que le russe soit reconnu comme l'une des langues officielles de l'organisation avec le français et l'anglais. Cette demande relative à l'usage du russe est rejetée par la FIHG. Les Soviétiques intègrent malgré tout la FIHG après le Championnat mondial de 1952. Ils décident toutefois de s'absenter du Championnat de 1953, prétextant ne pas être prêts à affronter les meilleurs[i]. En 1954, lors de leur première participation au Championnat, ils battent le Canada 7 à 2 et remportent la médaille d'or. Il faut souligner que, lors de ce tournoi, les Soviétiques ont également vaincu les Tchèques et les Suisses, des équipes qui ont acquis en 1954 une longue tradition de hockey. Signe tangible de la qualité des joueurs soviétiques, deux des joueurs de cette équipe sont nommés au sein de l'équipe d'étoiles du Championnat: Vsevolod Bobrov et Viktor Schuvalov.

Jusqu'en 1961, année où ils se contentent du bronze, les Soviétiques remportent la médaille d'argent dans chacun des Championnats du monde. En 1962, ils ne participent pas au Championnat, qui se tient à Colorado Springs aux États-Unis. Il s'agit d'un geste de protestation contre le blocus imposé à Cuba par les Américains et surtout, en fait,

i   On apprendra plus tard la véritable raison de ce désistement, soit que leur meilleur hockeyeur, Bobrov, n'est pas en mesure de jouer.

d'une manière de remettre le change à ces derniers, qui avaient boudé le Championnat mondial de 1957 à Moscou.

Les Soviétiques ont entre-temps remporté la médaille d'or à leur première participation olympique en 1956, à Cortina d'Ampezzo, en Italie. Aux Jeux de Squaw Valley en 1960, ils se sont contentés du bronze, alors que les Américains réalisaient leur premier miracle olympique en allant chercher l'or, exploit qu'ils rééditeront en 1980. À partir de 1963, les joueurs de l'équipe soviétique remportent la médaille d'or à l'occasion des neuf Championnats du monde et des trois olympiades qui se tiennent jusqu'en 1972[ii], avant de céder l'or à la Tchécoslovaquie au Championnat mondial de Prague en mars 1972, juste après les JO de Sapporo. Au cours des 87 rencontres qu'ils ont disputées dans ces 2 épreuves entre 1963 et 1972, ils n'ont accordé la victoire qu'à 7 reprises à leur adversaire: 4 aux Tchèques et 3 aux Suédois. Aucune aux Canadiens.

---

ii   Les olympiades de 1964 et de 1968 tiennent également lieu de Championnat du monde au hockey.

Le défenseur Guy Lapointe, qui menace ici la forteresse de Tretiak lors du premier match, ratera la rencontre disputée à Vancouver en raison d'une blessure à la hanche. Sur la gauche, on aperçoit Ragulin, Henderson et Petrov.

CHAPITRE 15

QUATRIÈME MATCH: LA HONTE

*Stressant le travail de gardien? Vous en connaissez
beaucoup de métiers où chaque fois que vous
commettez une erreur, une lumière rouge s'allume
au-dessus de votre tête et 15 000 personnes vous crient après?*
JACQUES PLANTE

L es deux bandes s'affrontent de nouveau le vendredi
8 septembre à Vancouver. De mauvaises nouvelles
attendent l'équipe. Serge Savard et Guy Lapointe, qui
ont sans doute formé la paire de défenseurs la plus méritoire
de leur équipe au cours des deux derniers matchs, sont blessés. Lapointe souffre d'un claquage. Quant à Serge Savard,
descendu de l'avion à Vancouver en fauteuil roulant, il est
victime d'une fêlure d'un os de la cheville droite subie au
cours de la pratique matinale à Winnipeg sur un tir de Red
Berenson. La guigne s'acharne sur lui. Après avoir été blessé
au genou dans le junior, il s'est cassé la jambe gauche en ren-
trant dans le poteau d'un but en mars 1970, puis cassé de
nouveau la même jambe après une mise en échec de Bobby
Baun, un mois après son retour au jeu, en novembre 1971.
Enfin, après son retour sur la glace en février 1972, il a dû
encore s'absenter plusieurs parties, car il s'était coupé la
jambe en brisant des fenêtres pour venir en aide à des clients
de l'hôtel en flammes où logeait le Canadien.

La pression commence à affecter sérieusement Frank Mahovlich, un Croate de naissance, si on en croit Ted Blackman, de *The Gazette*. Selon lui, Mahovlich scruterait les murs et les rideaux de sa chambre, au Bayshore Inn de Vancouver, à la recherche de micros posés par les Soviétiques. Aussi, en parlant des Russes, il aurait émis les propos suivants: «Je ne serais pas surpris s'ils entraînaient actuellement dans une base secrète une équipe de football et que, l'an prochain, celle-ci batte les Cowboys de Dallas [...] Surveille-toi, Harry [Sinden], surveille-toi. Sois prêt à tout. C'est la guerre froide, tu sais. J'ai la fièvre depuis une semaine maintenant. Est-il normal que le taux de pollen soit aussi élevé partout où je vais[70]?» Frank aurait même suggéré à Serge Savard de ne pas coucher à l'hôtel à Moscou, mais de s'installer plutôt dans une tente à l'extérieur de la ville, pour éviter la traque du KGB[i].

Chez les Canadiens, certains joueurs jaugent l'équipe. Tony Esposito se demande si Tretiak pourrait tenir ainsi pendant une saison de 78 parties. Eddie Johnston est convaincu, lui, que Tretiak finira par craquer sous la pression. Quant aux Soviétiques, ils ne disent mot; ils semblent s'inspirer de ce moine ascète russe, Sérapion de Pskov, qui vécut au XVe siècle et à qui on attribue l'exploit d'avoir été 55 ans sans prononcer une seule parole.

Pour ce quatrième match, Harry Sinden effectue sept changements dans son alignement. Pour remplacer Savard et Lapointe, il réintroduit Awrey et Seiling[ii]. Il sort Parisé et Cashman, à cause de l'arbitrage dans son cas, confiera-t-il dans ses mémoires. Et, étonnamment, il met sur la touche trois gars qui ont très bien joué au cours des derniers matchs, soit Pete Mahovlich, Jean Ratelle et Tony Esposito. Pour les

---

i   Serge Savard, à qui plusieurs sources attribuent ces témoignages, m'a signalé ne pas se souvenir de ces propos. Il m'a néanmoins confirmé: «Frank était très émotif. C'était trop pour lui».

ii   Dans ses notes sur la série, Dryden révèle que Sinden avait décidé de jouer à cinq défenseurs mais que, lorsque ceux-ci l'ont appris le matin, ils étaient d'une telle humeur qu'il s'est ravisé et a remis White dans l'alignement.

remplacer, il fait confiance à Perreault pour la première fois et réinsère Hadfield, Gilbert et Goldsworthy[iii]. Il place Dryden devant le but, estimant qu'il est prêt à rebondir. Celui-ci a dîné avec son frère aîné Dave (gardien des Sabres de Buffalo) à Toronto. Fort des précieux conseils de ce dernier, Ken a décidé, après mûre analyse, de changer son style pour mieux s'adapter aux Soviétiques: «Dorénavant, note-t-il dans ses mémoires, je resterai dans mon filet». Ce qui n'est pas une mauvaise idée.

De son côté, Bobrov apporte quatre changements à sa formation. Il réintègre le costaud Ragulin ainsi que Blinov, Paladiev et Vikulov, bien que ce dernier ait une épaule disloquée. Mishakov, Shatalov, Solodukin et Gusev sont en congé.

Quant aux arbitres, il s'agit des mêmes qui ont officié à Montréal et à Winnipeg car Bobrov a demandé d'exclure ceux qui ont travaillé à l'occasion du second choc à Toronto. Les dirigeants canadiens ont acquiescé à cette demande des Soviétiques, sans se douter que la question de la désignation des arbitres serait l'objet d'une mésentente majeure plus tard à Moscou.

De soir en soir, l'appui aux joueurs canadiens s'effrite au point que cette fois leur entrée dans l'enceinte n'est guère plus soulignée que celle de leurs rivaux[iv]. Et le public est encore plus réservé au moment de la présentation individuelle des joueurs. Cournoyer, Phil Esposito, Frank Mahovlich, Tretiak et Kharlamov reçoivent l'appui le plus senti à l'occasion de leur présentation par Claude Mouton, l'annonceur habituel au Forum de Montréal. Eagleson, qui trouve encore le moyen d'aller sur la glace, se fait huer par la foule, plus distinctement encore qu'à Toronto. Pendant les hymnes,

---

iii   Inclure Goldsworthy dans l'alignement? Cette décision de Sinden étonne quand on prend connaissance des raisons qu'il invoque pour mettre Cashman de côté.

iv   Red Fisher rapporte ces propos de Frank Mahovlich dans le *Montreal Star* du 9 septembre: «La foule n'a-t-elle pas davantage applaudi les Russes que notre équipe au début de la partie? Comment peuvent-ils [les Russes] faire cela? poursuit-il. Ont-ils un politicien derrière le banc?»

la caméra capte dans l'assistance un couple drapé dans l'uni-folié. Un gros plan sur Frank nous le montre les yeux grands ouverts, fixant le vide. Sa mine générale donne l'impression qu'il vient de jouer cinq périodes de hockey. Dryden paraît de glace. Sa chevelure blonde serait moins longue que l'on jurerait qu'il est russe. Avant la rencontre, Eagleson, le Parrain comme l'appelle Red Fisher, confie à ce dernier que «... la seule chose qu'il n'aime pas de la série, ce sont les parties de hockey». Attendez voir!

Le nouvel acte commence. Deux minutes ne se sont pas écoulées que Goldsworthy assène un double échec à Blinov. La punition est signalée et l'action arrêtée. Goldsworthy, l'homme de main de Sinden, passe alors près de Mikhailov et lui donne une taloche derrière la tête. Pendant que Bergman pleurniche auprès d'un homme au chandail rayé, l'analyste de CTV, Brian Conacher, excuse le geste de Goldsworthy en prétextant qu'il a peu joué dans la série. Pas dupes, les fervents qui sont dans l'amphithéâtre hurlent leur désapprobation au joueur canadien. Les Russes n'ont que faire de l'intimidation et prennent avantage de l'indiscipline de leurs opposants. Mikhailov fait mouche 40 s plus tard, en déviant habilement un lancer de la pointe. Un but à la canadienne. Couché sur la glace, Dryden ne paraît pas bien sur ce jeu. C'est 1-0.

Retour sur la glace de Goldsworthy après le but. Après un arrêt de jeu, il tente de faire trébucher un adversaire avec son bâton. Rod Gilbert entre ensuite en scène et assène un coup de poing derrière la tête d'un Soviet. Ce triste spectacle se déroule en présence de Bobby Hull. Non seulement les caméras nous le montrent dans les gradins, les téléspectateurs le voient pendant les pauses publicitaires vantant les mérites des patins CCM... On ne peut manquer de se dire qu'il serait plus utile sur la glace.

Perreault, dans une première présence sur la glace, fait une belle passe à Frank Mahovlich à 5 m (15 pi) du but adverse. Frank fige et perd la rondelle. Le trio complété par Cournoyer menace l'adversaire. Cournoyer, un joueur reconnu pour ses habiletés naturelles, étonne en appliquant par deux fois un coup de bâton sur Kuskin. Goldsworthy revient sur la glace à la cinquième minute. Il poursuit ses basses œuvres en s'élançant dans le coin contre un défenseur russe, coude en l'air. La punition est appelée. La foule jette de hauts cris. Moins de 90 s plus tard, Mikhailov fait de nouveau dévier une rondelle lancée de la pointe. Celle-ci passe par-dessus Dryden, étendu de tout son long. C'est 2-0 pour les Soviétiques. Goldsworthy est responsable de la situation. Sinden paraît aussi mal que son robuste joueur. «Avant la partie, je lui avais parlé, a-t-il écrit dans ses mémoires. Je lui ai dit que je le prenais pour apporter du muscle en l'absence de Cashman. Je ne veux pas que tu prennes de punitions inutiles, lui ai-je dit. Assure-toi seulement que tu auras le dernier mot dans les coins de la patinoire[71]».

Vers la huitième minute, Gilbert donne un coup derrière la tête d'un Russe. La foule donne copieusement de la voix pour décrier le geste. Peu après, le trio de Frank Mahovlich, Perreault et Cournoyer entre en scène. Frank se démène pour suivre ses deux compères. Il a soudain une belle occasion; or, pour la énième fois, et toujours du côté gauche et d'à peu près la même distance, il décoche son classique lancer frappé. Tretiak, qui a bien retenu les conseils de Jacques Plante, reçus avant le premier match, repousse le tir sans effort. Sinden, tout en sueur, s'agite de plus en plus derrière le banc de ses joueurs.

Perreault montre une fois de plus des aptitudes peu communes. Son trio en tire bénéfice et menace l'adversaire à quelques reprises. Goldsworthy revient sur la glace, cette fois sans le casque qu'il portait depuis le début de la soirée. Vers le milieu de la période, Park, pour ne pas demeurer en reste, se sert de son hockey comme d'une hache. Quelques instants après, il commet une bévue qui offre aux Soviétiques une occasion en or de marquer. Ils échouent toutefois. Peu après, une ouverture favorable à une attaque sérieuse s'offre à Cournoyer, mais celui-ci choisit plutôt d'effectuer, d'une distance de 5 m (15 pi) du but, un lancer frappé catapultant la rondelle dans les estrades. Un peu plus tard, Awrey donne un brutal coup de coude, resté impuni, à la tête d'un opposant. Puis à son tour, Hull a une belle chance d'attaque, qui s'éteint toutefois quand son lancer frappé manque le but adverse par une dizaine de pieds (environ trois mètres). Stapleton, qui n'est pas davantage dans un bon jour que ses coéquipiers, cafouille avec la rondelle dans sa zone. Puis, il tombe et envoie mal à propos la rondelle vers son propre gardien. Ce geste maladroit provoque de nouvelles démonstrations non équivoques de la part des partisans. Peu après, Gilbert revient sur la glace et bûche de son bâton à deux mains sur un Russe.

En somme, les Canadiens sont complètement dominés par leurs opposants en première. Ils courent comme des têtes folles sur la glace, bâtons et coudes en l'air. Leur seule préoccupation est de tenter d'assommer l'adversaire, peu importe le moyen. Leur jeu est individualiste et sans imagination aucune. À l'exception de quelques-uns, dont Perreault et Phil Esposito, dès qu'ils touchent la rondelle, c'est pour tenter en vain de défoncer Tretiak, sinon la bande. Ma foi, on a vu mieux comme hockey. Quant aux Soviétiques, en dépit de la furie évidente de leurs rivaux, ils continuent d'exercer leur jeu de façon ordonnée, systématique et structurée. La rondelle circule avec fluidité d'un joueur à l'autre. Ils patinent toujours avec la même ardeur, qu'ils soient en avance dans le pointage ou non. Ils ne maugréent pas. Se contentent le plus souvent de jeter un regard étonné à un adversaire qui vient de commettre un geste disgracieux. Bref, ils sont là pour jouer au hockey et ils le font assez bien !

Au premier intermède, Bill Good, un membre de l'équipe de télédiffusion de CTV, ne peut s'empêcher de souligner le jeu vicieux des Canadiens. Il considère Gilbert chanceux de s'en être sorti sans punition pour «les coups salauds qu'il a assénés». De son côté, l'analyste Howie Meeker souligne «les fautes stupides» des Canadiens. La chaîne CTV présente ensuite un reportage sur l'entraînement des Russes. Meeker, qui commente le reportage, met en valeur le caractère innovateur de ces derniers.

À la reprise de la deuxième, Dryden échappe de sa mitaine un tir du poignet inoffensif de la ligne bleue. Il est sauvé par Seiling qui récupère derrière lui le disque sur la ligne rouge du but. Dans la sixième minute, Perreault prend la rondelle près de son filet et se met en marche. Il déjoue un adversaire à la ligne rouge puis contourne facilement Paladiev[v]. Arrivé près de Tretiak, Perreault tente une passe arrière, que le défenseur Vassiliev fait toutefois dévier dans son propre filet[vi]. L'écart est réduit à 2-1. Le but et surtout la montée remarquable de Perreault stimulent les Canadiens. Tretiak est ensuite sérieusement mis à l'épreuve, par Ellis en particulier. Dryden garde, comme Tretiak, les siens dans le match. À un certain moment, Stapleton agit maladroitement avec la rondelle à la ligne bleue adverse et ouvre ainsi la voie à un deux contre un des Soviétiques. Blinov ne rate pas sa chance. C'est 3-1 pour les Soviétiques.

Pendant quelque temps, les Canadiens poussent encore. Cournoyer se fait voler des buts par Tretiak sur deux échappées réalisées en l'espace de quelques secondes. Dans la même séquence, le gardien russe arrête également un puissant lancer d'Esposito. Celui-ci se rend auprès de lui après l'arrêt pour lui administrer une amicale tape de reconnaissance, un geste invraisemblable dans la Ligue nationale.

Derrière le banc des joueurs, un Sinden livide multiplie les aller-retour. Puis, le cauchemar de Dryden se continue alors qu'il est ridiculisé par les partisans à la suite de l'arrêt d'un faible lancer. Il en sera ainsi pour lui jusqu'à la fin de la partie[vii]. Un instant, les espoirs des Canadiens semblent réa-

v   C'est ce même défenseur à qui Mahovlich avait fait prendre une tasse de café dans le second duel. Il avait été mis de côté à Winnipeg et on ne le reverra plus de la série après Vancouver.

vi   Plusieurs partisans se souviennent encore, 30 ans plus tard, de ce magnifique but même s'il a été marqué avec de la chance.

vii « Tout ce dont je me souviens de ce duel, ce sont les huées », consignera plus tard Dryden dans ses mémoires.

nimés quand Gilbert compte un but, qui sera refusé parce que la rondelle a été délibérément poussée dans le but avec le patin. Certains joueurs canadiens ne manqueront pas cette occasion pour s'en prendre aux arbitres.

Les Russes continuent leur affaire au rythme du métronome. Ils prennent une avance de 4 à 1, sur un but de Vikulov chaudement applaudi par les Vancouverois. C'est le monde à l'envers. La tension monte chez les joueurs canadiens, qui multiplient les maladresses. Le grand Frank paraît très mal lorsqu'il se jette sur Tretiak, sorti d'une vingtaine de pieds (environ sept mètres) de son but pour récupérer une rondelle libre. Pendant une dizaine de secondes, étendu sur le gardien russe près du point de mise au jeu, il le retient à deux mains par terre pour l'empêcher de se relever. Le jeu se poursuit et Tretiak se débat comme le Diable pour retourner à son poste. Les officiels laissent passer, mais non la foule, qui manifeste de ses 30 000 poumons sa plus forte désapprobation de la soirée. Hébété par ces marques d'insatisfaction à son égard malgré qu'il donne son 150 %, comme le notera plus tard Esposito, Mahovlich se relève et reprend le jeu. Les Canadiens continuent de cafouiller. Clarke tombe de lui-même sur la glace en recevant une passe et les spectateurs ne se privent pas de le tourner en dérision. Puis, ils se moquent de Stapleton qui lance le disque par erreur sur Dryden, de sa propre ligne bleue. En fin de période, Mahovlich a une belle chance d'attaque alors qu'il reçoit la rondelle à 5 m (15 pi) du but. Que fait-il, croyez-vous ? Un *slapshot* qui manque le but adverse par deux pieds (environ 60 centimètres) ! La période se termine ainsi. Les joueurs canadiens sont soulagés. Ils le seraient bien davantage si le match était déjà terminé.

Pendant l'entracte, à la télé francophone de Radio-Canada, nous assistons à une entrevue réalisée par René Lecavalier avec Richard Martin et Marcel Dionne. Martin, qui a joué une partie d'exhibition contre les Russes en 1969, remarque qu'ils ont augmenté la puissance de leurs lancers. Il ajoute : « Les Russes sont nettement en meilleure condition que nous ». Quant à Dionne, il avance qu'il « est impossible pour les Canadiens d'être aussi en forme que les Russes. Eux, souligne-t-il, jouent huit parties et s'en vont ensuite j'sais pas où. Nous, on en joue 78, puis on a les séries éliminatoires. Ils lancent de toutes les manières, ajoute Dionne, même quand la rondelle est à un pied de leurs patins ». Quand Lecavalier leur demande s'ils ont hâte de sauter sur la glace, les deux jeunes répondent par l'affirmative. À la lumière de leurs commentaires, du traitement réservé aux leurs et de leur ébahissement devant le jeu des adversaires, on peut presque en douter.

Pendant cette débandade, Serge Savard se trouve dans un avion en route vers Montréal. Il prend connaissance du déroulement de la partie par les annonces que fait régulièrement le pilote aux passagers. Voilà un autre signe de l'effervescence extraordinaire qui entoure la Série du siècle.

La troisième période commence. Le calvaire se poursuit pour les étoiles canadiennes. La foule crie haro sur Awrey quand celui-ci inflige un double échec à un rival après un arrêt de jeu. Puis, le Canada rétrécit l'écart lorsque Goldsworthy compte sur un retour de lancer d'Esposito. Les partisans canadiens devraient se réjouir ; pourtant, lorsque Claude Mouton annonce le but, des milliers de spectateurs font entendre des huées dans l'aréna.

Le *momentum* ne sied pas aux joueurs canadiens ce 8 septembre, puisque Shadrin porte rapidement la marque à 5-2. Il n'y a guère qu'une équipe qui joue au hockey dans l'amphithéâtre de Vancouver. La preuve : les Soviétiques se passent huit fois la rondelle en zone neutre, sous l'indifférence ou l'impuissance – allez savoir ! – de leurs adversaires Hadfield, Gilbert et Mikita. À la fin de cette séquence, las d'exécuter leur jeu de passe, les Soviétiques redonnent la rondelle au Canada en effectuant de loin un lancer sur Dryden.

En fin de partie, Goldsworthy se rue vers un opposant, bâton en l'air, en guise d'avertissement pour la prochaine rencontre. Son rival s'esquive à la dernière seconde. Le

Canadien passe tout droit et entre dans la bande dans un fracas qui se répercute dans l'amphithéâtre. Goldsworthy récolte encore une fois la désapprobation du public.

La joute se termine 5-3, un pointage qui n'a rien à voir avec l'équilibre des forces en place. Mikhailov et Phil Esposito sont choisis les joueurs du match. Ce dernier fait une sortie mémorable dans l'entrevue qu'il donne sur la glace à Johnny Esaw en direct sur les ondes de CTV. La sueur dégoulinant de ses cheveux, fatigué et le regard livide, Espo se vide le cœur :

« À tous les gens du pays, je dis que nous avons essayé, que nous avons donné notre maximum. Les gens qui nous huent, merde ! Tous les joueurs sont désillusionnés. Nous sommes désappointés. Nous ne pouvons le croire. Nous ne pouvons comprendre toute la mauvaise couverture médiatique que nous recevons. Nous ne pouvons croire ces huées que nous avons eues dans les arénas. Si les supporters russes donnent le même traitement aux leurs, je serai le premier à venir m'excuser. Je ne peux le croire. Je suis vraiment, vraiment très désappointé. Complètement désappointé. Certains de nos gars sont vraiment abattus par toute cette merde.

Nous avons une bonne équipe. Ils sont rapides. Nous donnons tous notre 150 %. Les attentes étaient grandes à cause des médias qui disaient que nous étions bons. Mais jamais nous ne l'avons affirmé. Je vais vous dire : chacun des 35 gars a accepté de jouer parce qu'il aime son pays. Ils ne sont ici pour aucune autre raison. Pour aucune autre raison. Au diable les sommes qui seront versées au fonds de pension des joueurs ! Ils peuvent les jeter par la fenêtre. Nous sommes là parce que nous aimons le Canada. Même si nous vivons aux États-Unis et gagnons notre vie aux États-Unis, le Canada demeure notre patrie.

Nous allons nous améliorer », conclut finalement Esposito avec un sourire.

Ce discours à la nation, un véritable appel au sens patriotique des Canadiens, avait été mûri et planifié, reconnaîtra plus tard Esposito. Cependant, jamais il n'aurait pu imaginer l'impact de ses paroles dans la suite de la série. Ce discours galvanisera l'esprit d'équipe et amènera des milliers de Canadiens à offrir inconditionnellement leur appui à Équipe Canada. De plus, s'il s'était déjà montré le leader de son équipe sur la patinoire, cette sortie d'Esposito fera clairement de lui le capitaine virtuel de l'équipe du Canada, même s'il doit officiellement partager ce rôle avec Ratelle, Mikita et Frank Mahovlich, les instructeurs n'ayant pas eu le courage d'en désigner un seul.

Photo : Denis Brodeur

Jacques Plante, précurseur du port du masque, photographié ici dans son uniforme des Maple Leafs de Toronto vers 1971. Plante était le modèle de Tretiak. Les conseils qu'il lui a prodigués quelques minutes avant le début du premier match ont eu un impact sur la série.

CHAPITRE 16

UN HOCKEY EN DIFFICULTÉ

Quand l'orgueil chemine devant,
honte et dommage suivent de près.
GABRIEL MEURIER

près la partie, les propos de quelques joueurs canadiens lancés dans le vestiaire aux journalistes ont de
quoi étonner. Par exemple, Goldsworthy affirme que
les deux punitions de début de partie données par les arbitres
l'ont obligé à jouer un autre jeu que le sien. Au sujet du
manque de soutien du public à l'égard de l'équipe canadienne, il dit cette phrase qui sera reprise dans plusieurs
journaux du lendemain: «J'ai honte d'être canadien». De
son côté, Brad Park commente: «Les fans sont devenus vexés
parce que nous répliquions, comme réagit d'ailleurs instinctivement tout être civilisé quand quelqu'un le frappe. Que
pensez-vous que nous sommes, rien que des animaux, à courir sans raison apparente après les Russes? Je suis dégoûté,
poursuit-il. Ma femme a accouché il y a quelques jours, je
sacrifie mes vacances et c'est là les remerciements que nous
recevons. Nous avons des fans plus loyaux à New York[72]».
Les paroles de Sinden ne surprennent pas moins. Pour l'instructeur, la défaite est la faute des officiels: «Une fois encore,
l'arbitrage ne nous a pas été favorable [...] Le but de Gilbert

était bon et, fut-il accordé, écrit-il, la partie aurait été tout autre[73]». Sinden semble le seul à avoir évalué la chose de cette façon, si on en juge par l'ensemble des commentaires émis par les analystes, journalistes et autres observateurs dans les journaux du lendemain.

Par le titre suivant de son article : «La crédibilité du hockey de la LNH est détruite par la série avec les Russes», Red Fisher reproduit bien l'esprit des réactions à cette étape de la série. Il commente :

> «Je peux vivre sans hockey, et le hockey se jouera long-temps après que je ne serai plus là. Mais de quelle façon certains joueurs, parmi les plus grands de ce sport, peu-vent-ils maintenant me convaincre qu'ils sont encore les meilleurs ? J'ai toujours pensé que la LNH était la meilleure ligue au monde et que ses joueurs étaient les plus talen-tueux. Voilà qu'en l'espace d'une seule semaine cette idée s'est effacée[74]».

Fisher ne sera pas le seul à s'interroger sur le calibre de jeu alors en vigueur dans la Ligue nationale de hockey. En effet, la série contre les Soviétiques contribuera à éveiller les spécialistes et les fervents de hockey à ce sujet. Les commen-taires seront unanimes, pendant la série et après celle-ci. La question du hockey est tellement à l'ordre du jour que plu-sieurs éditorialistes laissent tomber les grandes questions de l'heure (d'ordre politique, économique, syndical ou social) pour se préoccuper du problème du hockey canadien. Par exemple, le 12 septembre, l'éditorialiste Paul Lachance du quotidien *Le Soleil* remet en question la structure du sport dans un texte intitulé «La pilule amère». Au Canada anglais, les éditorialistes s'en prennent surtout aux Américains, qui ont mainmise sur notre sport.

Dans l'édition du journal *La Pravda* du 9 septembre, l'envoyé spécial K. Guévandov souligne sobrement le bon travail des joueurs soviétiques à l'occasion du huitième match. Il ne commente ni les huées à l'endroit des Canadiens ni les excès de quelques-uns de leurs joueurs. Guévandov rapporte ce commentaire de l'entraîneur Bobrov : « Nous sommes satisfaits de notre jeu ».

En 1972, il y a bien quelques écoles de hockey qui offrent des stages d'une ou deux semaines aux jeunes des familles les plus fortunées au cours de l'été, mais le développement des joueurs est laissé aux parents et aux bénévoles. Il n'existe encore aucun système de formation des entraîneurs. Alors, même à un niveau de hockey avancé, les jeunes ne progressent que grâce à leur talent naturel. On apprend par essais et erreurs. Dans son ouvrage publié en 1971, Brian Conacher souligne déjà cette réalité : « Le rôle de l'instructeur de hockey au pays a le plus souvent consisté en peu de chose : le changement des lignes, les cris aux joueurs, leur entraînement et le maintien du moral de l'équipe[75] ».

Dans le cadre de certains reportages présentés entre les périodes des matchs, il faut entendre Howie Meeker, qui n'est pourtant pas le dernier venu dans le monde du hockey en 1972, découvrir avec intérêt et admiration certaines facettes du développement et de l'entraînement des joueurs soviétiques. Dans ceux-ci, on nous montre par exemple de jeunes garçons qui font de curieux exercices sur la glace : des sauts, des pirouettes et des tracés. D'autres s'entraînent au gymnase à courir et à se bousculer avec la hanche. Meeker nous présente les membres de l'équipe nationale d'URSS à l'entraînement hors glace exécutant des figures parfaitement orchestrées selon une discipline ferme, prend-t-il la peine de noter, qui est la même que celle affichée sur la glace. Ils font des simulations de jeu à un contre un, puis à deux et trois contre un. Contrairement à l'usage chez les Canadiens d'avoir une ou deux rondelles sur la glace, les joueurs soviétiques ont chacun une rondelle. Ils passent leur temps à tourner, à patiner et à déjouer. Le gardien n'est pas laissé en plan. Un joueur est désigné pour réchauffer Tretiak.

Il vise 10 fois en haut à droite, puis 10 fois en bas à droite et ainsi de suite. Tout est minutieusement programmé.

Dans son journal de bord, Dryden note que les Canadiens ont choisi de donner une clinique de hockey pendant leur voyage en Suède entre la série de matchs joués au Canada et en URSS plutôt que de montrer leurs routines d'entraînement aux jeunes Suédois, car ces derniers n'auraient rien à apprendre de celles-ci. « Leurs routines, écrit-il, sont beaucoup plus avancées que les nôtres. Par exemple, trop souvent nous exerçons les échappées à trois contre le gardien. Combien de fois voyez-vous cette situation dans une partie ? » se demande Dryden.

Non seulement les entraînements des Canadiens sont-ils moins structurés que ceux des Russes, mais ils sont aussi moins nombreux. Pendant un entracte à la télé francophone, Robert Rousseau, un des bons joueurs de la LNH à l'époque, reconnaît la piètre condition physique des Canadiens. Selon lui, les joueurs n'ont pas le temps de s'entraîner, avec les voyages et tout. Il ajoute : « De fait, nous ne sommes pas plus en forme à la fin de l'année qu'au début. » Maurice Richard écrit dans le *Dimanche-Matin* du 10 septembre 1972 : « Nos joueurs n'accepteront jamais de s'entraîner à l'année longue. Ce ne sont pas des militaires, eux ». Le maintien de la bonne forme n'est pas une pratique très en vogue dans la LNH. À titre d'exemple, Conacher raconte qu'il ne buvait pas avant de jouer pour les Leafs au milieu des années 1960 mais qu'il est devenu un buveur quasi régulier au camp d'entraînement de 1965. Il écrit : « Il y avait un bar à Peterborough que les joueurs trouvaient particulièrement intéressant. Il y a plusieurs histoires de raids de l'entraîneur Punch Imlach dans ce lieu de retraite paisible[76] ». Fred Shero raconte dans sa biographie que, lorsqu'il était junior, il s'entraînait plusieurs heures par semaine, principalement en faisant de la boxe. Il est ensuite passé dans les rangs professionnels mineurs. Il ajoute : « Du jour au lendemain, j'étais devenu professionnel et mon attitude concernant l'entraînement changea. Je commençais à imiter les autres joueurs de mon équipe. Ces gars-là ne faisaient rien comparé à mes séances d'entraîne-ment, alors je ne fis rien. Au lieu de faire 15 *rounds* de boxe pour me mettre en forme, je fis 3 *rounds* de bière[77] ». Shero note également que, de son temps, personne ne prenait soin d'entraîner le haut de son corps, sauf un dénommé Ezinicki qui faisait des «*push-ups*», ce qui lui valait les moqueries de tout le monde. Par ailleurs, Paul Henderson raconte que l'habitude voulait que les joueurs arrivent à la patinoire à 10 h du matin. De 10 h 30 à 11 h 30, ils étaient sur la glace. «Et à midi, nous étions au bar[78] », écrit-il.

La vérité est que la structure du hockey professionnel ne favorise pas le développement des joueurs, non seulement comme athlètes mais également comme individus. Jusqu'à ce que soit mis en place le système de repêchage universel en 1967, en raison de l'expansion, la Ligue exerçait une tutelle dans l'ensemble du pays. Une cinquantaine de clubs juniors appartenaient aux six équipes professionnelles. Un jeune qui grandissait dans un village donné du pays devenait aus-sitôt la propriété du club, qui avait des droits sur l'ensemble des joueurs de cette région. C'est ainsi qu'à la naissance on devenait un Bruins, un Rangers ou un Canadien. Le système en place faisait en sorte que le jeune devait quitter le domi-cile familial dès ses 13, 14 ou 15 ans pour aller là où un «club ferme» aux couleurs de l'équipe professionnelle évo-luait. Ses études étaient alors prestement mises de côté. Peu de professionnels complétaient leur cycle d'études secon-daires. Selon une étude réalisée en 1972 auprès de 511 joueurs canadiens de niveau junior A[i], seulement 5,9 % d'entre eux avaient réussi une 13e année[79]. Dans l'ensemble de la LNH en 1972, on compte sur les doigts d'une seule main ceux qui poursuivaient des études universitaires[ii]. Or, dans le cadre de la série Canada-URSS, nous apprendrons qu'il y a davantage de joueurs poursuivant des études supérieures dans l'équipe

---

i   Équivalent du junior majeur d'aujourd'hui.
ii   Ken Dryden, Dick Duff et Bob Pulford sont peut-être les seuls, selon Bruce Kidd et John MacFarlane. Chose intéressante, Bob Pulford a été le second client de Eagleson.

nationale soviétique que dans toute la Ligue nationale de hockey.

Au Canada donc, lorsqu'un jeune réussissait à percer dans la grande Ligue (qui ne comprenait, faut-il le rappeler, que six équipes jusqu'en 1967), le manque d'éducation et l'absence d'autres perspectives de carrière le rendaient asservi à la grande équipe qui détenait ses droits. Rares étaient ceux que les parents réussissaient à convaincre d'emprunter une autre voie, celle des collèges américains par exemple. Et encore, ceux qui le faisaient devaient avoir un talent extraordinaire, comme Ken Dryden ou Tony Esposito, pour ne pas être ignorés par les bonzes de la LNH[iii].

Brian Conacher, qui agit pendant la Série du siècle en tant qu'analyste sur les ondes de CTV, est un témoin privilégié et crédible. Il a joué dans l'équipe nationale pendant quelques années dans la décennie 1960. Il a également évolué dans le hockey professionnel mineur et dans la grande Ligue avec les Maple Leafs de Toronto. Il a constaté chez les joueurs peu scolarisés des circuits mineurs la misère qui les attendait à la fin de leur courte carrière. En 1971, Conacher fait la remarque suivante :

> « Quand les joueurs cesseront de se conter des histoires à propos du prétendu bon temps qu'ils ont eu, plusieurs admettront que s'ils avaient pu faire n'importe quoi d'autre ils l'auraient fait. La LNH doit trouver le moyen de favoriser la poursuite des études des joueurs. Les joueurs professionnels ont besoin d'aide, mais ils sont les derniers à le reconnaître. [...] J'en suis venu à la conclusion que le hockey s'en va vers une fin sans issue si des efforts ne sont pas consacrés à l'éducation[80] ».

---

iii   Paul Henderson cite dans sa biographie le cas de Buddy Blom, un gardien exceptionnel avec qui il jouait chez les juniors et qui a décidé de poursuivre ses études au grand dam de la LNH. Or, il ne jouera jamais dans la LNH. On peut se rappeler aussi la frustration qu'avait provoquée chez certains la décision de Jean Béliveau de poursuivre pendant deux ans sa carrière avec les As de Québec après son stage chez les juniors plutôt que de se joindre au Canadien de Montréal.

Voilà des paroles, prononcées en 1971, qui en disent long sur l'état du hockey.

La culture du hockey professionnel de cette époque évolue très lentement. Prenons un exemple : le port du casque. Les premiers à porter le casque sont l'objet systématique de risée de la part de leurs adversaires. Jean-Claude Tremblay a eu droit à sa part de remarques désobligeantes. Conacher a raconté en détail le mépris dont il a été lui-même victime quand il dût porter un casque à la suite d'une commotion cérébrale. À l'occasion de la Série du siècle, un seul joueur régulier d'Équipe Canada porte le casque ; il s'agit de Henderson[iv]. Quant aux gardiens, il a fallu attendre une trentaine d'années avant que l'un d'entre eux suive l'exemple de Clint Benedict, des Maroons de Montréal, le premier à avoir porté un masque en 1929. Et on sait la résistance qu'a affrontée Jacques Plante lorsque, las de se faire défigurer par des rondelles, il a décidé de se protéger la figure en 1959.

Les joueurs sont victimes de l'insatiable appétit pour les profits de la part des propriétaires de la Ligue nationale. De 1967 à 1972, le nombre d'équipes fait plus que doubler, passant de 6 à 14[v]. Afin de disposer du nombre de joueurs dorénavant nécessaire, la LNH abaisse de 21 à 20 ans l'âge pour être éligible au repêchage universel. Ce faisant, elle prive les équipes juniors de leurs meilleurs joueurs et n'incite pas davantage les jeunes à poursuivre leurs études. Le calibre de jeu s'abaisse considérablement dans la LNH puisque la cueillette de nouveaux joueurs ne se fait qu'en Amérique du Nord et presque exclusivement au Canada. Le nombre de joueurs repêchés et ayant signé un contrat avec une équipe professionnelle révèle cette tendance : en 1972, 80 % des joueurs repêchés ont signé un tel contrat contre 50 % les années précédentes[81]. D'ailleurs, s'il y a plus de jeunes dans

---

iv   Mikita et Red Berenson en portent un également, tandis que Goldsworthy l'utilise sporadiquement.

v   Los Angeles, Minnesota, Oakland, Philadelphie, Pittsburgh et Saint Louis en 1967 ; Vancouver et Buffalo en 1970 ; Atlanta et Long Island en 1972.

la Ligue, il y a également plus de vieux. Johnny Bauer est le seul joueur de 35 ans dans la LNH en 1960. En 1972, ils sont 26 à avoir au moins cet âge. Et ce ne sont pas tous des Raymond Bourque…

Les règles de repêchage ne sont pas très favorables aux nouvelles équipes, ce qui fait que la plupart d'entre elles croupissent au bas du classement, provoquant alors un déséquilibre des forces en présence sur la glace. Dans un tel contexte, des joueurs ordinaires voient leurs talents surestimés et les records d'antan, de passes, de buts et de points, tombent les uns après les autres.

Tout de même, pour aider à équilibrer le jeu entre les joueurs et les équipes, on adopte dès la fin des années 1960 certaines façons de faire, comme le «*dumping* du *puck*», l'accrochage et l'obstruction, avec la bénédiction des hommes d'autorité, vous l'aurez deviné. Bruce Hood arbitrait dans la Ligue nationale à cette époque. Dans un ouvrage publié récemment, il note: «Je n'étais pas confortable avec mon rôle d'arbitre parce que je n'avais aucun contrôle. En fait, arbitrer des matchs me rendait dépressif. Beaucoup trop souvent, je n'appelais pas des punitions évidentes. Le hockey de qualité avait disparu avec l'expansion[82]». Bruce Kidd et John MacFarlane notent quant à eux, dans un ouvrage publié en 1972: «L'obstruction, l'accrochage, le plaquage illégal et une variété d'autres fautes sont constamment faites sans que les arbitres interviennent. Ces choses sont permises dans la LNH en expansion seulement parce qu'elles permettent aux vétérans trop âgés et aux recrues non préparées de demeurer dans le match[83]». Dans sa chronique hebdomadaire du 17 septembre 1972, Maurice Richard s'en prend à la pratique qui consiste à lancer la rondelle au fond de la zone:

«Pour pouvoir faire des passes, il faut posséder la rondelle et pour posséder la rondelle, il faut nécessairement contrôler le jeu par le patin et le jeu de position. C'est comme ça qu'on jouait dans la Ligue nationale il y a 15 ans, et les Soviétiques ont appris leur hockey d'aujourd'hui sur celui qu'on pratiquait ici il y a 15 ans[84]».

Force est donc de constater que certaines des pratiques tant décriées en 2002 étaient déjà en place il y a 30 ans.

En somme, en 1972, un monde sépare le hockey russe du hockey professionnel nord-américain. La réaction exprimée par les joueurs, les journalistes et le public au cours des quatre premiers matchs en est une de surprise, de frustration et de grande déception. Toutes choses étant pesées, on peut comprendre l'état d'esprit des joueurs après le quatrième match et la réaction du public et des médias. Pour Pete Mahovlich, les joueurs canadiens ont connu leur moment le plus difficile de la série à Vancouver : « Nous étions très frustrés et avions atteint le creux de la vague », m'a-t-il confié à l'été 2001. Réussiront-ils à s'en sortir ?

Malgré les Championnats du monde de hockey et les Jeux olympiques joués depuis 50 ans, il faudra attendre la tenue de la Série du siècle et la création de l'Association mondiale de hockey pour que les dirigeants de la Ligue nationale de hockey reconnaissent le calibre de jeu pratiqué par les Européens. Le défenseur Borje Salming fait son entrée dans la LNH en 1973. Rapidement devenu la grande vedette au sein des Maple Leafs de Toronto, il sera le premier Européen élu au Temple de la renommée du hockey.

CHAPITRE 17

BONJOUR LA POLICE

J'ai eu honte d'être Canadien.
PIERRE GOBEIL, *LA PRESSE*

J'ai eu honte d'être Canadien.
RED FISHER, *MONTREAL STAR*

J'ai honte d'être Canadien.
MICHEL BLANCHARD, *LA PRESSE*

C'est la faute des arbitres.
HARRY SINDEN

L es deux équipes disposent de deux semaines pour four-
bir leurs armes car la Série du siècle ne va reprendre
que le 22 septembre à Moscou. Après le match de Vancouver, les joueurs canadiens se reposent quelques jours.
« La moitié du cauchemar est terminée », note Pierre Gobeil
dans le *Montréal-Matin* du 10 septembre. L'organisation
d'Équipe Canada s'envole pour la Suède le 12 septembre au
soir, quatre jours après l'humiliation subie à Vancouver.
Comme c'est le cas depuis les premiers vols du camp d'entraînement, les joueurs sont transportés dans deux avions, une
mesure qu'a exigée la LNH pour sauver une partie de ses
« actifs » en cas de catastrophe[i]. Les joueurs profiteront du

---

i   Pete Mahovlich, qui n'est jamais à court d'imagination, s'interroge
     sur la possibilité que les deux avions entrent en collision.

séjour de huit jours au pays des Vikings pour s'acclimater aux grandes surfaces de jeu européennes, donner des cliniques de hockey et, surtout, disputer deux rencontres contre l'équipe nationale suédoise.

Les joueurs et le personnel d'Équipe Canada ne sont pas déçus de quitter le pays. Ici, on les juge mal à leur avis. La tension est énorme dans l'organisation. Toute décision quant au choix des joueurs, des stratégies et du style de jeu pratiqué est critiquée dans les journaux, les tribunes téléphoniques, les lieux de travail, les salons, partout. Les médias écrits rapportent de la dissension au sein de l'équipe. Or, comme la majorité des joueurs n'ont jamais visité l'Europe, c'est pour eux un moment propice pour voir du pays et se mettre à l'abri du tollé général.

Le jour du vol, Sinden reçoit un appel d'Eagleson l'informant que le médecin de Frank Mahovlich interdit à son patient d'aller en Europe, sous prétexte que la série le rend trop tendu. « Tu blagues ? » dit Sinden au Parrain. « Non ! » répond ce dernier. Sinden conserve des doutes et téléphone lui-même au médecin, qui lui confirme la recommandation. Tous les journaux rapportent le lendemain que Mahovlich a un genou blessé... Finalement, après une semaine de repos, Mahovlich aura repris du mieux et son médecin l'autorisera à rejoindre l'équipe en Suède, le 18 septembre[ii]. Par ailleurs, avant de quitter le Canada, Sinden apprend également que le genou de Bobby Orr n'est pas rétabli et qu'il ne pourra jouer de la série. Voilà une grande déception pour les supporters et pour les membres d'Équipe Canada. Même les Soviétiques sont déçus car, toujours aussi originaux, ils tenaient à se mesurer à Orr, au point qu'ils avaient permis à l'organisation d'Équipe Canada d'inscrire un joueur de plus sur la liste d'éligibilité. Malgré sa blessure, Orr accompagne l'équipe en Europe.

---

ii   Après le premier duel du samedi 16, un appel à la bombe force l'évacuation de l'hôtel où logent les membres d'Équipe Canada à Stockholm. Avec philosophie, Sinden consigne dans ses notes : « Je suis heureux que Frank ne soit pas avec nous en ce moment ».

Les joueurs descendent à Stockholm le matin du mercredi 13 septembre. Signe de l'esprit qui régnera sur la glace, Cashman, s'adressant à un auditoire imaginaire, demande à voix haute sur le tarmac de l'aéroport : « Où étiez-vous donc durant la Deuxième Guerre mondiale[iii] ? »

La visite des joueurs professionnels canadiens en Suède constitue, avec les Jeux olympiques, l'événement sportif de l'année dans ce pays. Les deux face-à-face entre les joueurs d'Équipe Canada et ceux de la Suède constituent l'attraction principale pour souligner le cinquantième anniversaire de la Fédération suédoise de hockey sur glace. Les Suédois possèdent déjà une longue tradition de hockey, et, comme hockeyeurs, ils ne sont pas piqués des vers. D'ailleurs, l'avant suédois Ulf Sterner a été le tout premier Européen entraîné hors de l'Amérique du Nord à jouer dans la LNH[iv]. En 1972, l'équipe de Suède aligne quelques joueurs qui deviendront dans les années 1970 des joueurs connus, et parfois même de grandes vedettes en Amérique : le gardien Leif Holmquist, le défenseur Borje Salming et les avants Inge Hammarstrom, Anders Hedberg et Ulf Nilsson.[v] Par ailleurs, on se rappelle

---

iii   Paroles rapportées par quelques journaux du lendemain.

iv   En 1964-1965, il joua quatre parties avec les Rangers ; il n'obtint aucun point. Il passa le reste de la saison dans les clubs écoles des Rangers de New York , dans la Ligue centrale et la Ligue de hockey américaine.

v   Hammarstrom et Salming joindront les Leafs en 1973-1974. Ce seront, pour ainsi dire, les deux premiers joueurs européens à percer la LNH. Le premier y jouera sept saisons. Le second deviendra une grande étoile. Il gagnera la Coupe Molson dès sa première année. À sa deuxième, il sera sélectionné au sein de la seconde équipe d'étoiles. Il deviendra rapidement non seulement le meilleur joueur des Leafs mais aussi le plus populaire. Il jouera 17 saisons dans la LNH. Par son jeu éclatant et ses performances, Salming a grandement contribué à l'ouverture des dirigeants de la LNH à l'égard des Européens. Il a été le premier Européen à être élu au Panthéon de la renommée, en 1996. Quant à Hedberg et Nilsson, ils ont d'abord joué quatre saisons dans l'Association mondiale de hockey, à partir de 1974 (avec les Jets de Winnipeg), avant de passer aux Rangers dans la LNH. Ces deux-là n'étaient pas de mauvais joueurs. Hedberg a été choisi la recrue de l'année de l'AMH en comptant 53 buts. Nilsson produira 480 points en 4 ans à Winnipeg et sera choisi le meilleur joueur des séries de la Coupe AVCO en 1976. De son côté, Holmquist jouera un an pour les Racers d'Indianapolis dans l'AMH.

que l'équipe nationale de Suède a été la première, en 1930, à ne pas perdre un match de tournoi international contre le Canada (grâce à un match nul). De 1962 à 1969, les Suédois ont remporté 8 des 11 parties les opposant au Canada en rencontres olympiques ou de Championnats du monde. Bien qu'ils pratiquent un style de jeu européen, ils ont la réputation d'exercer un jeu physique, «à la canadienne», prétendent souvent leurs opposants européens. D'ailleurs, ils respectent, voire admirent, le jeu pratiqué au Canada au point qu'ils ont, comme on l'a vu précédemment, confié au Canadien Billy Harris la direction de leur équipe nationale pour les Jeux de Sapporo en 1972 et le Championnat du monde qui a suivi.

La saison de hockey n'est pas commencée en Suède et les joueurs suédois ne se sont entraînés qu'une dizaine de jours pour préparer ce rendez-vous avec les Canadiens. Ces derniers viennent à bout des Suédois 4 à 1 dans la première partie. De l'avis de tous – joueurs, entraîneurs et journalistes –, le pointage ne reflète pas l'allure de la rencontre. Le Canada s'en est tiré avec de la chance, grâce à une performance exceptionnelle de Tony. Le soir suivant, le gardien Eddie Johnson répète les exploits de son coéquipier, permettant au Canada d'arracher une nulle de 4-4, dans les derniers instants de la rencontre. Phil Esposito a été l'autre héros des siens dans ce match, en marquant en désavantage numérique, à 47 s de la fin, grâce à une erreur des arbitres, qui ont omis d'appeler un hors-jeu d'une dizaine de pieds (environ trois mètres) à la ligne bleue des Suédois. Les joueurs canadiens ont été les premiers à reconnaître la bourde des officiels.

Encore une fois, les Canadiens ne sont pas préparés à affronter des joueurs qui non seulement savent patiner et tenir un bâton de hockey dans leurs mains, mais peuvent jouer un jeu de calibre égal et parfois même supérieur au leur. Frustrés de voir des inconnus les dominer par moments, les Canadiens réagissent selon leurs vieilles habitudes, c'est-à-dire avec rudesse. Le deuxième match, en particulier, atteint un niveau de violence exceptionnel. Les Canadiens écopent de 31 min de punition, contre 4 pour les Suédois.

Ce n'est pas tant le total qui surprend que l'écart. Plusieurs incidents répréhensibles surviennent sur la glace du stade Johanneshov : Cashman se coupe littéralement la langue en deux alors qu'il charge Sterner et fonce tête première dans la bande[vi] ; Hadfield défigure le capitaine des Suédois en lui appliquant un double échec au visage ; et une bagarre quasi générale éclate hors de la glace à la fin de la première période, quand Cashman s'en prend à l'entraîneur Ulf Jansson[vii]. Les policiers interviennent. Cahsman, le malappris canadien, bouscule l'un d'eux. Holà ! les forces de l'ordre rappliquent avec des chiens pour ramener le calme dans l'amphithéâtre. Pendant ce temps, Sinden, qui en donnait plein la gueule aux arbitres dans un coin, vient ordonner à Cashman de foutre le camp de là. Les choses finissent ainsi par se tasser.

Dans son journal de bord, Sinden note ce soir-là qu'il a vu, dans sa carrière, des choses terribles sur une patinoire : le coup de hockey asséné par Wayne Maki à Ted Green ; la perte accidentelle d'un œil de Claude Ruel à la suite d'un coup de bâton de hockey ; le coup de bâton de hockey à la gorge qui a presque tué le père de Mickey Redmond. Or, jamais, note Sinden, n'a-t-il vu de gestes aussi vicieux que ceux distribués au cours de ce deuxième match. « S'il n'en tenait qu'à moi, jamais plus le Canada ne jouerait au hockey en Suède, ajoute-t-il. Tout cela est la faute des officiels [...] Si les bagarres étaient défendues, de telles choses ne se produiraient pas[85] ».

Si Sinden prend la peine d'avouer que les Canadiens n'ont « pas joué une partie totalement propre », Ferguson prétend de son côté qu'ils « ne faisaient que répliquer pour se défendre ». Quant à Dryden, qui agissait comme gardien substitut, il voit les choses d'un tout autre œil : « Il est temps de cesser de critiquer les arbitres européens. Nous méritions au moins 80 % de ces punitions ; les officiels de la LNH les

---

vi   Selon la version de Cashman, la blessure a plutôt été causée par Sterner, un bonhomme de 5 pi 7 po (1,72 m), qui l'aurait frappé avec son bâton.

vii   Certaines sources parlent plutôt de Kjell Svensson.

auraient également appelées. On s'est mis à s'en prendre aux arbitres et c'est ainsi que nous avons perdu le contrôle ». À vrai dire, plusieurs personnes sont révoltées par le comportement des joueurs canadiens. Même Jim Murray, le médecin de l'équipe canadienne, trouve que les choses vont trop loin. Il attire l'attention de Sinden sur ce sujet. Ce dernier traite Murray d'hystérique et l'invite à faire montre d'une plus grande solidarité. Après la partie, l'ambassadrice du Canada en Suède, Margaret Meagher[viii], se rend dans la chambre des joueurs et leur laisse entendre, en termes à peine voilés, qu'ils se sont comportés comme des animaux. Eagleson l'invite alors à se mêler de ses affaires[86].

La réaction des Suédois est vive. Le lendemain, les journaux du pays couvrent l'événement à la une. L'*Expressen* titre : « Le style de hockey canadien : pures méthodes de gangstérisme ». L'*Aftonbladet* présente une photo pleine page de Lars-Erik Sjoberg, le visage ensanglanté et le nez cassé, et titre : « Voilà le sang qui révèle la faiblesse du Canada ». Des joueurs ainsi que des administrateurs de l'équipe canadienne se font apostropher dans les lieux publics. Pour les Canadiens, la situation est telle que Sinden suggère aux joueurs de ne pas porter le veston de l'équipe en public afin d'éviter d'être reconnus.

Quant à la presse canadienne, elle est révoltée. Jim Coleman, du *Southam Press*, reproche à Vic Hadfield d'avoir pratiqué, sans détenir un permis de médecin, une chirurgie au visage de Sjoberg. Coleman relève également que les joueurs canadiens ont pris des punitions d'une « stupidité abyssale ». Enfin, il constate le manque d'équilibre des Canadiens sur la

---

viii Blanche Margaret Meagher, née en Nouvelle-Écosse, n'est pas n'importe qui. En 1958, elle a été la première femme ambassadrice nommée par Ottawa. Elle devenait ainsi l'une des premières femmes au monde désignées à ce poste. Elle a également été la première à occuper le poste d'ambassadeur permanent du Canada en Israël, poste qu'elle a occupé jusqu'en décembre 1961. Quand on prend connaissance de certaines de ses affectations, on comprend mieux pourquoi une chambre de joueurs de hockey ne l'intimidait pas. Elle a été en outre ambassadrice à Chypre (1961), au Kenya et en Ouganda (1969).

glace, «semblables à des hommes sortant d'une taverne», et déplore leur manque de maturité[87].

Sous le titre «J'ai eu honte!» Pierre Gobeil fait part, dans l'édition du lundi 18 septembre du *Montréal-Matin*, de son dégoût face au comportement des joueurs canadiens: «J'ai eu honte, hier soir à Stockholm! Oui, pour la première fois de ma vie, j'ai eu honte d'être Canadien», fait-il remarquer, en parodiant Goldsworthy. Gobeil rapporte que, la veille, le frère d'un joueur suédois l'a abordé pendant le match pour lui demander si les Canadiens se croyaient au Viêt-nam. Dans un texte d'une rare dureté, Gobeil parle de «violence inouïe et de scènes dégradantes» de la part des Canadiens. Il ajoute:

> «Nos *prime donne*, à l'exception d'une dizaine, n'ont pas été sérieuses, n'ont pas le sens des responsabilités, ne comprennent pas toute la portée des deux séries qu'elles avaient à livrer en pays étranger [...] Et parce que nos *prime donne* sont humiliées, elles se vengent comme elles le peuvent. Leur cervelle d'oiseau leur commande une sauvagerie inutile. Elles s'exécutent sans penser un seul instant que le prestige d'un pays, non seulement au hockey, mais également dans le savoir-vivre, est à l'enjeu[ix]».

Gobeil souligne dans l'édition du lendemain que plusieurs joueurs canadiens lui ont fait connaître, sous le sceau de la confidentialité, leur profonde désapprobation devant le comportement de certains des leurs[x].

Dans le *Montreal Star* du 18 septembre, Red Fisher se fait un peu moins cinglant que son collègue. Son article est tout de même intitulé: «Les Canadiens n'ont pas été mauvais, ils

---

ix   Gobeil en veut également à un journaliste complaisant, «compatriote, lourdaud, scribe, canadien-français» qui a demandé à Svensson, en conférence de presse, alors que ce dernier venait d'affirmer que le Canada ne gagnerait aucune partie à Moscou: «Combien pensez-vous que les Canadiens se feront voler de duels par les arbitres?»

x   Serge Savard m'a indiqué à l'été 2001 qu'il n'avait pas apprécié ces scènes discracieuses et les avait même déplorées. «Hadfield a eu un comportement de voyou», m'a notamment confié Savard.

ont été pourris». Fisher ne se prive pas d'user d'ironie, écrivant: «J'ai eu honte d'être Canadien». Selon le vénérable chroniqueur, les punitions des Canadiens étaient tout à fait méritées. Il écrit: «Cashman ne peut se promener partout sur la patinoire avec son bâton et ses coudes élevés et espérer s'en tirer sans punition». Dans l'édition du lendemain, il fait un jeu de mots à propos de *Team Canada*, qu'il nomme maintenant *Cream Canada*.

La Presse du lundi 18 septembre titre à la une: «Les Canadiens provoquent leur disgrâce en Suède». Sous le titre «J'ai honte d'être Canadien», Blanchard y va d'une charge peu commune contre l'équipe sportive canadienne. «Comment ne pas être gêné de dire que vous êtes canadien lorsque votre équipe s'est comportée de façon aussi dégoûtante, aussi honteuse et qu'elle a fait preuve de si peu de savoir-vivre, de si peu de civisme et de bien piètre intelligence? » Puis, il parle encore d'«athlètes déloyaux» et de «quelques têtes écervelées». Il impute les gestes malheureux des joueurs canadiens à leur frustration de ne pouvoir venir à bout de joueurs de second ordre: «On riposte au moindre coup, à la moindre mise en échec... on fait les jars, on joue à la vierge offensée. C'est d'un ridicule consommé», écrit-il encore. Le lendemain, à la une du quotidien, une caricature de Girerd montre un colossal joueur canadien, bâton de hockey en l'air et mitraillette à la main, qui crie: «Cette fois, nous vaincrons! » Tout à côté, l'envoyé spécial de *La Presse*, Blanchard, poursuit sur sa lancée de la veille, mais avec un humour caustique cette fois. Voici quelques extraits de son texte, intitulé «Lettre ouverte à M. Trudeau »:

> «Monsieur le Premier Ministre... en complément au rapport de votre ambassadrice à Stockholm [...], je me permets quelques observations personnelles. C'est que voyez-vous la grâce épistolaire de votre ambassadrice aura probablement édulcoré le carnage du deuxième match Canada-Suède [...] C'est ainsi que j'ai l'honneur de vous dire que le hockey n'est pas notre meilleur produit d'exportation. Qu'on exporte tant qu'on voudra du sirop d'érable, des ministres, des chansonniers ou quelque autre denrée,

même des bâtons de hockey, mais jamais, monsieur le Premier Ministre, plus jamais les espèces de brutes que sont quelques-uns de nos meilleurs hockeyeurs professionnels [...] On n'envoie pas une meute de loups enragés en terre étrangère sans leur enseigner auparavant à quel point il est important pour eux et pour le Canada tout entier de bien se conduire. »

Tandis que les commentaires négatifs fusent de toutes parts, s'installe au sein de l'équipe une tension insoutenable. La situation se dégrade encore davantage quand les joueurs prennent connaissance d'une rumeur à l'effet qu'il a été décidé que leurs femmes coucheraient à Moscou dans un autre hôtel que le leur. Ils menacent alors la direction de ne pas se rendre en URSS pour jouer les quatre autres matchs. Les dirigeants de l'équipe convoquent une réunion de l'ensemble des membres de l'organisation pour trouver une solution au problème et recréer un esprit d'équipe qui semble faire cruellement défaut. Or, pour régler un problème, rien de mieux que de le faire à la canadienne. Le lundi 18, tous les membres de l'organisation font une partie dans un restaurant. Finalement, les choses s'arrangent pour la question des femmes des joueurs. Le lendemain matin, les hockeyeurs ont un entraînement du tonnerre d'une durée de deux heures. Sinden consigne alors dans ses notes de voyage : « Contrairement à l'opinion publique, nous sommes en meilleure condition physique que les Russes. Est-ce que les Russes auraient pu boire toute la nuit comme les gars l'ont fait hier et se démener autant à l'entraînement de ce matin[88] ? »

Cette escale en Suède est, de l'avis de la majorité des témoins directs de l'événement, le tournant de la série. Les entraînements et les deux parties ont permis aux joueurs canadiens d'améliorer leur condition physique. Plus important encore, ils ont pu se remettre des moments difficiles vécus à Vancouver. Leur attitude mentale s'est améliorée. Enfin, se retrouvant seuls contre le monde entier, ils n'ont eu d'autre choix que de se forger une carapace à toute épreuve, forts de laquelle ils pourront réaliser l'impossible.

Entrée des joueurs des deux équipes sur la glace du Palais des sports de Loujniki.

CHAPITRE 18

BONS BAISERS DE MOSCOU

La route des enfers est facile à suivre ;
on y va les yeux fermés.
BION DE BORISTHÈNE

A vant de partir pour Moscou, Eagleson avertit les joueurs, au cours d'une rencontre d'équipe, qu'ils seront sans doute surveillés de près par le KGB. Leurs chambres, leur dit-il, seront probablement sur écoute. Les joueurs se font aussi suggérer de ne pas parier aux cartes, les règles des douanes soviétiques interdisant aux visiteurs de sortir du pays avec plus d'argent qu'à l'entrée. Cela embête certains joueurs. Avant de quitter Stockholm, plusieurs d'entre eux prennent soin de remplir leurs sacs de réserves de Coca-Cola, au cas où.

Le soir du mercredi 20 septembre, les membres de l'équipe du Canada sont reçus à l'aéroport de Moscou par l'ambassadeur du Canada, Robert Ford. Leurs femmes et quelque 2 600 Canadiens qui s'étaient arraché au cours de l'été, en quelques heures seulement, les forfaits pour venir assister à ce moment historique sont arrivés la veille[i]. Le

---

i   Le forfait d'une dizaine de jours coûtait 650 $, repas, billets des duels et sorties culturelles inclus.

contingent est formé de gens provenant de toutes les régions du Canada et de toutes les classes sociales : politiciens, maires, hommes d'affaires, ouvriers et étudiants se côtoient dans l'allégrese générale[ii]. La bonne humeur et la fête ont commencé dès l'envolée vers Moscou. Une hôtesse confie à l'écrivain canadien Jack Ludwig qu'elle n'a jamais vu, de toute sa carrière, une telle beuverie au cours d'un vol. Les avions qui conduisent les fidèles partisans à Moscou portent aussi dans leurs soutes les 300 steaks commandés pour les joueurs, du carburant[iii] pour tenir le coup pendant la semaine ainsi que d'autres produits utilitaires comme du papier hygiénique. Au total, ils seront environ 3 000 supporters canadiens à Moscou, en tenant compte des Canadiens travaillant en URSS et dans les autres pays européens qui se sont déplacés pour l'événement.

À Moscou, les visiteurs logent dans cinq hôtels différents. Plusieurs d'entre eux ont le bonheur de gîter avec les joueurs à l'Intourist. Chacun doit toutefois partager sa chambre avec un autre Canadien, désigné par les autorités de l'hôtel si les couples n'ont pas été préalablement formés. Une rumeur circule parmi les journalistes à l'effet que quelques joueurs ont pris au pied de la lettre l'avertissement d'Eagleson au sujet de l'écoute électronique. On rapporte que deux d'entre eux ont soulevé la moquette de leur chambre pour y découvrir quelque chose qu'ils se sont mis à déboulonner… L'affaire se serait terminée avec grand fracas, dans la chambre du dessous, lorsque le plafonnier déboulonné s'y est écrasé. Dans un autre cas, soupçonneux que le miroir de sa chambre ne cache quelque système d'écoute, un joueur l'aurait lancé par la fenêtre, obligeant ainsi sa femme à aller terminer sa toilette matinale dans la chambre d'une amie. Ces histoires font partie du folklore qui a coloré la Série du siècle. Pour leur part, tant Serge Savard que Richard

---

ii   Font partie du voyage le multimillionnaire Edward Bronfman, l'Acadien Louis Robichaud (ex-premier ministre du Nouveau-Brunswick) et quelques célébrités sportives, tels Jean Béliveau et Maurice Richard.

iii   De la bière, bien entendu.

Garneau m'ont affirmé que jamais ils n'ont été importunés par quelque espion du KGB.

Les Canadiens sont bien reçus par leurs hôtes. Un riche programme de sorties culturelles est prévu. Les gens peuvent se promener à leur guise dans la capitale de huit millions d'habitants. Ken Dryden en profite pour visiter l'Institut d'éducation physique de Moscou et le centre d'entraînement du célèbre Club de l'Armée centrale. D'autres font les marchés ou se promènent dans les parcs. Les touristes sont impressionnés par la grande quantité de joggeurs qu'ils croisent. Ici, de jeunes enfants s'amusent. Là, des adultes sont ivres. Les Canadiens constatent que la vie en sol communiste diffère de la leur à certains égards. Le coût de la vie n'y est pas élevé ; le métro, par exemple, coûte l'équivalent de moins d'un cent le passage. Les touristes prennent contact avec la réalité du marché noir. Ils sont approchés par de nombreux Moscovites qui leur offrent près de 10 roubles par dollar au lieu de 1 rouble remis selon le taux officiel. Des magasins où sont offerts des biens de luxe non disponibles dans les commerces ordinaires sont réservés aux étrangers et à certains privilégiés du régime. Nul ne peut par ailleurs ne pas remarquer les files d'attente dans les commerces et les marchés. Très rapidement, la majorité des Canadiens, joueurs compris, s'adonneront à l'échange d'épinglettes, un véritable sport à Moscou. Les joueurs obtiendront des épinglettes en échange d'autographes et de bâtons brisés par exemple. Pour les autres visiteurs, la gomme à mâcher qu'ils ont pris soin d'apporter en quantité à Moscou sera le plus souvent le produit d'échange par excellence.

Le soir de leur arrivée, les joueurs et autres membres de la délégation canadienne sont reçus à une réception. Un des visiteurs s'étonne quand l'orchestre russe se met à jouer un air occidental très populaire en Amérique. Comme quoi les voies de la culture communiste ne sont pas aussi impénétrables que les Occidentaux le croyaient. Les Russes savent recevoir et le champagne coule à flots au cours de cette soirée. Sur les tables, il y a une bouteille de vodka pour deux personnes. Michel Blanchard note dans *La Presse* du 21 septembre : « Ceux qui s'attendaient à passer 11 jours bien tristes à Moscou, la vodka et le champagne aidant, seront ravisés [...] À Moscou, c'est la foire et les Canadiens sont rois. Les Soviétiques ont compris que le prestige d'un pays ne se gagne pas seulement sur la glace ».

La fête terminée, les joueurs devront passer « au bureau » pour travailler. C'est ce qu'ils entreprendront dès le lendemain.

CHAPITRE 19

DE MAL EN PIS

C'est la grandeur du combat qui est tout.
Ce qui importe, c'est d'aller... d'aller toujours.
CHARLES PÉGUY

L es quatre parties en URSS auront toutes lieu à Moscou, au Palais des sports de Loujniki, situé dans le Complexe Lénine. Ce vaste centre sportif bâti en 1956 est situé au sud-ouest de Moscou, au pied des collines Lénine, sur le bord du fleuve Moskva. S'étendant sur l'impressionnante superficie de 180 ha, il comprend 140 installations sportives desservant 26 sports, dont 1 stade de soccer de 104 000 places[i], 1 aréna de 13 000 places, 2 piscines, des douzaines de terrains de tennis, de basket-ball et autres terrains. Les Soviétiques estiment que 10 000 citoyens s'y rendent chaque jour pour pratiquer leurs sports favoris.

Le jeudi 21 septembre au matin, les joueurs canadiens se rendent à leur premier entraînement en terre soviétique. Ils découvrent un lieu quelque peu particulier. Au lieu d'une baie vitrée derrière les buts, il y a du grillage à poulet. Comme ils s'y attendaient, la surface de la glace est de 12 pi

---

i   Celui-là même où s'est jouée la finale du Championnat du monde de hockey en 1957 devant plus de 55 000 spectateurs.

Photo : Denis Bro

Le grand Frank Mahovlich est frustré par Tretiak dans le premier match au Forum. Vic Hadfield quite l'équipe canadienne avant la tenue du 5ᵉ match notamment parce qu'il juge qu'il mérite davantage que Mahovlich le droit de jouer.

(4 m) plus large qu'en Amérique. Cependant, l'espace derrière le filet est le même qu'ici, contrairement à leurs attentes et à ce qu'ils ont observé en Suède. Autre détail : en sautant sur la patinoire, les joueurs constatent que la glace réagit différemment. En effet, son épaisseur est d'environ 3 po (7,62 cm) tandis qu'au Canada elle a moins de 1 po (2,54 cm). Aussi banale que puisse paraître cette différence, les joueurs de haut calibre ont besoin de bien se sentir pour jouer à leur pleine mesure. Cette glace plus épaisse peut non seulement modifier la réaction de la rondelle et affecter le patinage (en particulier le freinage), mais elle peut également affecter le conditionnement mental des joueurs. Une dernière distinction concerne les bandes latérales de la patinoire : elles n'ont ni baie vitrée ni grillage alors que la majorité des patinoires de notre pays ont une baie vitrée qui se rend jusqu'à la ligne bleue. Les joueurs canadiens ne pourront donc pas effectuer des sorties de zone par la baie vitrée comme ils ont souvent l'habitude de le faire. La plupart de ces détails étaient inconnus des joueurs, car ni le groupe de Sinden ni celui des éclaireurs canadiens n'était venu l'été précédent se familiariser avec les lieux où devaient se disputer les quatre derniers matchs. En les arpentant, plusieurs joueurs se demandent à voix basse comment ils pourront venir à bout de leurs rivaux, déjà plus alertes et en meilleure condition physique, dans cet environnement étranger qui leur semble, à prime abord, peu favorable. Bref, ce n'est pas avec le plus grand enthousiasme qu'ils se mettent au boulot.

L'entraînement s'amorce devant une centaine de jeunes instructeurs russes qui se trouvent à Moscou pour une clinique de hockey. Dans l'établissement de ses trios, Sinden oublie d'assigner une ligne à Hadfield. Ce dernier fulmine. Il s'installe au banc et commence à feuilleter une revue. La bisbille prend sans tarder. Sinden, Hadfield et Ferguson s'engueulent devant les hôtes, qui ne comprennent rien à la situation.

Hadfield quitte finalement le banc et... se rend au vestiaire. Le deuxième buteur de la Ligue nationale est furieux de la considération que lui porte Sinden. Il est blessé dans son orgueil et accepte mal notamment qu'on lui préfère Frank Mahovlich à l'aile gauche, jugeant que ce dernier n'a pas bien joué au Canada et qu'au surplus il n'était pas des leurs en Suède. La vedette des Rangers demande à Eagleson de retourner au Canada, ce que s'empresse d'accepter ce dernier.

À l'occasion de la sélection des joueurs, convaincu que la série ne serait qu'une formalité pour démontrer la supériorité des vedettes de la LNH, Sinden avait promis que chaque joueur de l'équipe jouerait au moins une partie[ii], mais les victoires-surprises des Soviétiques l'ont amené à revoir sa stratégie. Le voilà aux prises avec des joueurs mécontants qu'il ne respecte pas sa promesse. Richard Martin et Jocelyn Guèvremont, 2 joueurs de 21 ans qui n'ont pas joué de la série, décident alors de suivre Hadfield. Guèvremont surprend les gens en disant qu'il quitte l'équipe parce qu'il veut être en forme pour le début de la saison des Canucks. Quant à Martin, il est déçu de ne pas jouer. Hadfield et Guèvremont laissent entendre, sans les nommer, que plusieurs autres joueurs sont tout près de quitter l'équipe. On croit probables les départs d'Awrey, de Mikita, de Tallon, de Redmond, de Dennis Hull et de Dionne. Hadfield fait carrément du recrutement. Ça joue dur dans les rangs canadiens. L'issue de la série se joue, pour le Canada, en dehors de la glace. Et, de surcroît, les Russes n'y sont pour rien.

Eagleson, Sinden, et Ferguson se démènent et usent de leur influence pour convaincre les joueurs hésitants de rester. Hadfield affirmera plus tard que la plupart des joueurs qui ne jouaient pas n'avaient pas Eagleson comme agent[iii]. Selon lui, 15 joueurs s'étaient réunis à Moscou pour étudier

---

ii   Un temps, il était même question d'amener à Stockholm John Van Box Meer, Billy Harris et Michel Larocque, trois juniors qui avaient participé au camp d'entraînement, pour que l'équipe dispose de deux formations complètes de 19 joueurs.

iii   Eagleson, qui est l'agent de Dionne, réussit à le convaincre de rester. Quant à l'ailier gauche Dennis Hull, il décide finalement de demeurer avec l'équipe puisque le départ des ailiers gauches Hadfield et Martin crée une ouverture inespérée pour lui.

la pertinence de revenir au Canada, mais la plupart ont finalement décidé de rester au sein de l'équipe[89]. Plus tard, Guèvremont affirmera qu'il est parti, d'abord et avant tout, parce que sa femme était malade à Moscou[90].

Disons que l'aventure débute mal à Moscou. De nouveau, il se dit et s'écrit de vilaines choses. Blanchard, dans l'édition du 22 septembre de son quotidien, parle de la primauté accordée par les lâcheurs à leur petite gloire personnelle au détriment du bien-être de l'équipe. Marcel Toupin, dans l'édition du 1er octobre du *Dimanche-Matin,* qualifie de «déserteurs», d'«enfants gâtés», et d'«irresponsables» les joueurs qui abandonnent l'équipe. Toupin leur reproche ce «geste déloyal» et leur «manque de patriotisme». Il ajoute : «Une armée ne s'affaiblit pas lorsqu'elle laisse aller de tels soldats». Guèvremont brisera à mots couverts une consigne sacrée concernant la vie des joueurs en dehors de la glace en confirmant à Bill Witcomb du *Montreal Star,* dès son retour au Canada le 22 septembre, les rumeurs concernant les virées de certains membres de l'équipe : «Je ne dirais pas que tout le monde a été tranquille... quelques journées se sont prolongées tard dans la nuit».

Parmi ceux qui restent à Moscou, plusieurs acceptent mal le départ des dissidents. Dryden consigne dans son journal de bord : «Je ne comprends pas comment un joueur peut décider de quitter son équipe[91] ». Serge Savard avoue s'être senti mal à l'aise dans cette affaire, comme tout le monde dans l'équipe, dit-il. Eddie Johnson affirme : «Nous avons tous pensé qu'ils auraient dû rester jusqu'à la fin. Ce n'était pas trop demander. L'équipe avait besoin de soutien, pas de problèmes supplémentaires[92] ». Froosty Forrestall, le soigneur de l'équipe canadienne et employé des Bruins, laisse échapper, en visant Hadfield : «Vous vous demandez encore maintenant pourquoi nous battons ces bâtards [les Rangers] chaque année[93]? » En septembre 2001, Jean Ratelle hésite à me dire du mal de son coéquipier de longue date, mais il admet que la chose n'a pas été facile pour Hadfield et que, par la suite, ce dernier n'a plus jamais été le même. Sinden se console de voir partir des insatisfaits, mais il prend très mal la chose, comme en font foi ses remarques consignées le jour du départ des dissidents : « C'est un non-sens cette histoire de rejoindre leur équipe professionnelle pour pouvoir retrouver la forme. Ils ne sont pas assez braves pour respecter leur engagement envers l'équipe canadienne parce que les choses ne se passent pas bien pour nous ». L'incident nous permet aussi d'apprendre, par le journal de bord de Sinden, que Martin avait été sélectionné pour combler l'absence de Bobby Hull et que Guèvremont avait été un choix « politique », ce dernier ayant été préféré à d'autres défenseurs de même calibre parce qu'un match allait avoir lieu à Vancouver[94]. Enfin, pas besoin d'insister sur ce qu'a pensé le bouillant et entier Ferguson de l'affaire.

Le départ de ces joueurs, on le verra plus tard, agira comme catalyseur au sein de l'équipe canadienne. Quant à l'avenir des malheureux concernés, celui-ci ne sera pas nécessairement très positif. Si Richard Martin connaît par la suite une belle carrière dans la LNH, Jocelyn Guèvremont ne s'élèvera jamais au niveau qu'on attendait de lui comme professionnel. Pour sa part, Vic Hadfield ne réussira que 28 buts la saison suivante, confirmant ainsi que sa saison de 50 buts en 1971-1972 n'a été qu'un accident de parcours. Tous trois, et en particulier Hadfield, seront conspués sur les patinoires canadiennes au cours de la saison suivante. Et aucun d'entre eux ne gagnera la Coupe Stanley, comme le relève l'amer John Ferguson dans sa biographie.

Ce 21 septembre en Russie, c'est la fête locale de saint Joseph de Zaonikiev. Au début du XVIIe siècle, ce paysan de la région de Vologda menait une vie modeste quand il commença à perdre la vue. Il demanda l'intercession de la mère de Dieu et, devant son icône, retrouva la vue. Les villageois édifièrent pour le miraculé un monastère composé d'une chapelle et de quelques cellules. Il y vécut, raconte-t-on, 30 ans dans la prière, les privations ascétiques et la joie. En ce 21 septembre 1972, veille du cinquième affrontement Canada-URSS, le mieux à faire pour les Canadiens serait d'avoir une bonne pensée pour ce brave homme[iv].

---

iv Certains lecteurs se rappelleront ici la visite à Sainte-Anne-de-Beaupré faite en 1993 par Jacques Demers, entraîneur du Canadien de Montréal, à l'occasion d'une série contre les Nordiques de Québec. En retard dans la série 0-2, le Canadien vint à bout des Nordiques et remporta par la suite la Coupe Stanley. N'est-ce pas d'ailleurs la dernière coupe remportée à ce jour par la sainte flanelle?

Vladislav Tretiak est de nouveau l'artisan principal de la victoire de son équipe dans le 5e match.

CHAPITRE 20

CINQUIÈME MATCH :
TRETIAK EN VOLE UNE AUTRE

Bien que féroce par nature, à ce moment, le lion était rassasié.
Pourquoi avoir daigné me visiter dans mon repaire ?
s'enquit-il aimablement.
ALEXANDRE SOUMAROKOV

P lus de 100 membres canadiens du milieu des médias se sont rendus à Moscou pour la Série du siècle. Les représentants de 23 journaux du monde sont là. La bureaucratie soviétique étant comme d'habitude enrayée, environ 200 Canadiens apprennent sur place, avec stupéfaction, et malgré les clauses des forfaits de voyage, qu'ils ne pourront assister à toutes les joutes. Quelque 150 Canadiens faisant partie des voyages organisés par la revue *Hockey News* et le quotidien *Toronto Sun* sont avisés à la dernière minute qu'il n'y a plus de billets pour le premier affrontement. Maurice Richard et Punch Imlach font partie de ces personnes.

Pour la cinquième confrontation, Sinden réintègre Pete Mahovlich, Jean Ratelle, Jean-Paul Parisé et Guy Lapointe, lequel est remis de sa blessure. Ils prennent la relève de Hadfield, Awrey, Mikita et Goldsworthy. C'est Tony Esposito qui sera devant le filet. Dryden n'est même pas habillé : après avoir accordé 12 buts en 2 parties, il croit, comme la plupart des observateurs, qu'il ne jouera plus de la série[i]. Bobrov effectue quatre changements. Les jeunes Lebedev et Bodunov retournent dans les estrades de même que le défenseur Paladiev, qui s'est laissé facilement contourner au Canada. Vassiliev, qui a eu le malheur de faire entrer une rondelle dans son but à Vancouver, est également mis de côté. Les arbitres seront le Suédois Uve Dalberg et le Tchèque Rudolf Batja.

La série suscite un intérêt extraordinaire en URSS. À Moscou, quand la cinquième partie débute à 20 h 30, les rues sont vides, comme celles des principales agglomérations du pays. Tout le monde n'a pas la télé, mais ceux et celles qui en sont dépourvus se rendent chez des parents ou des amis qui en disposent. Au Canada, la partie est diffusée par satellite, en direct, à 12 h 30, heure de Montréal[ii]. La couverture du match débute sur les ondes de la CTV avec des problèmes de son et d'images[iii]. On voit finalement les deux équipes sur leur ligne bleue respective. Sur une douce musique russe, Olga Berenova, une étoile du patinage artistique, se présente sur la glace dans un costume bleu. Elle tient dans ses mains un grand gâteau, qu'elle offre au capitaine Jean Ratelle, en guise de marque d'hospitalité. Bien que visiblement confus, celui-ci ne manque pas de déposer un baiser sur la joue de l'élégante patineuse. Quelques coéquipiers semblent l'envier. Une quarantaine de jeunes patineuses et patineurs se pré-

---

i   Red Fisher est l'un de ceux-là. Ce dernier manque de respect envers les attaquants russes lorsqu'il dit dans son quotidien du 20 septembre qu'aucun de ces 12 buts n'a été marqué par Phil Esposito, laissant entendre que les Russes n'ont pas de bons compteurs.

ii   Les parties jouées à Moscou sont toutes présentées en direct au Canada. Elles seront aussi présentées en reprise le soir à 23 h 00 (heure de Montréal), sauf la sixième (dimanche 24 septembre), qui ne sera présentée qu'en direct à 13 h 00.

iii Ces difficultés surviendront à quelques reprises pendant la rencontre, ainsi qu'au cours des suivantes, sans jamais être vraiment sérieuses toutefois. Cela mérite d'être souligné, puisque cette diffusion en direct de l'événement, sans être une première, marque l'époque par la durée de la mise en ondes, le volume de l'auditoire et la qualité de la retransmission.

sentent ensuite sur la glace pour offrir aux joueurs des deux équipes une fleur, comme le veut une autre tradition russe.

On présente les joueurs. L'annonceur soviétique a autant de difficulté à prononcer les noms canadiens que Claude Mouton et Foster Hewitt en avaient avec les noms russes : Brad Park devient ainsi Bred Parc. À l'appel de son nom, chaque joueur avance d'une enjambée. Quand Phil Esposito s'exécute, il trébuche lourdement et se retrouve sur le dos, les deux pieds en l'air. Embarrassé, il se retourne et, maintenant à genoux, fait une magnifique révérence en regardant dans la direction du but adverse, derrière lequel se trouvent les trois chefs de l'État soviétique : Léonide Brejnev, Alekseï Kossyguine et Nikolaï Podgorny[iv]. Sur les ondes de la CTV, Foster Hewitt en reste bouche bée ; dans le Palais des sports, les spectateurs soviétiques accompagnent les fans canadiens pour applaudir à tout rompre ; sur la glace, les joueurs des deux équipes ont le fou rire. Les présentations reprennent. Yvan Cournoyer est le plus applaudi des Canadiens et Kharlamov des Russes. Chez ces derniers, le jeune Anisin détonne parmi les siens en portant un casque bleu alors que tous les autres sont coiffés de rouge.

Les Soviétiques ont beau être communistes, ils ont le sens des affaires. En effet, les bandes sont toutes couvertes de publicité, ce qui ne se voit pas en Amérique à l'époque. C'est ainsi que les Soviétiques et les Européens qui regardent l'affrontement peuvent découvrir des produits comme Gilette, CCM, Catelli, Motorcraft, Hitachi et Ski-doo de Bombardier[v].

La mêlée s'amorce. On entend très clairement les 3 000 Canadiens crier : « *Go Cans Go* ! » Les Soviétiques attaquent dès la première minute. Tony résiste. Les Soviétiques

---

iv   Ces derniers se font discrets. Ils ne vont pas sur la glace pour la cérémonie et les caméras les ignorent. Pourquoi en serait-il autrement puisqu'il n'y a pas d'élections en URSS ?

v   Labatt, qui a payé 800 000 $ de publicité pour devenir le commanditaire officiel de la Série du siècle, a mal accepté de voir la publicité de Molson au centre de la glace en arrivant à Moscou. Les Soviétiques ont dû retirer à la dernière minute cette commandite, perdant les 25 0000 $ qui venaient avec.

pressent le jeu. Tony se surpasse encore. Cournoyer se commet dans un hors-jeu à la ligne bleue adverse. Clarke commet une bévue dans sa zone et offre ainsi une occasion inespérée aux Russes, qui ne peuvent cependant capitaliser. Ellis prend une punition méritée dans la quatrième minute. Pourtant, Henderson exprime ardemment son désaccord auprès des deux arbitres. Pete Mahovlich et ses amis résistent en infériorité numérique. Un peu plus tard, Tretiak arrête Frank Mahovlich sur une échappée. Immédiatement après, un tir de Shadrin déjoue Tony, mais celui-ci est sauvé par l'un de ses deux meilleurs amis, à savoir un poteau. La partie se déroule à vive allure même si quelques rondelles passent à l'occasion par-dessus la bande et provoquent des arrêts de jeu. Ceux-ci sont courts ; certains durent même moins de 15 s. Pas de tataouinage. Le rythme est formidable.

À la quatorzième minute, Tretiak fait un arrêt spectaculaire sur Lapointe, qui s'est présenté seul devant lui. À 15:30, Parisé atteint la cible à la suite d'un superbe jeu préparé par Gilbert Perreault, qui a fait prendre une tasse de café au défenseur gauche. Conacher s'exclame : « Vous ne verrez pas de maniement de bâton supérieur à celui-là ! » Pourtant, Perreault n'en est qu'à sa deuxième présence sur la glace de la soirée. À la dix-septième minute, dans la même séquence, Ellis se présente seul devant Tretiak à deux reprises, mais Vlad résiste chaque fois. La période s'achève ainsi. Toute une période de hockey ! Brian Conacher affirme qu'il n'a probablement jamais vu une période de hockey aussi enlevante. Dans l'ensemble, le jeu était assez équilibré.

Durant l'entracte, Howie Meeker attire l'attention des auditeurs sur le fait que Perreault est le seul joueur canadien ayant dominé les Soviétiques en technique et en puissance. Pendant ce temps, contrairement à la pratique nord-américaine, ce n'est pas une, mais bien deux surfaceuses qui font le travail sur la patinoire. Quelques années plus tard, les directeurs généraux des équipes de la LNH adopteront à leur tour cette pratique, ayant réalisé, m'a confié Serge Savard, qu'elle permettait à l'eau écoulée par les surfaceuses de geler avant que les joueurs reviennent sur la glace.

Au début de la deuxième période, Perreault fait une autre excellente performance sur la patinoire avec Cournoyer et Frank Mahovlich. Conacher signale le jeu brillant du gars de Victoriaville. Clarke porte le pointage à 2-0, après s'être présenté seul devant Tretiak immédiatement après une mise au jeu, alors que les défenseurs soviétiques ont joué mollement. Quelques minutes plus tard, au moment où les deux équipes jouent à forces réduites, Perreault connaît une autre bonne séquence et se présente seul devant Tretiak. Ce dernier ferme la porte toutefois. Bergman porte ensuite son bâton dans le visage de Kharlamov. Le Canadien critique vertement la sentence punitive rendue par un des arbitres. Pendant le désavantage numérique, Tony Esposito fait de gros arrêts et protège l'avance des siens. Peu après le retour à forces égales, Henderson porte le compte 3-0. Les Canadiens dominent le jeu dans cette période. Vers la fin de celle-ci, Henderson s'échappe vers Tretiak. Il trébuche et, tête première, entre de dos dans la bande. Sa tête heurte violemment celle-ci. Sonné, il gît un temps sur la glace. Il finit par se relever péniblement avec l'aide du soigneur et sort de la patinoire sur ses deux jambes. Voilà une publicité gratuite pour le port du casque.

Brusquement, à partir de cet incident, la machine rouge se met en marche et le vent tourne sans raison apparente. Coup sur coup, Tony sauve les siens contre Maltsev et Kharlamov. Anisin, à qui on a enfin trouvé un casque rouge, fait son entrée dans le match et menace l'adversaire. La deuxième période se termine ainsi. Dans l'ensemble, les joueurs canadiens ont nettement eu le dessus sur leurs opposants. Pendant l'entracte, Ken Dryden déclare en ondes qu'il n'est pas question qu'il quitte Moscou comme l'ont fait certains de ses compagnons. Après cette entrevue, CTV fait un résumé, images à l'appui, des deux parties jouées en Suède. Pas un mot, pas une image sur les scènes disgracieuses...

La troisième s'amorce à quatre contre quatre. Kharlamov et les siens dominent le jeu. On jurerait que les Russes jouent avec un homme de plus. Tony Esposito se surpasse contre Maltsev, puis Tretiak en fait autant devant Frank Mahovlich. Cournoyer commet de son côté un autre hors-jeu. À la quatrième minute, les Soviétiques sortent de leur zone avec trois passes. Stapleton cafouille. Blinov la met dedans. C'est 3-1. À la cinquième minute, Clarke donne un solide coup de hache à un rival. Quelques instants plus tard, il effectue une sublime passe lobée qui envoie Henderson seul vers Tretiak. Qu'il déjoue. C'est 4-1. Que c'est beau, le hockey!

Une équipe normale s'effondrerait après ce but, mais les Russes sont faits d'une autre matière. Ils jouent comme s'il n'y avait pas de pointage. Comme tant de membres de l'ancienne équipe nationale canadienne l'ont souligné auparavant, les joueurs russes n'ont ni haut ni bas. Ils continuent de patiner avec entrain, de passer la rondelle avec efficacité et de lancer dangereusement, quel que soit le pointage. «Les Russes ont le hockey dans la tête tandis que les Canadiens l'ont dans le sang», affirme Alexandre Lieven, qui travaille au service international de Radio-Canada et que l'on surnomme le René Lecavalier russe[95]. Toujours est-il que la pression des Soviétiques continue. Sur la glace, ça déménage. Sinden court comme un cinglé, tête penchée, derrière le banc de ses joueurs. On sent qu'il pourrait craquer à tout moment, comme Frank à Vancouver. Anisin réduit l'écart à 4-2 en déviant un lancer frappé de la pointe, un but à la canadienne[vi]. Puis, huit petites secondes plus tard, alors que les spectateurs soviétiques n'ont pas fini de se réjouir, Shadrin enfile l'aiguille. Le score est 4-3. Bien que l'action n'ait jamais ralenti, la partie est relancée de plus belle par la foule en liesse. Les fans canadiens crient à tue-tête leurs encouragements. Cependant, rien n'y fait. Gusev effectue un lancer de la ligne bleue. La

---

vi   Et un rappel à ceux qui se moquent de la puissance des lancers frappés des Soviétiques. C'est bien le quatrième de la série marqué de cette manière. Bien que, de façon générale, les Canadiens aient des lancers plus puissants, plusieurs Soviétiques ont des lancers comparables aux leurs, les défenseurs Tsygankov, Lutchenko et Ragulin notamment.

rondelle semble avoir des yeux. Elle trouve son chemin vers l'objectif pour égaliser le pointage à 4-4.

Ratelle s'échappe par la suite, mais Tretiak résiste encore. L'ambiance est survoltée. L'initiative a changé de main depuis la fin de la seconde période. Malgré le quatrième but des Canadiens et quelques percées, les Soviétiques ont en effet pris depuis un bon bout de temps la maîtrise du jeu et attaquent inlassablement. Tony résiste sur quelques jeux, mais Clarke, malavisé, remet encore la rondelle à un adversaire, de surcroît dans sa propre zone. Cette fois, l'heureux élu est Vikulov. Celui-ci déborde facilement Seiling et déjoue ensuite adroitement Esposito. C'est le quatrième but des Rouges en cinq petites minutes. Les Soviétiques sont en avance 5-4. La lutte reprend et, peu après, Cournoyer se retrouve de nouveau hors jeu à la ligne bleue. Les Soviétiques se tirent d'un désavantage numérique à la seizième minute de jeu. Dans les dernières minutes, Tretiak arrête Cournoyer, qui vient de profiter d'une erreur défensive des Soviétiques. Puis, Tony Esposito freine Petrov, qui s'échappe seul devant lui. Malgré une occasion favorable, Sinden ne retire pas son gardien dans la dernière minute. La partie se termine 5-4 pour les Russes.

Quel match ! Pas de folies sur la glace. De l'action endiablée. Du talent, de la vitesse, du jeu physique. Quelle beauté[vii] ! Les autorités soviétiques, qui ne sont pas favorables aux honneurs individuels, préfèrent que deux étoiles soient nommées

---

vii   Au Canada, la qualité de ces rencontres fait réaliser à plusieurs le piètre niveau de jeu offert dans la LNH diminuée par l'expansion. Quelques jours auparavant, un maigre 5 000 spectateurs a assisté à une rencontre présaison du Canadien. Et, la veille du cinquième affrontement, seulement 500 personnes sont allées voir la partie Pittsburgh-Philadelphie au Civic Center d'Ottawa. Les années précédentes, en moyenne 9 000 personnes assistaient à la rencontre hors concours présentée à Ottawa. À titre de comparaison, soulignons aussi que l'équipe junior le 67 d'Ottawa, qui évolue dans cet amphithéâtre, attire en général 7 000 spectateurs par rencontre. Dans *La Presse* du 22 septembre 1972, cela fait dire à Jack Evans, dépisteur pour les Wings de Détroit : « Les amateurs réalisent maintenant qu'ils ratent quelque chose ; ils sont peut-être faciles à duper mais ils ne sont pas stupides ».

de chaque côté. Ils choisissent Henderson et Tony Esposito du côté canadien. Les journalistes canadiens sélectionnent Yakushev et Petrov. Mais c'est sans contredit Tretiak qui a sauvé le match des Rouges.

Perreault a fait deux courtes présences en troisième. Cela aura été son dernier tour de piste à Moscou.

CHAPITRE 21

ET ÇA CONTINUE

*Je tremble encore je ne me suis jamais
senti si démuni de ma vie que ce soir quand
les Russes ont compté cinq buts contre nous.*
HARRY SINDEN

A près la partie, Sinden est hors de lui. Il entre dans la pièce qui lui est réservée et projette son café sur le mur. Il refuse de voir ses joueurs, ni personne, sauf Ferguson. Il ne se présente pas à la conférence d'après-match. Une fois à sa chambre d'hôtel, il consigne dans ses notes : « Nous ne sommes pas destinés à gagner cette série. Quoi que nous fassions, ces gens trouvent le moyen de nous battre [...] Je tremble encore je ne me suis jamais senti si démuni de ma vie que ce soir quand les Russes ont compté cinq buts contre nous. Cinq buts contre les "plus grands" joueurs de hockey au monde ! » Quant à Phil Esposito, il fera un commentaire pour le moins ambigu, repris dans plusieurs journaux : « Maintenant, nous savons qui sont les meilleurs ».

Comme si les choses n'allaient pas assez mal, Gilbert Perreault annonce à Sinden, le lendemain du cinquième match, qu'il retourne en Amérique pour rejoindre son équipe professionnelle afin de reprendre la forme. Punch Imlach, le

Photo : Denis Bro

Au cours de la deuxième période du 5ᵉ match, Paul Henderson se cogne violemment la tête sur la bande, après avoir trébuché alors qu'il filait en échappée vers le gardien soviétique. Assommé, il reviendra malgré tout au jeu en troisième période pour compter l'un des plus beaux buts de la série.

directeur général des Sabres de Buffalo, qui est à Moscou, lui aurait conseillé de rejoindre les siens. On peut comprendre la rage de Perreault, qui a revêtu l'uniforme canadien lors des deux dernières parties mais qui n'a effectué, en tout et partout, qu'une douzaine de présences sur la patinoire, malgré ses jeux astucieux et ses efforts soutenus. De l'avis des observateurs, il a été l'un des joueurs canadiens les plus méritoires dans ces deux défaites. Quant au vieux routier Imlach, il encourage sans doute la présence de Perreault à Buffalo pour remplir davantage l'aréna à l'occasion des matchs hors concours présaison et ainsi générer plus de bénéfices.

Les joueurs, dont le moral s'est déjà porté mieux, n'acceptent pas mieux le départ de Perreault que celui des autres. La direction finit par organiser une rencontre d'équipe pour demander clairement aux joueurs si certains d'entre eux veulent encore quitter le groupe. On veut régler la question une fois pour toutes. Eddie Johnson détend l'atmosphère en affirmant que plus il partira de joueurs, plus d'argent il restera pour les autres de la cagnotte amassée pendant les matchs hors concours. Finalement, malgré les rumeurs et les appréhensions des journalistes canadiens, Perreault sera le dernier à quitter l'équipe. La brèche est colmatée et la catastrophe évitée. Cependant, Sinden est hors de lui, comme en témoignent ses notes du 23 septembre : « Donnez-moi un coup de pied au derrière si je suis encore assez stupide pour prendre des enfants de 21 ans dans une équipe comme celle-là. Perreault est un immature. Sa réaction est enfantine. Son départ me frustre davantage que celui des deux autres jeunes parce qu'il a joué deux rencontres[96] ». En fait, rien n'illustre probablement mieux la rancune que Sinden entretient envers Perreault et les trois autres joueurs qui ont quitté l'équipe que la dédicace qu'il a rédigée dans *Hockey Showdown,* ouvrage qu'il a écrit sur la Série du siècle : « À mes collègues de *Team Five…*

pour leur attitude invincible. À notre courageuse troupe de 31 hommes... pour nous avoir amené à bon port[i] ».

La décision de Perreault de quitter l'équipe était bien la sienne, mais Imlach n'a pas fait preuve du jugement le plus averti en l'encourageant à partir[ii]. Comme les autres dissidents, Perreault essuiera des huées dans les temples canadiens du hockey professionnel au début de la saison suivante. Tout compte fait, il aura manqué un rendez-vous avec l'histoire, une occasion unique de participer à la finale dramatique de la série. Il aura aussi raté la chance d'être associé à une équipe gagnante ; effectivement, tout comme les trois autres, jamais il ne gagnera la Coupe Stanley au cours de sa carrière. Ses relations avec les autres membres de l'équipe demeureront par la suite amicales, mais il ne sera jamais véritablement considéré comme un des leurs[iii]. Enfin, 30 ans plus tard, on sent nettement que ce départ hante toujours Perreault. Il a refusé de m'accorder une entrevue à l'été 2001, prétextant qu'il n'avait rien à dire, qu'il n'avait fait que « deux *shifts* sur la glace » dans la série. Pour ce qui concerne les raisons de son départ et les échanges qu'il a eus avec Sinden le 23 septembre 1972, il s'est contenté de dire : « Cela est une question personnelle ».

Quoi qu'il en soit, pour Équipe Canada, les choses pourraient aller mieux à Moscou. Au Canada, le moral des supporters est affecté, mais pas autant que leur orgueil. Les journaux

---

i   Équipe Canada comptait 35 joueurs en tout, y compris Bobby Orr. Il en restait 31 après les 4 départs. Par ailleurs, les membres de l'organisation référaient à l'expression *Team Five* lorsqu'ils parlaient de l'équipe de direction : Sinden, Ferguson, Eagleson et les deux adjoints principaux.

ii   Quelques années plus tard, c'est ce même Imlach qui, à propos de la décision du procureur de l'Ontario de poursuivre un joueur coupable d'assaut grave pendant un match, laissera tomber : « La loi c'est la loi et le hockey c'est le hockey. Les juges n'ont pas d'affaire dans les arénas ».

iii   Un des membres de l'organisation m'a signalé en août 2001 que lorsqu'il y a des retrouvailles des membres de l'équipe les 35 joueurs sont invités, mais les dissidents sont souvent les premiers à quitter la fête.

ne font rien pour aider. Par exemple, le 23 septembre, la première page du *Montréal-Matin* est entièrement consacrée au
sujet sous le titre : « Et ça continue à Moscou. Une raclée en
cinq minutes ! » Rien d'autre que le hockey à la une de ce
quotidien, à part les résultats de loto et les mots *ensoleillé et
frais*. Rien sur les meurtres, les incendies, la politique, le patro-
nage, les grèves ou la guerre du Viêt-nam. Rien d'autre que
cette consternante réalité à propos de la performance de nos
hockeyeurs.

Avant même le cinquième affrontement, il n'y avait plus
beaucoup de gens qui croyaient à la victoire des Canadiens.
Les opinions exprimées par les journalistes, les spécialistes
de la LNH ou les simples quidams interrogés dans la rue
étaient à peu près unanimes : on n'y croyait plus vraiment.
Maurice Richard lui-même notait, dans sa chronique hebdomadaire, qu'il serait surpris d'une victoire canadienne. Un
chauffeur de taxi suggérait à un reporter du *Montréal-Matin*
de mettre Jacques Plante dans les buts, soulignant que Tretiak
avait appris de lui son hockey. On peut donc comprendre
qu'après la défaite des Canadiens dans le cinquième match
les espoirs des amateurs se soient encore davantage amenui-
sés et que les critiques aient été plus nombreuses encore. Par
exemple, le 23 septembre, Bill Witcomb, du *Montreal Star*,
avance que Hockey Canada aurait dû choisir Toe Blake au lieu
de Sinden et Ferguson « qui ne font jouer que leurs amis ». Si
Witcomb vise la direction de Hockey Canada et les entraîneurs, d'autres s'attaquent aux joueurs. Tout le monde y
passe.

Dans un autre ordre d'idées, ça ne va pas très bien non
plus pour le journaliste Pierre Gobeil du *Montréal-Matin,* qui
paie cher sa sortie musclée contre le comportement de certains joueurs en Suède. Dans un article intitulé « On me fuit
comme la peste ! » il rapporte dans l'édition du 24 septembre
être ostracisé, rejeté, traité en renégat et fui comme la peste à
Moscou par Alan Eagleson et par plusieurs joueurs canadiens.
Il ajoute qu'il est « bien difficile, sinon impossible d'exécuter
un travail objectif et honnête dans la série en cours. Mais,

écrit-il, tant et aussi longtemps que j'aurai été désigné pour suivre le hockey, je continuerai à écrire "debout", servant ainsi au meilleur de mes connaissances les lecteurs du *Montréal-Matin*».

Bon. Il reste encore du hockey à jouer. Le Canada a deux victoires de moins que les Soviétiques. Ces derniers n'ont qu'à obtenir un match nul dans l'une des trois dernières rencontres pour au moins s'assurer d'une égalité au terme de la série. Nos troupes doivent donc remporter chacun des trois derniers matchs si elles souhaitent gagner la série et protéger un tant soit peu l'honneur du pays. Nos représentants auraient à réaliser les travaux d'Hercule que la mission n'en serait pas moins difficile.

CHAPITRE 22

LE SUCCÈS DU SPORT EN URSS : UNE AFFAIRE D'ÉTAT

*Sous un régime socialiste, chacun pourra avoir
la chance de pratiquer l'activité physique de son choix
et viser l'atteinte de réalisations personnelles.*
LÉNINE

O n peut se demander comment il se fait que les gens de hockey, les journalistes sportifs et le public en général aient eu si peu de considération pour les hockeyeurs soviétiques. Avec un peu de recul, il est étonnant que les joueurs professionnels aient été aussi mal préparés pour cette série de hockey. On savait fort bien que les Soviétiques dominaient depuis longtemps l'équipe nationale du Canada, laquelle réussissait pourtant à se débrouiller contre les équipes professionnelles qu'elle rencontrait lors de parties d'exhibition. De plus, on aurait dû faire cas de la formidable prestation des Soviétiques dans d'autres sports, particulièrement aux Jeux olympiques.

En 1952, à leur première présence olympique à Oslo en Norvège, les Soviétiques terminent tout juste derrière les Américains pour ce qui est du nombre de médailles (76 contre 71), mais les deux entités finissent à égalité selon le système de

Photo : Denis Brc

La troïka soviétique, composée de Léonid Brejnev (secrétaire général du Parti communiste), Alekseï Kossyguine (président du Soviet suprême) et Nicolaï Podgorny (premier ministre) assiste au 5e match. C'est un fait rarissime qui démontre l'importance accordée à la série par les Soviétiques. On aperçoit dans l'ordre les trois dirigeants en haut de cette photographie, au centre. La troïka sera aussi présente au dernier affrontement.

pointage du CIO[i]. En 1956, dès leur première participation à des Jeux olympiques d'hiver, les Soviétiques remportent le plus de médailles. Quatre ans plus tard, aux Jeux d'hiver de Squaw Valley, ils récoltent trois fois plus de médailles que la Suède, qui termine deuxième à ce chapitre (21 médailles contre 7). Aux Jeux d'été de Rome de la même année, l'URSS laisse loin derrière elle les Américains en enlevant 103 médailles contre 71 pour ces derniers. En fait, de 1956 à 1972, l'URSS termine au premier rang de toutes les rencontres (Jeux d'hiver et d'été), à l'exception des deux Olympiades de 1968. Et la prestation remarquable des Soviétiques aux Jeux olympiques s'étend aux pays satellites de l'URSS. Par exemple, les Cubains (qui ne sont que 8 millions d'habitants) et les Allemands de l'Est (17 millions) font généralement partie des pays dominants aux Olympiques. Aux Jeux d'été de 1972, le bloc de l'Est remporte 47 % des médailles alors qu'il ne représente que 10 % des nations de la planète[ii].

Comment expliquer le succès des pays socialistes et de l'URSS en particulier ? Ce n'est pas très compliqué. Les gouvernements de ces pays font du sport une de leurs priorités. Ainsi, en URSS, l'activité physique est valorisée et encouragée. Elle est un droit des citoyens, voire un devoir, et non un privilège comme dans les pays occidentaux industrialisés. En URSS, l'éducation physique et le développement du sport sont assurés par l'État. L'accès aux activités sportives est universel et gratuit, contrairement aux pays occidentaux, où la pratique du sport demeure le privilège d'une élite bien nantie.

Quelles sont les origines de cet intérêt des communistes pour le sport? Karl Marx, que l'on désigne comme le père du

---

i   Le système de pointage du CIO accorde des points selon un barème décroissant, qui va de la première position à la sixième.

ii   Cette suprématie se poursuivra dans les années 1970. Soulignons simplement qu'en 1976, aux Jeux de Montréal, Cuba finit au huitième rang des médailles (cinquante-troisième en 1960) et que la RDA termine deuxième, remportant plus de médailles que la France, l'Angleterre, l'Italie et les pays d'Amérique latine réunis. Au cours de ces mêmes jeux, l'URSS rafle au moins 1 médaille dans 19 des 21 disciplines auxquelles elle participe.

communisme, détestait pourtant le sport. Quant à son collègue et ami Friedrich Engels, l'activité physique, trop régulière, qu'il pratiquait consistait à lever son verre… Heureusement pour les socialistes, le maître de la Révolution d'octobre 1917, Vladimir Ilitch Oulianov, dit Lénine, était un fervent de l'activité physique. Celui-ci pratiquait entre autres le patinage et le cyclisme. Il croyait fermement aux vertus de l'exercice physique et aux avantages connexes qu'il procure. À telle enseigne que, sous sa gouverne, l'activité physique est devenue une composante fondamentale du programme du Parti communiste. Dès 1920, le Congrès russe déclare que «l'éducation physique des jeunes générations est un élément essentiel du système communiste[97]». En 1925, le Parti communiste d'URSS proclame: «La culture physique doit être considérée non pas seulement du point de vue de la santé physique et sous le rapport de ses avantages économiques, culturels et militaires. Elle doit aussi être vue comme faisant partie de la culture du peuple[98]». Les communistes voient dans la culture physique un outil de progrès national, «une arme contre la boisson, les comportements non civilisés telles la prostitution, la religion et les calamités naturelles[99]». La culture physique est également valorisée parce qu'elle permet l'émancipation des femmes et qu'elle garde celles-ci, ainsi que les hommes, non seulement en forme mais les prépare à participer pleinement à la production du pays. Évidemment, on favorise l'activité physique parce qu'elle permet d'avoir des hommes prêts pour la guerre. Après tout, en moins de 15 ans (1905-1919), la Russie a connu 3 révolutions, 1 Guerre mondiale et 1 guerre civile.

Ainsi, dès les années 1920, l'activité physique est-elle encouragée et soutenue par l'État. Au cours de la décennie suivante, on centralise les structures du sport en URSS. Toute organisation sportive relève désormais d'un Comité des sports dirigé par le Conseil des ministres. Dès 1931, on crée un programme national d'enseignement de l'éducation physique. C'est aussi durant cette décennie que sont mises en place les principales infrastructures sportives: sociétés sportives, écoles de sport et programmes nationaux de santé physique. Dès cette époque, apparaît le culte du héros sportif communiste. Dans chaque manifestation officielle importante du Parti (Fête du Premier Mai et autres), on accorde une place importante aux sportifs. C'est aussi dans les années 1930 que l'on crée les GTO (acronyme de *gotov k trudu i oborene*, c'est-à-dire prêt pour le travail et la défense), un vaste programme national qui a pour but de favoriser l'activité physique et la recherche de talent[iii]. À l'été 1939, le Parti communiste déclare que le deuxième samedi du mois d'août sera établi comme fête nationale de l'éducation physique.

Les Soviétiques n'adhèrent pas encore au Comité international olympique (CIO), mais ils organisent différents jeux nationaux, auxquels se joignent les pays satellites ou des sympathisants étrangers communistes. Parmi ces événements sportifs populaires, il y a les Spartakiades[iv], ces jeux destinés aux communistes auxquels participent des athlètes de plusieurs pays, comme la France et l'Angleterre. L'URSS décide d'entrer sur la scène internationale sportive après la Deuxième Guerre mondiale. Elle joint le CIO en 1951, puis, une à une, les fédérations internationales de sport, dont celle du hockey en 1952. À partir de cete époque, le sport sera encore davantage un élément associé à la politique de l'URSS. Le pays cherchera alors à utiliser le sport d'élite pour promouvoir non seulement les bienfaits de son idéologie, mais également sa supériorité. Dans les stades, les victoires acquises par les communistes démontreront les avantages du socialisme, régime dont les athlètes feront la propagande. Le sport deviendra plus que jamais équivalent de patriotisme et de

---

iii   À titre d'exemple, plus de 2,5 millions de Russes réussissent les standards du GTO en 1956. Établis selon certains groupes d'âge, ces standards consistent à réaliser diverses performances : parcourir certaines distances en un certain temps, sauter certaines longueurs minimales, etc. Au Canada, un programme semblable est mis en place dans les années 1970, mais il est vite expédié aux oubliettes, notamment parce qu'il ne repose que sur le bénévolat.

iv   En l'honneur de Spartakus, bien sûr, le chef qui dirigea des dizaines de milliers d'esclaves contre Rome vers l'an 73 avant Jésus-Christ.

reconnaissance internationale. On continuera donc de valoriser ses valeurs traditionnelles (santé, hygiène, détente, productivité et construction de la nation), mais plus que jamais un agenda politique se cachera derrière celles-ci. Par exemple, ce n'est pas par hasard que l'on confie à Vassili Staline, le fils de Joseph, la direction de l'équipe de l'Armée de l'air au début des années 1950. On confiera même au jeune Staline les destinées du hockey soviétique durant une courte période à cette époque[v].

C'est donc à partir des années 1950 que l'on axe la pratique du sport non plus seulement sur la participation mais aussi sur l'excellence, en soulignant les exploits par de nombreux prix[vi]. On multiplie la création d'écoles de sport et on bâtit des infrastructures sportives à un rythme effréné. C'est ainsi que l'on dénombre, en 1972 en URSS, quelque 4 000 écoles de sport qui ont pour but de développer et d'entraîner 1 400 000 athlètes de 7 à 35 ans. Quant aux instructeurs sportifs, on assure leur formation par un réseau de 277 collèges spécialisés en éducation physique[100]. De façon concrète, on facilite l'accès aux activités sportives. Pour preuve, on dénombre, à Moscou, en 1971, quelque 96 gymnases, 228 terrains de soccer, 240 de tennis, 830 de basket-ball et 1 500 de volley-ball. Puisque l'on veut former des champions nageurs, on creuse des piscines intérieures : on passe ainsi, pour l'ensemble du pays, de 2 piscines intérieures en 1952 à 2 000 en 1972, multipliant par 1 000 le nombre de piscines en 20 ans seulement[101]. Ce n'est pas tout. On met aussi en place des systèmes de recrutement du talent. Tretiak

---

v   Viktor Tikhonov, qui dirigera l'équipe nationale de 1977 à 1992, a joué sous les ordres de Vassili Staline dans le club de l'Armée de l'air ; certains y verront un lien avec ses méthodes tyranniques. Le jeune Staline mourra dans les affres de l'alcool, en 1962.

vi   Toute une série de médailles et badges très hiérarchisés est mise en place : par exemple, Candidat au titre de Maître du sport d'URSS, Maître du sport d'URSS, Maître du sport d'URSS – classe internationale et Maître du sport mérité d'URSS. Des prix reconnaissent également le travail des instructeurs, dont la plus haute distinction est le Prix de l'instructeur émérite d'URSS.

et plusieurs athlètes connus sont issus de ces sélections[vii]. Une fois qu'ils sont recrutés, on encadre les athlètes, développant leurs capacités mentales et athlétiques, les formant sur les plans technique, tactique et stratégique. Enfin, on met la science au service du sport en introduisant l'établissement de tests sur les sportifs (capacité respiratoire, résistance à l'effort, musculation et autres mesures) et en leur offrant un soutien médical incomparable[viii].

Ces stratégies et politiques nationales sont appliquées au hockey, dont la popularité ne cesse de croître au fil des ans. Au début des années 1960, l'État crée un championnat national de hockey amateur destiné à favoriser la pratique de ce sport chez les jeunes Soviétiques : le Tournoi de la Rondelle d'or, dont le président n'est nul autre qu'Anatoli Tarasov. La compétition a un tel succès qu'en 1972 on estime que trois millions de jeunes Soviétiques participent à l'événement. Pour assurer le développement et l'encadrement des jeunes joueurs de hockey, l'État crée 150 écoles spécialisées qui accueillent annuellement 20 000 élèves de 10 à 18 ans[ix]. Ainsi, au moment de la Série du siècle, la Fédération soviétique de hockey compte-t-elle 600 000 membres.

Voilà donc de quelle façon, en Union soviétique, on fabrique des athlètes de premier plan : on crée un environnement qui favorise une large participation, on valorise l'excellence et on offre un encadrement soutenu aux sportifs. Dans un système rigoureusement planifié et structuré. Et le tour est joué. Vous avez alors des champions et des championnes. Des équipes de champions et des équipes de championnes.

---

vii   Dont Valeri Borzov, le champion des 100 m et 200 m sur piste aux Olympiques de Munich, sélectionné sur la base de tests spécifiques servant à déterminer le meilleur potentiel pour ces disciplines. Champion olympique à 22 ans, Borzov était détenteur d'un diplôme de l'Institut de culture physique de Kiev.

viii Il y a par exemple à Moscou, en 1972, un hôpital de 2 000 lits réservé aux athlètes.

ix   C'est de ces écoles que sont issus les membres des équipes nationales de hockey.

Phil Esposito a des choses à raconter à Igor Ragulin, lors du 6ᵉ match.

CHAPITRE 23

Sixième match: quelques folies et enfin une victoire

Les Russes sont les joueurs les plus cochons que j'ai jamais vus.
BOBBY CLARKE

ou si vous préférez:

J'haïs ces enfants de chienne. Ils se plaignent
de la glace et des heures de pratique. Ils arrivent en retard
et n'aiment pas les cadeaux qu'on leur donne.
BOBBY CLARKE[i]

 la veille du sixième match de la Série du siècle, qui sera
disputé le 24 septembre, l'équipe canadienne a au moins
une raison de se réjouir: des dizaines de milliers de

---

i Ces commentaires attribués à Bobby Clarke datent du début de 1976,
au moment où les Flyers ont joué contre le Club de l'Armée rouge
une rencontre au cours de laquelle les hommes de Shero ont, ma foi,
fait preuve d'une certaine brutalité. À telle enseigne que les Soviétiques
ont quitté la glace du Spectrum pour ne revenir, à la demande expresse
des dirigeants des Flyers, que sur la promesse que les joueurs nord-
américains se comporteraient davantage en sportifs qu'en matamores.
Plusieurs amateurs se souviennent de cette partie disputée en après-
midi et croient d'ailleurs à tort que c'est au cours de celle-ci que Clarke
a cassé la cheville de Kharlamov. Les citations en exergue sont tirées
du site Web de hockeyzoneplus: http://www.hockeyzoneplus.com/f/
citations/clark2_f.htm

supporters lui ont manifesté leur appui par l'envoi de cartes postales et de télégrammes. Postes Canada affirme avoir acheminé au moins 30 000 cartes postales à Moscou, principalement des cartes mises à la disposition des fans par la Banque de la Nouvelle-Écosse dans son réseau de succursales[ii]. De nombreux télégrammes parviennent aussi aux joueurs. Certains messages d'encouragement comprennent des centaines de signatures et souvent davantage. L'un d'eux, provenant de Simcoe en Ontario, porte quelque 4 000 noms ; un autre, en provenance de Toronto, contient 5 800 signatures. Les joueurs voient dans ces gestes un encouragement inespéré. Dans le Palais des sports, ils tapissent les murs de leur chambre de ces messages de soutien et d'espoir. Trente ans plus tard, pour plusieurs d'entre eux, cet appui tangible des partisans est considéré comme hautement important dans la suite des événements. Les joueurs sentent une complicité des amateurs qu'ils n'avaient pas à Vancouver. Pourtant, ce ne sont pas les deux matchs joués en Suède ni le résultat de la cinquième partie qui ont pu favoriser ce changement d'attitude des amateurs de hockey.

Et, comme s'ils n'avaient pas déjà eu leur lot d'ennuis avec les « déserteurs », voilà que des incidents fâcheux surviennent. D'abord, la cargaison de Coke tant attendue n'arrivera jamais et les joueurs comme Ken Dryden, qui n'avaient pas pris leurs précautions au départ de Stockholm, devront composer avec la boisson gazeuse locale. Ensuite, ce qui ennuie davantage certains joueurs, c'est la razzia qu'a subie leur réserve canadienne de steaks et de bière : leurs provisions ont en effet disparu. Certains joueurs accusent les autorités soviétiques de complot. Gilbert dira plus tard : « Ils ont volé nos steaks et notre bière. C'est à ce moment que nous sommes devenus malins, après la cinquième partie. OK, ils pouvaient voler les steaks, mais la bière… » Et Park de commenter : « Au moins cent caisses de bière étaient manquantes[102] ». Serge Savard, 30 ans plus tard, se contente de

---

ii   La BNE, qui a vu dans cet événement l'occasion d'une belle vitrine commerciale, aurait fait imprimer près d'un million de ces cartes.

rire de l'affaire. Un autre incident, rapporté celui-là par Alan Eagleson, a trait à la disponibilité de la glace pour l'exercice des Canadiens au lendemain du cinquième acte[103]. Une confusion dans l'horaire de leurs entraînements aurait fait en sorte que la patinoire n'était pas disponible à l'heure prévue pour l'exercice des Canadiens. Eagleson, croyant à un complot des Rouges, aurait demandé l'expulsion des jeunes Soviétiques qui patinaient sur la glace. Puis, dans un geste un peu burlesque, il aurait ordonné à Dennis Hull d'aller sur la patinoire et de lancer quelques boulets sur la bande pour effrayer les jeunes. Quelques instants plus tard, la pratique pouvait commencer... Quoi qu'il en soit, toutes ces histoires soulèvent une hostilité croissante des Canadiens envers leurs hôtes soviétiques.

Les joueurs d'Équipe Canada sont plus en forme qu'ils ne l'étaient en terre canadienne. Ils connaissent mieux la valeur de leurs adversaires. Ils se sont familiarisés avec la patinoire du Palais des sports de Loujniki. Ils se sentent appuyés par leurs congénères. Et l'ambiance dans l'équipe s'est assainie. « Les départs ont fait en sorte de cimenter l'équipe, ce fut un tournant », dit Serge Savard. Ainsi, malgré les incidents, le moral des joueurs est excellent à la veille du sixième match. Ils ont confiance en eux : ils croient pouvoir gagner ce match et ensuite remporter la série.

Pour cette sixième rencontre, Sinden effectue quatre changements. À la surprise de tous, Savard, dont la cheville fêlée a pris du mieux, entre en jeu. Les noms de Berenson, Hull et Dryden sont insérés dans l'alignement. Perreault n'étant plus là, l'instructeur canadien sort Seiling et Frank Mahovlich. Le choix de Dryden étonne, considérant sa fiche face aux Rouges et compte tenu qu'il n'a pas disputé un match de hockey depuis le 8 septembre à Vancouver. Quant à Tony Esposito, il a excellé dans le premier match en Suède et a connu une soirée très satisfaisante l'avant-veille, tandis qu'Eddie Johnson a sauvé le Canada d'une défaite certaine dans la seconde rencontre en Suède. Dans ce contexte, le choix de Dryden semble répondre à une espèce de pile ou face, car ni Sinden ni Ferguson n'avanceront par la suite d'argument valable pour justifier ce choix. Le premier étonné est le principal intéressé. Il rapporte dans ses mémoires que Ferguson l'avait abordé au cours de l'entraînement de la veille pour lui demander comment les choses se passaient. «Bien, répondit-il, mais il me reste des petits problèmes à corriger.» «Alors, arrange-toi pour avoir fait les ajustements nécessaires avant la partie de demain. C'est toi qui gardes les buts.» «Quoi?» s'est alors exclamé Dryden. Le jour du sixième match, il note dans son journal qu'il est nerveux comme il ne l'a jamais été.

De son côté, Bobrov effectue cinq changements dans son alignement. Il sort notamment l'excellent défenseur Gusev et un autre arrière, Kuzkin, le capitaine de l'équipe. Il réintègre les jeunes Lebedev et Bodunov, qui ont bien joué à Winnipeg. L'autre joueur qui entre en action est un nouveau venu, un jeune ailier droit de 21 ans du nom d'Alexandre Volchkov.

Les arbitres sont les Allemands Josef Kompala et Franz Baader, ceux-là mêmes qui ont officié le second match à Stockholm, marqué par des excès de violence.

Sur les ondes de CTV, la partie commence avec Foster Hewitt et son traditionnel «*Hello Canada! I'm Foster Hewitt*». Pendant l'hymne national canadien, on entend distinctement les 3 000 fans canadiens accompagner la musique de l'orgue. L'émotion est à son comble dans le Palais des sports. Hewitt affirme qu'il n'a jamais senti une telle émotion. Au moment de la présentation individuelle des joueurs, les Canadiens sont aussi bruyamment reçus que les joueurs locaux. On se croirait au Canada. Les cris qui résonnent à l'annonce de Cournoyer et d'Esposito sont aussi puissants que ceux destinés à Kharlamov. Phil Esposito, qui a démontré qu'il a le sens du drame à Vancouver et qui s'est élégamment tiré d'une situation gênante à l'occasion du premier télescopage à Moscou, fait montre encore une fois de son sens de l'humour et du spectacle. Au lieu de prendre sa place à la ligne bleue, il demeure près de la bande. Lorsque son nom est appelé par l'annonceur, il pose la main droite sur celle-ci et fait mine de s'y accrocher en avançant d'une foulée. Les spectateurs apprécient. La présentation des joueurs et les échanges de cadeaux complétés, la caméra nous le montre encore, cette fois gonflé à bloc, qui se tape dans les mains avant de remettre ses gants. Chez Esposito, la fébrilité est palpable.

Les hostilités s'engagent. Dès la première minute, les Canadiens distribuent quelques vigoureuses mises en échec. Les Russes remettent le change. Après un premier arrêt de jeu, la partie prend un rythme infernal. Une séquence de 4:40 min est jouée sans interruption. C'est reparti comme dans le match précédent. On croirait assister à une partie sur une glace extérieure sans officiel pour interrompre le jeu. Dryden fait trois gros arrêts dans la cinquième minute, dont un magistral sur un retour de lancer. Ellis se rend seul devant Tretiak, mais il vise à côté de l'objectif. À la septième minute, c'est Tretiak qui se surpasse. Peu après, Cournoyer est pris hors jeu à la ligne bleue. La foule est survoltée. Les Russes crient: «Shaibou! Shaibou[iii]!» Les supporters canadiens répliquent avec: «Go Cans go! Go Cans go[iv]!» «Quelle superbe partie de hockey!» s'exclame Conacher. Derrière le banc des Canadiens, après quelques minutes à peine de jeu, Sinden court déjà d'un côté à l'autre, la tête penchée comme un homme qui aurait perdu la raison.

À mi-chemin en première, Bergman écope d'une punition méritée. Il proteste avec force, en dépit du bon sens. Une fois au banc des punitions, il se lève et fait mine de sauter sur la glace. Le préposé au banc touche légèrement son chandail pour le ramener à l'ordre. Bergman se retourne et, dans un geste hostile, veut lui asséner un coup de l'avant-bras mais il passe dans le vide. Sur la glace, Pete Mahovlich et les siens résistent aux assauts des Soviétiques. La punition de Bergman prend fin et, peu après, Phil Esposito s'élance vers le défenseur Shatalov en tenant son bâton à deux mains

---

iii   «Un but! Un but!»

iv   «Go Canadiens go! Go Canadiens go!»

à la hauteur de la tête du Russe qui avançait avec la rondelle derrière son filet. Le jeu est appelé. Esposito, qui s'est éloigné, fait une enjambée vers Shatalov et répète son geste agressif. Le Soviétique reste de glace et ne réplique d'aucune manière. Lapointe s'approche alors de son partenaire pour le calmer et l'accompagner jusqu'au banc des punitions. Rendu au cachot, Esposito n'ayant pas dérougi, Savard vient en aide à Lapointe pour raisonner leur partenaire. Puis, Pete Mahovlich se rend sur place pour parler un long moment à son leader. Esposito écope finalement de quatre minutes. Il en remet encore. Exsangue, le pauvre Phil pointe à quelques reprises les joueurs russes – à moins qu'il s'agisse des arbitres, ou les deux on ne sait trop. Il met sa main à la gorge, faisant signe de les étrangler.

Sur la glace, heureusement, la plupart des Canadiens gardent la tête froide. Guy Lapointe et Serge Savard, en action depuis une quarantaine de secondes, entament le jeu à la reprise. Avec l'aide de Pete Mahovlich et de Berenson, ils freinent les Russes en infériorité numérique. Alors qu'il est sur la glace depuis plus de 2 min, Savard contrôle le jeu pendant de longs moments et effectue un 360 degrés qui lui vaut de chaleureux applaudissements de la foule. Savard et Lapointe sortent finalement de la patinoire après une présence de 3 min et 25 s! D'autres prennent la relève. Dryden sauve les meubles à quelques reprises. Et les Canadiens passent l'épreuve encore une fois.

La période se termine 0-0, grâce à Dryden qui vole un but certain à Maltsev en allongeant un bras dans les dernières secondes de la période. Tretiak, lui, a peu été mis à l'épreuve. Durant l'entracte, Hewitt interroge des partisans canadiens. Plusieurs sont convaincus que le Canada gagnera la série.

Pendant ce temps, les joueurs reviennent sur la glace. Les Soviétiques, comme à l'accoutumée, lancent quelques rondelles sur Tretiak. Celui-ci se dégourdit ensuite les jambes en faisant un tour de patins jusqu'à sa ligne bleue. Quant à Dryden, suivant l'habitude canadienne, il s'installe sagement devant son filet. Peu avant la reprise du jeu, Conacher souligne le bon travail des officiels depuis le début de la série et Hewitt fait la remarque que la punition accordée à Esposito était bien méritée.

Le combat reprend. Savard et Lapointe, visiblement les défenseurs les plus fiables de l'équipe, entreprennent le jeu à la ligne bleue des Canadiens. Après un peu plus d'une minute de jeu, Liapkin fait mouche sur un puissant tir de la pointe au ras de la glace. C'est 1-0. Les Soviétiques prennent ensuite une punition, mais les Canadiens ne réussissent pas à en tirer profit. Cependant, Dennis Hull égalise la marque quelques instants plus tard, avec l'aide d'Esposito qui a repris ses sens. Esposito complétait une présence ininterrompue de 3:04 min sur la glace! Comme cela arrive souvent au hockey, le but du Canada change la donne. L'équipe arborant la feuille d'érable est soudainement galvanisée. L'adversaire gèle sur la glace. Bing, bang. Après une belle pièce de jeu, Cournoyer la met dedans. Puis Henderson. Une minute plus tard, c'est 3 à 1 en faveur des Canadiens. Le but de Henderson, un lancer balayé de la pointse, aurait dû être arrêté par Tretiak, qui n'avait pas la vue voilée.

Pendant des punitions mineures doubles, Cournoyer commet un autre hors-jeu à la ligne bleue adverse. Ce joueur de grand talent ultrarapide possède un tir dévastateur et a le sens du jeu. Dans cette série, il travaille avec acharnement. Toutefois, trop souvent, il vise le long jeu. Et la plupart du temps, l'essai avorte sur un hors-jeu.

Plus tard, les Canadiens critiquent avec emportement un autre hors-jeu sanctionné par les arbitres. Du banc des joueurs, Pete Mahovlich jette un bâton sur la patinoire. À 10:12, Kharlamov monte en territoire adverse avec la rondelle. Il arrive devant les deux défenseurs canadiens. Clarke surgit derrière lui et lui assène, à deux mains, un coup de bâton sur la cheville gauche. Le jeu se poursuit quelques instants. Kharlamov, qui est un peu plus petit que Clarke, se trouve nez à nez avec celui-ci. Bergman s'en mêle. Il veut s'attaquer au Russe. Pete Mahovlich vient chercher son coéquipier pour éviter des ennuis supplémentaires.

C'est sur ce jeu que Clarke a fracturé la cheville de Kharlamov. Cette histoire a fait couler beaucoup d'encre, et pour cause. Kharlamov était le joueur le plus menaçant chez les Soviétiques. Plus tard, quand Clarke a avoué que son geste était commandé du banc, et donc prémédité, il a semé l'incrédulité chez tous. Dès le lendemain de la partie, Clarke fournit aux journalistes une première observation qui en dit long sur la violence de son coup : « Je lui ai donné un coup de bâton sur une cheville. Je me demande comment il fait pour marcher aujourd'hui[104] ». À son retour au Canada, il ajoutera : « Si je n'avais jamais appris à donner de solides coups de bâton à deux mains, je n'aurais jamais quitté Flin Flon au Manitoba ». Ferguson avouera plus tard de son côté dans un documentaire télévisé et dans la presse écrite qu'il avait commandé à Clarke d'agir ainsi : « Je lui ai dit que Kharlamov nous causait beaucoup de difficultés et qu'il fallait lui briser une cheville. Pourquoi Clarke ? Il était le seul qui aurait voulu le faire. C'était son type de jeu. C'était la chose à faire à ce moment en ce qui me concerne. Kharlamov était leur meilleur joueur. C'était essentiel qu'on le sorte de la patinoire[105] ». Sinden reconnaîtra que ce geste a eu un impact important sur le déroulement ultérieur de la série, car les Soviétiques n'étaient plus les mêmes sans Kharlamov, leur meilleur joueur.

Pour son assaut armé prémédité, Clarke se voit décerner 2 min de punition, auxquelles les arbitres ajoutent 10 min de mauvaise conduite, alors qu'il aurait dû recevoir 5 min pour tentative de blesser. Les Canadiens s'en tirent bien puisqu'ils n'auront à jouer que deux minutes à court d'un homme. En dépit de cette veine, ils rouspètent longuement. Le jeu prend plus de trois minutes à se remettre en marche. Après la série, on apprendra que Kharlamov a subi une fissure à un os de la cheville. Ce jour-là, pourtant, il termine la rencontre.

Le jeu reprend finalement. Tretiak arrête Berenson sur une échappée en désavantage numérique. À 17:02, Hull cingle à deux mains un Russe sur un pied. Il écope d'une punition de 2 min. Véhémentes protestations des Canadiens. Yakushev ne prend que 9 s pour rétrécir la marque à 3-2. Peu après, Parisé est déclaré hors jeu à la ligne bleue. Nouvelles volées de bois des Canadiens contre les officiels, malgré que la séquence donne raison à ces derniers. À 17:46, Phil Esposito charge dans le coin avec son bâton élevé à la hauteur de la figure du défenseur Ragulin, lequel a le malheur d'être en possession de la rondelle. Le sang gicle dans le visage du Russe. Esposito écope de cinq minutes de punition. Nouvelles contestations des Canadiens. Au banc des punitions, Esposito se donne en spectacle. Debout, il lève les bras en l'air, en regardant la foule qui le siffle furieusement. Au banc des joueurs, les entraîneurs sont déchaînés. Les serviettes volent sur la glace. Tout le vocabulaire interdit par l'éducation judéo-chrétienne et le savoir-vivre élémentaire y passe. Sinden se rappelle cet événement: «On criait tant, John et moi, que certains joueurs ont pensé que nous avions perdu la tête. Je me rappelle que Berenson est venu me calmer à un moment donné. Plus tard, Dryden a patiné jusqu'à moi et m'a jeté un drôle de regard, comme si j'étais devenu cinglé. J'ai dit aux joueurs de ramener ce maudit Dryden dans ses buts[106]».

Sur les ondes de la CTV, Conacher répète à plusieurs reprises qu'il ne comprend rien à cette grogne. Dans les estrades, l'Américain Rick Smith, du *New York Times,* confie au Canadien Jack Ludwid: «La seule bonne chose, c'est que ces gestes ne sont pas posés par des Américains[107]». Le Canada fait un tel boucan que le jeu est arrêté pendant trois minutes et demie. L'équipe devrait s'estimer heureuse de n'hériter que d'une punition de banc de deux minutes, laquelle s'ajoute aux cinq minutes d'Esposito. Les Canadiens joueront à trois joueurs contre cinq. Réussiront-ils à protéger leur fragile avance d'un but?

Quelques secondes après la reprise du jeu, posté à la gauche de Dryden, Kharlamov reçoit d'un coéquipier une passe en diagonale typique des Russes. Il lance et lève les bras au ciel, convaincu d'avoir marqué, mais ni l'arbitre ni le juge de buts n'ont vu la rondelle, qui semble avoir frappé la tige du centre du filet avant de rebondir. Eagleson affirmera plus tard que le but était bon. Après la partie, Dryden notera qu'il lui a paru que la rondelle avait pénétré dans le filet. Il est loin d'être convaincu de l'avoir arrêtée en tout cas. Malgré les apparences, Kharlamov, imprégné de la discipline soviétique, conteste à peine la décision. Les hostilités reprennent. Les Soviétiques cafouillent malgré leur avantage de deux joueurs. Les Canadiens résistent et terminent la deuxième période en avance 3-2. L'issue du match et de la série vient peut-être d'être scellée.

Après deux périodes, les Canadiens cumulent 29 min de punitions, contre 4 pour leurs adversaires. En Amérique, un tel écart s'avère impossible en raison de l'équilibre naturel de la distribution des punitions tel qu'il se pratique dans la LNH, que les punitions soient méritées au non. Peu habitués à un tel écart, les Canadiens acceptent mal la situation. Tant et si bien que, dès que la période prend fin, plusieurs membres de l'organisation canadienne se ruent vers les arbitres dans le corridor menant à leur vestiaire. Sinden est là, mais le premier arrivé est Bobby Orr. Dans ses notes, Sinden raconte : « Orr a donné un coup de poing à Baader. Une fois encore, nous avons passé pour des clowns ». Les policiers arrivent en vitesse pour mettre fin à l'algarade. Ils n'ont pas de chiens cette fois. Les choses se tassent.

En entrevue pendant l'entracte, Eagleson se plaint de l'arbitrage. De plus, il nous apprend qu'un partisan des Soviétiques a insulté la conjointe d'un membre de la direction d'Équipe Canada pendant la deuxième période. D'un coup de poing, il a sauvé l'honneur de la Canadienne, raconte-t-il, fier de lui. Il a fallu l'intervention de la *militsia* (force policière) pour mettre fin à l'agitation provoquée par l'incident.

Après l'entracte, les joueurs soviétiques sautent comme il se doit sur la glace. Sinden décide de jouer une guerre psychologique, la guerre des nerfs comme on dit. À dessein de contrôler les arbitres et le déroulement du match, il retient ses joueurs dans la chambre plus de cinq minutes après l'annonce de la reprise de la partie. Pendant ce temps, les adversaires tournent en rond sur la glace et se demandent ce qui se passe.

Les Canadiens finissent par se présenter. La punition accordée à Esposito n'est pas terminée. La lutte reprend donc avec l'avantage numérique des Soviétiques, qui disposent encore de près de trois minutes pour capitaliser. Lapointe et Savard sont à la pointe. Pete Mahovlich à l'avant. Quand le jeu reprend, Savard prend les choses en main. Il dispute énergiquement la rondelle aux Russes, s'en empare, effectue deux pirouettes successives et contrôle ainsi longuement le jeu. Devant tant de hardiesse et de finesse, les spectateurs manifestent bruyamment leur admiration. Finalement, grâce au jeu de Savard et de ses coéquipiers, les Canadiens complètent l'infériorité numérique sans dommage.

La partie n'est pas terminée pour autant. Conscient de l'enjeu et plus nerveux que jamais, Sinden court derrière le banc comme un fauve en cage. Sur la glace, quelques menaces fusent de part et d'autre. Vers la douzième minute, Cournoyer et un adversaire soviétique se donnent quelques tapes amicales sur l'épaule pendant un arrêt du jeu. Ces deux-là font preuve d'un louable esprit sportif. En particulier, ce geste de Cournoyer, que d'autres ont réalisé aussi, contraste avec les excès de quelques coéquipiers. Sur les ondes de la CTV, Hewitt profite de l'occasion pour dire qu'il n'a pas vu une joute aussi rude depuis des années. La vérité, en toute objectivité, est que la rudesse excessive ne vient que d'une équipe.

Ellis prend une punition méritée à 17:39. Ce genre d'infraction n'aurait pas été appelée dans la Ligue nationale en fin de match. Au banc, chargé d'émotion, il tape sur ses genoux comme quelqu'un qui s'en voudrait d'avoir commis une bêtise. Il sait que si les Soviétiques marquent un but et égalisent le score les espoirs de son équipe de gagner la série seront à peu près anéantis. Le jeu reprend. Les Soviétiques menacent la forteresse canadienne. Par deux fois, Dryden effectue de brillants arrêts. Dans les gradins, les partisans canadiens applaudissent leur gardien et encouragent leurs favoris en criant à tout rompre. Lapointe et Savard apportent leur contribution en demeurant sur la glace durant 115 des 120 s du désavantage numérique. Les Soviétiques ne réussissent pas à marquer.

Durant les derniers instants du match, Pete Mahovlich contrôle astucieusement la rondelle. Il la balaie dans la zone adverse puis se rend cueillir celle-ci après le son de la sirène. En revenant vers les siens qui ont entouré Dryden, il fait un détour pour donner une tape amicale sur les jambières de Tretiak en guise de respect et d'amitié.

Les Canadiens ont donc remporté la victoire par 3-2. Par les inutiles et nombreuses punitions qu'ils ont méritées, ils ont pourtant offert le match aux Soviétiques, qui auraient dû s'en emparer comme d'une pomme n'attendant que d'être cueillie. Les Rouges n'ont pas été fichus de le faire. Jouant sans émotion, un défaut de leur qualité, ils n'ont pas su élever leur jeu lorsque cela aurait été nécessaire. Sans être mauvais, Tretiak a connu un match ordinaire. Malgré le manque de discipline de quelques-uns de ses joueurs, Équipe Canada a résisté aux nombreux désavantages numériques. Les entraîneurs ont joué d'audace et gagné leur pari en faisant confiance à Dryden. Celui-ci a offert une performance semblable à celles qu'il avait offertes contre les puissants Bruins de Boston dans les séries de la Coupe Stanley de 1971. Outre Dryden, Savard, Lapointe, Berenson et Pete Mahovlich ont joué un grand match, défendant les leurs pendant les infériorités numériques.

Lutchenko et Yakushev sont choisis les étoiles de la partie chez les Soviétiques. Dryden et Bergman reçoivent le même honneur chez les Canadiens. Le choix de Bergman surprend. Savard aurait dû être désigné. Après la partie,

Ferguson et Sinden critiquent les officiels. «Je n'ai jamais vu d'arbitre faire preuve d'une telle incompétence», dit Ferguson. «On ne les reverra plus, ces deux-là», ajoute Sinden. Bobby Orr apporte sans le vouloir un éclairage distinct: «C'est une honte qu'ils ne nous laissent pas jouer notre *game*», dit-il en parlant des arbitres. Dans ces mots, rapportés par Red Fisher le lendemain du match, on peut comprendre que l'utilisation de la brutalité faisait partie du plan de match des Canadiens. Le vieux routier Red Fisher trouve que les hommes rayés ont fait un bon travail, à part quelques hors-jeux mal jugés.

La victoire de l'équipe canadienne ranime les espoirs des compatriotes qui se sont déplacés à Moscou pour l'appuyer dans cette croisade. La soirée qui suit la rencontre est particulièrement animée dans les hôtels où logent les fervents des Canadiens. L'un de ceux-là, le champion québécois de ski nautique Pierre Plouffe, fait un tel tapage à l'Intourist, l'hôtel des joueurs canadiens, que des policiers moscovites l'arrêtent et l'interrogent longuement dans une chambre. Pendant tout ce temps, Peter Mahovlich, qui avait développé quelques affinités avec Plouffe, reste fidèle à son compagnon en faisant le pied de grue près de la porte derrière laquelle est retenu Plouffe. Peter n'ira se coucher que tard dans la nuit, lorsque Plouffe sera enfin sorti de la chambre avec les policiers[v].

---

v   Pierre Plouffe sera emprisonné pour méfait et ne sera libéré que le jour du huitième match. L'ambassade canadienne relèvera quelques incidents de cette nature qui donneront à son personnel passablement de fil à retordre pendant la série.

6 7 8

Photo : Denis Brc

Le père du hockey soviétique, Anatoli Tarasov, photographié ici avec Tretiak. Les Canadiens reconnaîtront son talent exceptionnel et son apport au hockey en l'introduisant dès 1974 au Temple de la renommée du hockey.

CHAPITRE 24

LE SUCCÈS DU HOCKEY EN URSS: L'AFFAIRE D'UN HOMME

*La vitesse du développement d'une attaque est égale
à la vitesse du déplacement de la rondelle.*
ANATOLI TARASOV

I l est vrai qu'en URSS un système étatique facilite le recrutement des sportifs et le développement de leurs talents. Il est vrai aussi que ce système encourage l'excellence chez les athlètes. Il est vrai enfin que la médecine, la science et l'éducation générale y contribuent. Que la ville de Moscou comprenne à elle seule 247 patinoires est éloquent[108]. Pour amener des jeunes à être les égaux des meilleurs joueurs de hockey au monde, et ce, en 26 ans seulement (de 1946 à 1972), diverses conditions ont dû être réunies. S'ajoute à celles-ci la contribution particulière de gens non seulement qualifiés mais aussi passionnés et acharnés.

Si le hockey soviétique a pu s'élever à un tel niveau en si peu de temps, c'est indéniablement grâce à Anatoli Tarasov. Tarasov est né en 1918. En 1946, il fait partie de la toute première équipe nationale de l'URSS. Comme le hasard fait bien les choses, il joue dans le même trio que Bobrov, le futur entraîneur de l'équipe nationale de 1972. Tarasov n'aime pas beaucoup son collègue et ne le cachera pas dans ses écrits, bien avant qu'il soit écarté du poste convoité au profit de Bobrov. Au goût de Tarasov, Bobrov avait, comme joueur, un caractère de star et pratiquait un jeu trop individualiste.

En 1950, Tarasov devient l'instructeur du club de l'Armée centrale. Au cours de cette décennie, il se familiarise avec la science du hockey. Tarasov ne réinvente pas la roue. Il puise ses principales connaissances dans l'ouvrage du Canadien Lloyd Percival, *The Hockey Handbook*, publié en 1961. Dans ce livre avant-gardiste, Percival traite abondamment de condition physique, puis de techniques, tactiques et stratégies de hockey. Nul n'étant prophète en son pays, cette œuvre est boudée par les Canadiens et ignorée par les professionnels.

Fort de l'acquisition de connaissances intrinsèques, Tarasov développe sa propre philosophie du hockey. Il oriente le développement du hockey soviétique autour de quelques axes. D'abord, un joueur de hockey doit avoir une condition physique exemplaire ; il doit pouvoir fournir le même rythme aussi bien dans la dernière minute d'une rencontre que dans la première ; il doit être rapide et son coup de patin exceptionnel. Ensuite, les joueurs doivent former un tout et travailler en équipe. Parce qu'un joueur n'arrivera jamais à vaincre seul cinq adversaires, la force d'une équipe doit résider dans le jeu collectif. L'individu doit se subordonner à l'équipe en toutes circonstances. Le joueur qui possède la rondelle n'est pas en charge du jeu, se plaît-il à dire, il est le serviteur de ses compagnons de jeu. Pour que chacun puisse participer aux efforts collectifs, il faut que la rondelle se déplace allègrement. Une rondelle n'a pas de cœur, pas de reins ; elle ne se fatigue jamais, se plaît-il à dire. La passe devient ainsi l'élément fondamental du jeu. Enfin, Tarasov axe sa stratégie sur l'attaque. Il répète constamment à ses joueurs que l'équipe qui ne contrôle pas la rondelle n'a pas l'initiative du jeu.

L'analyse du jeu est essentielle dans l'esprit de Tarasov. Elle a pour but d'améliorer les techniques, les tactiques et de mieux connaître l'adversaire. Dès le début des années 1960, Tarasov commande donc à ses adjoints la compilation de données diverses : le pourcentage des passes balayées et des passes claquées ; le taux de passes effectuées par les défenseurs ; le pourcentage des sorties de zone effectuées avec le contrôle de la rondelle ; le nombre d'entrées en zone adverse avec le plein contrôle de la rondelle ; le nombre de lancers au but et le nombre de retours récupérés ; le nombre de contre-attaques et leur taux de succès[109]. Il voit à obtenir ces données brutes autant pour ses joueurs que chez les équipes adverses[i]. Bref, rien n'est laissé au hasard. Le jeu de hockey n'est pas une affaire d'improvisation dans la philosophie de Tarasov. Les parties sont abordées de la même façon que le jeu d'échecs. Et l'on sait que les Russes sont maîtres dans ce jeu. Tarasov est au moins 20 ans en avance sur son temps. Il publie plus de 20 ouvrages dans les années 1960, sans doute l'équivalent de ce qui a été produit dans l'ensemble du Canada au cours de la même période. Ses livres ne sont pas traduits, sauf quelques-uns, comme *Road to Olympus*, qui paraît en anglais en 1969.[ii] Ceux qui l'ont été ne reçoivent guère de considération à l'ouest de l'Atlantique, en dehors des cercles universitaires.

Le père du hockey soviétique abhorrait la violence au hockey et se plaisait à répéter un jeu de mots russe : *Golova nie rouka (rouki)*, que l'on peut traduire par « La tête, pas les bras ». Tarasov était un grand innovateur. Les trucs qu'il a trouvés pour réaliser les entraînements sont nombreux. Plusieurs joueurs mentionnent la ceinture de 13 kg qu'ils devaient porter à l'entraînement. Cette pratique était courante. Des heures durant, ils devaient effectuer leur entraînement

---

i   Vous vous rappelez la visite de Kulagin et Tchernychev, au camp d'entraînement en août, et des notes qu'ils prenaient inlassablement en observant les joueurs canadiens ?

ii   Un autre ouvrage de Tarasov, *Les techniques de hockey*, paraîtra en français en 1973.

habituel en portant ce fardeau, de façon à développer leur force, leur endurance et leur vitesse. Lui-même était un homme d'une dureté effrayante et exceptionnelle. Le Dr Georges Larivière, conseiller en hockey et ancien entraîneur des Bisons de Granby de la Ligue junior majeure du Québec[iii], s'est passablement impliqué sur la scène internationale. À quelques reprises, il a eu l'occasion de côtoyer Tarasov. Voici ce qu'il m'a confié :

> «C'était tout un personnage. Il pouvait être arrogant. Il prenait de la vodka le matin et se moquait de nous qui buvions notre jus d'orange. Il était difficile, vraiment carré. Il était dur avec ses joueurs. Je me rappelle l'avoir vu donner un entraînement à de jeunes gardiens en Suède, dans une école de hockey. Les jeunes ont travaillé, fait des culbutes, et travaillé. C'était tout un spectacle. Les gars ont fini l'entraînement complètement épuisés.»

Bien qu'il eût un caractère difficile, cela n'empêchait pas ses joueurs de lui vouer une admiration et un respect sans bornes. Tretiak confirme cet énoncé : «Il y avait une méthode derrière sa démence. J'avais confiance en lui, confiance dans chacune de ses paroles, même quand il me critiquait[110]». Il ajoute : «Tarasov n'avait qu'un but, faire de nous les meilleurs au monde. Je dois beaucoup à cet homme[111]». Constantin Gyanov apporte un éclairage semblable. Membre du KGB chargé d'accompagner les équipes soviétiques à l'étranger pour assurer leur protection et surtout éviter les défections, il a bien connu Tarasov : «C'était un despote, mais tout un entraîneur [...] Son caractère était colérique, sec et cruel, mais Tarasov était nécessaire pour le hockey. Les joueurs ne faisaient pas que le tolérer, ils considéraient que c'était un honneur de jouer pour lui[112]».

En 1967, Tarasov prend Tretiak sous son aile alors que ce dernier n'a que 15 ans. L'entraîneur sait de longue main que

---

iii   Il a également agi comme entraîneur adjoint de l'équipe nationale junior du Canada au début des années 1980.

la principale faiblesse des Soviétiques se situe dans les buts. Il a reconnu le potentiel immense de Tretiak et veut faire de lui le meilleur cerbère. «Du pays?» lui demande un jour le principal intéressé. «Non, du monde», répond Tarasov. Pendant des années, il fait subir à Tretiak des entraînements éprouvants. Ce dernier en parle dans les biographies qu'il a publiées[113]. Il y raconte que, même s'il se tuait à faire les exercices, son maître lui disait de travailler plus fort encore. Lorsque Tretiak connaissait de bons matchs, il lui disait : «N'écoute pas les louanges. Quand les gens te louangent, ils te volent. Si je te critique, c'est parce que j'ai besoin de toi[114]». Tretiak souligne que Tarasov a inventé de nombreux exercices à son intention. Par exemple, il le forçait à porter constamment une balle de tennis sur lui afin de la lancer puis la rattraper et ainsi développer ses réflexes. Une fois, raconte Tretiak, alors qu'il se baignait dans la mer au sud du pays avec ses coéquipiers à l'occasion d'un camp d'entraînement[iv], Tarasov lui demande où est sa balle. Tretiak se voit alors contraint de faire coudre une poche spéciale dans son maillot de bain. Ce côté innovateur et original de Tarasov est une caractéristique importante du personnage. Igor Larionov, des Red Wings de Detroit, a un jour raconté que Tarasov avait l'habitude de dire qu'un joueur doit avoir des yeux tout le tour de la tête pendant une situation de jeu et que, notamment, il devait pouvoir admirer une jolie femme dans les gradins pendant une partie.

Tarasov portait par ailleurs une attention particulière au conditionnement psychologique des joueurs. Anatoli Firsov et Vladislav Tretiak ont rapporté plusieurs exemples à ce sujet. Firsov raconte que, pour performer, il devait être enragé sur la glace. Sans ce conditionnement préalable, il ne pouvait jouer à sa mesure. Tarasov, qui connaissait ce trait de caractère de sa vedette, savait en tenir compte. C'est ainsi que, peu avant une rencontre olympique, il a obligé Firsov à projeter des briques sur un mur durant 30 min. Par ailleurs,

---

iv   Les Soviétiques avaient coutume de tenir un camp d'entraînement sur les rives de la mer Noire.

quand Tretiak laissait passer des rondelles dans le filet pendant les entraînements, Tarasov l'astreignait à réaliser, à la fin de ceux-ci, des exercices divers pour le punir et surtout pour faire en sorte qu'il en vienne à haïr au maximum qu'une rondelle pénètre dans son but. Pendant de longues périodes au cours d'une saison, Tarasov imposait trois entraînements quotidiens à ses joueurs. La pluie, le froid extrême, rien ne devait empêcher les joueurs de s'entraîner à l'extérieur lorsque l'horaire le prévoyait. Ce faisant, il voulait leur forger un caractère à toute épreuve.

Anatoli Firsov relève d'autres caractéristiques de Tarasov : « Il était cruel dans les entraînements et cruel pendant les parties. Il n'admettait pas la maladie. Une année, il m'a obligé à jouer avec une forte température au Championnat du monde. J'ai effectivement joué et je me suis cassé une côte. J'ai dû jouer avec la côte cassée, c'était normal [...] Il nous obligeait à entraîner nos jambes si nous avions un bras de blessé et nos bras si c'était une jambe. Ça n'arrêtait jamais. Il était totalement dévoué au hockey. C'était un dictateur[115] ». Firsov raconte que Tarasov ne cessait d'inventer des exercices. Une variété de jeux avec des poids était entre autres pratiquée. L'entraînement ne cessait jamais avec le maître. Un jour, à la campagne, alors qu'il va aux champignons en compagnie de Tarasov, celui-ci le contraint à les cueillir en se tenant penché en équilibre sur une seule jambe. Firsov raconte encore que Tarasov avait une telle tête de cochon qu'un soir, dans une partie du championnat d'URSS, il a retenu son équipe dans la chambre en guise de protestation contre une décision des arbitres. C'est Brejnev en personne qui a dû lui demander de reprendre le jeu.

Après avoir gagné neuf Championnats du monde et trois Olympiques d'affilée, Tarasov est mis de côté par les autorités soviétiques à l'hiver 1972, juste après avoir remporté l'or à Sapporo. Il est mis à l'écart de la Série du siècle et ne sera même pas du voyage au Canada. Firsov, le meilleur joueur soviétique de l'époque, ne peut accepter cette décision et refuse de se joindre à l'équipe sans Tarasov[116].

Plus tard, aux Jeux olympiques de Lake Placid en 1980, les hockeyeurs américains causent une des plus grandes surprises de l'histoire des Jeux et du hockey international en défaisant la puissante équipe soviétique. Selon Serge Savard, les joueurs soviétiques ont été grandement affectés lors de ce tournoi par l'extrême tension qu'ils subissaient en terre américaine, du fait de l'invasion de l'Afghanistan par l'armée soviétique, quelques semaines auparavant. Cependant, le rôle de Herb Brooks, l'entraîneur des Américains n'est certes pas à négliger dans la victoire des siens. Avant le tournoi, ce dernier a effectué en URSS des stages d'études en hockey. Il a simplement adopté, comme il le dira lui-même, certaines méthodes de Tarasov, qu'il met en pratique dans son équipe composée d'inconnus. Par exemple, il soumet ses joueurs à un entraînement sévère afin qu'ils atteignent une forme physique exemplaire juste au bon moment. Brooks leur impose aussi l'application stricte d'un jeu collectif, caractérisé par un jeu de passes efficace et de constants mouvements sur la glace. Les résultats sont là.

Le 23 juin 1995, le tsar du hockey Tarasov s'éteint. L'œuvre qu'il a laissée est considérable. Son apport au hockey sera même reconnu par la Ligue nationale de hockey qui l'introduit dès 1974 au Temple de la renommée à titre de bâtisseur. C'est le premier Européen auquel la LNH accorde ce titre. Ce geste est d'autant plus significatif que seuls deux joueurs européens évoluent alors dans la Ligue. C'est là une marque indubitable du respect voué par la LNH à ce géant. Dans une étude réalisée au tournant du millénaire, le magazine *Hockey News* a placé Tarasov au quatre-vingt treizième rang des personnalités du sport du XXe siècle, toutes disciplines confondues. Voilà un autre hommage qui souligne l'importance du personnage. Quoique, en toute objectivité, il aurait sans doute mérité un rang plus élevé encore si les membres du jury avaient été d'une audience internationale.

Quelques années après la Série du siècle, Tretiak laissera entendre que les Soviétiques auraient gagné la série avec Tarasov comme entraîneur. Or, la véritable question n'est pas de savoir si les Russes auraient battu les Canadiens avec Tarasov derrière le banc, mais bien la suivante : auraient-ils réussi à élever leur niveau de jeu à l'égal de celui des professionnels sans l'apport exceptionnel de cet homme ?

SEPTIÈME MATCH: IL Y AURA UN DUEL SUICIDE

Un général ne doit jamais se rendre.
Même à l'évidence.
JEAN COCTEAU

L a victoire du dimanche 24 septembre redonne confiance aux joueurs canadiens. Cette assurance est renforcée par d'autres facteurs déjà signalés : une meilleure condition physique, un esprit d'équipe tricoté serré et le sentiment d'être appuyés de façon indéfectible par la population canadienne, particulièrement par les supporters présents à Moscou. Si plusieurs joueurs ont été vexés de la perte de leur bière et de leurs steaks, certains sont maintenant victimes d'appels téléphoniques nocturnes. Phil Esposito, Frank Mahovlich et Paul Henderson sont en effet dérangés dans leur chambre la nuit[i]. Ces farces isolées, que l'on croit concoctées

---

i   Ce sont là, il est vrai, des pratiques occasionnelles dans les séries de la Coupe Stanley. On sait que Scotty Bowman est plus tard passé maître dans l'art de ces petits gestes ennuyeux, comme celui de faire peindre la chambre des visiteurs pendant les séries ou encore de faire fixer le banc des joueurs de l'équipe adverse quelques centimètres plus bas que celui de l'équipe locale. Est-ce là un des héritages de la Série du siècle ?

Serge Savard, le meilleur défenseur du Canada dans la série, pourchassé ici par Iouri Blinov sur la patinoire russe. À l'arrière-plan, on reconnaît, dans l'ordre habituel : Bergman, White, Park, Stapleton, Pete Mahovlich, Parisé et Goldsworthy, qui n'est pas en uniforme.

par des Moscovites, ont comme conséquence d'alimenter les pulsions guerrières des joueurs canadiens et leur volonté de vaincre coûte que coûte l'ennemi sur son territoire, quelles que soient les difficultés à surmonter.

Pour le match du mardi 26 septembre, Sinden remet Esposito devant le filet. Le seul autre changement qu'il apporte est le retrait de la gazelle Berenson, pourtant l'un de ceux qui avaient fort bien joué au cours du match précédent, remplacé par Goldsworthy, qui réintègre les rangs. Chez l'adversaire, Bobrov apporte quatre changements à son alignement. Il réintègre les défenseurs d'expérience Gusev et Kuzkin et les avants Blinov et Mishakov, en remplacement de Kharlamov, blessé à la cheville, et des jeunes Shatalov, Bodunov, et Lebedev.

Pour la première fois de la série et pour une raison inexpliquée, les joueurs ne sont pas présentés individuellement après les hymnes nationaux[ii]. La partie s'engage. Le Canada part en lion. Mikhailov est puni dès le début. Le Canada, qui n'a réussi qu'un but en avantage numérique en six rencontres, ne réussit pas à capitaliser sur l'avantage numérique, mais Phil Esposito marque à 4:09 de l'enclave, sur une passe en provenance du coin de Ron Ellis. Le Canada mène 1-0. C'est la cinquième fois en sept parties qu'il compte le premier but du match. À trois reprises auparavant, il n'a pu protéger son avance. Rien n'est donc joué.

Les joueurs des deux équipes ne font pas de quartier. Le jeu est enlevant, rapide et fougueux. Tretiak fait un arrêt admirable sur un puissant lancer de Bergman dans la cinquième minute pendant que les équipes jouent à quatre contre quatre. Au milieu de la période, les Soviétiques font une sortie éclair de zone. Park, pris de court au centre, trébuche.

---

ii   Voilà un situation que toute personne qui a séjourné dans ce pays saura reconnaître. Sous l'ère soviétique, il était fréquent que l'ordre des choses établies, petites et grandes (les heures d'ouverture des guichets dans les gares, l'endroit où faire la ligne, la renommée d'un personnage public), soit brisé temporairement ou de façon permanente, sans raison apparente, sans que personne ne connaisse les raisons ayant motivé ce changement.

Yakushev ne rate pas pareille occasion; il s'empare de la rondelle, effectue un lancer frappé d'environ (35 pi) (un peu plus de dix mètres) qui déjoue Esposito entre les jambes. C'est 1-1.

Phil Esposito prend ensuite une punition mineure inutile en donnant un double échec à Mikhailov, pourtant loin du jeu. Est-ce là le résultat d'un réflexe simplement conditionnel, répondant à la théorie d'Ivan Pavlov, prix Nobel de médecine et de physiologie en 1904, et dont c'est justement le jour d'anniversaire en ce 26 septembre? Peu importe. Phil rouspète, gesticule, fait tous les temps, égrène les symboles religieux. Une fois rendu au banc des punitions, il montre ses poings dégantés en direction de Mikhailov, l'invite à se battre et, à deux reprises, passe le revers de sa main sur son cou, lui signifiant qu'il lui trancherait la gorge. Ce n'est pas très joli. Le jeu reprend. Pete Mahovlich aide les siens à passer à travers les deux minutes éprouvantes. Sitôt l'infériorité numérique écoulée, White commet de l'obstruction et se retrouve à son tour au banc. Quelques secondes plus tard, Vikulov effectue de sa zone une passe tout en finesse à Petrov, qui s'est faufilé derrière les défenseurs Park et Bergman. Il laisse ceux-ci derrière lui et file vers Tony Esposito. Et c'est le but! Les Russes sont en avance 2 à 1. Park est directement responsable des deux buts. Celui que l'on considère comme le meilleur défenseur de la Ligue nationale, après Bobby Orr, n'a pas connu un seul bon match jusqu'à présent dans la série.

Le jeu reprend à bon rythme, comme c'est le cas depuis le début du match. Une minute plus tard, Esposito, Cournoyer et Parisé[iii] attaquent avec acharnement en zone adverse. Les Russes sont désorganisés. Savard reçoit la rondelle à la pointe, laisse un rouge s'approcher, feint un tir, se paie un 360 degrés, et hop! passe à Phil dans l'enclave. Qui, « de son bureau », ne rate pas pareille occasion. Ah! que c'est beau, le hockey. C'est 2-2.

---

iii   Ce trio a été formé à l'occasion du sixième match par Sinden.

Ce but n'est pas le fruit du hasard, mais le résultat de l'application du plan de match des entraîneurs canadiens. Sinden et Ferguson ont en effet découvert au fil des matchs une faille importante dans le système de jeu des Soviétiques. Ils se sont aperçus que les défenseurs russes jouent souvent mollement dans le fond de leur zone. La moindre pression des attaquants canadiens leur fait commettre des erreurs. Par conséquent, les entraîneurs d'Équipe Canada ont ajusté leur stratégie en exigeant que deux joueurs pressent énergiquement et inlassablement les défenseurs adverses lorsqu'ils sont en possession de la rondelle dans leur territoire. Cette stratégie vient de porter des fruits. La première période se termine sur cette égalité.

À l'entracte, un membre de l'ambassade canadienne souligne devant les caméras que le hockey est de loin le sport le plus populaire en URSS. Ensuite, l'analyste Howie Meeker de la CTV présente une particularité importante du jeu soviétique en désavantage numérique. Images à l'appui, il démontre que, à quatre contre cinq, les Russes utilisent un modèle original formant un losange plutôt que la boîte rectangulaire traditionnellement utilisée en Amérique. Dans la stratégie des Soviétiques, un seul joueur s'avance vers les défenseurs et un seul autre reste près du gardien, en ligne droite avec le premier. Les deux autres coéquipiers se placent à mi-chemin, en parallèle l'un et l'autre, pour couvrir les jeux préparés sur les côtés. Or, ce système paraît posséder quelque mérite puisque les Russes n'ont accordé, jusqu'à maintenant, qu'un seul but en infériorité numérique aux « meilleurs joueurs de hockey au monde ».

Pour entreprendre la deuxième période, Sinden désigne Savard et Lapointe à la défense. Depuis le début du sixième match, ces deux-là sont les hommes de confiance de Sinden à la pointe. Ils entreprennent chacune des périodes. Ce sont eux qui sont envoyés dans la mêlée à l'occasion des désavantages numériques. De façon générale, ils ont plus de temps de glace que leurs coéquipiers à l'arrière. Au début du deuxième engagement, les joueurs attaquent de part et d'autre, sans ménagement. À ce jeu, les Soviétiques ont l'avantage. Tony Esposito fait quelques arrêts importants. Il barre un puissant tir du défenseur Liapkin. Peu après, il résiste à Maltsev, qui a viré brusquement devant un défenseur canadien et, dans un même mouvement, lancé sans avertissement vers le but. Un jeu exceptionnel que les Canadiens ne pratiquent pas à cette époque[iv].

Dans la dixième minute de jeu, Parisé s'échappe seul devant Tretiak. Surpris de cette veine, il choisit de passer maladroitement à l'arrière à Cournoyer. Le jeu avorte. Quelques instants plus tard, Goldsworthy teste Tretiak. Les Russes rappliquent sur Tony Esposito. Dans la quinzième minute, le Canada se débrouille à 4 contre 3. Phil Esposito, qui ce soir joue dans les désavantages numériques de même que dans les attaques massives, réalise une présence de deux minutes et demie. Pendant ce temps, son frère Tony résiste à un dangereux lancer sur réception, effectué de la pointe par Lutchenko[v].

Vers la fin de la période, le jeu devient tout à coup passablement viril. De part et d'autre, les joueurs chargent tous azimuts leurs adversaires. Des coups de bâton volent çà et là. Toutefois, on n'assiste pas aux débordements que l'on a connus à l'occasion du sixième match. Dans la dernière minute, Vikulov s'échappe, mais Tony Esposito sauve son équipe une nouvelle fois. La deuxième se termine donc 2-2.

À l'entracte, interrogé sur le déroulement de la série, Dale Tallon, qui n'a pas encore joué un match pour le Canada, explique que le camp d'entraînement a été trop court et que les Canadiens n'étaient pas en forme au début de la

---

iv   Ce type de mouvement deviendra plus tard courant dans la LNH, avec la venue des Européens.

v   Le lancer sur réception, que les anglophones appellent *one timer*, est utilisé régulièrement, et avec dextérité, par les Russes dans la série. Ce tir est exécuté sur réception immédiate d'une passe diagonale. Il demande une passe parfaite et une coordination exceptionnelle chez celui qui le réalise. Ce type de lancer est aujourd'hui couramment utilisé dans la Ligue nationale, mais ce n'était pas le cas chez les Canadiens en 1972.

série. « Maintenant, dit-il, ils démontrent qu'ils forment une équipe de beaucoup supérieure aux Soviétiques. » Certains auditeurs sont étonnés par cette dernière affirmation.

Le troisième engagement débute. Dans la deuxième minute de jeu, l'équipe canadienne commet un dégagement illégal, l'un des rares arrêts de jeu de ce type dans la soirée. C'est dire que la joute se déroule à vive allure. Peu après, la ligne Ratelle-Gilbert-Hull[vi] suit le plan de match de Sinden en effectuant un échec avant soutenu. Les Russes sont empêtrés dans leur territoire. L'effort des Canadiens porte finalement ses fruits quand Gilbert, laissé seul devant Tretiak, est repéré par un coéquipier et touche le fond du filet. C'est 3-2 pour le Canada. Les partisans canadiens sont fous de joie dans le Palais des sports de Loujniki.

Peu après la reprise, Bergman prend une punition à 3:26. Phil Esposito, qui joue pourtant depuis une minute, demeure sur la glace avec Pete Mahovlich. À quatre contre cinq, Phil se démène. Il monte la rondelle en zone adverse, contrôle le jeu, bouscule tout ce qui bouge. Mais les Russes ne lâchent pas. Phil court d'un bord à l'autre de la patinoire. Épuisé, il peine maintenant à avancer. Soudainement, Maltsev prend la rondelle. Park protège le devant du filet, mais il n'y a pas d'opposant à cet endroit. Comme d'habitude, Yakushev est placé non pas devant la cible comme le font les joueurs canadiens, mais sur le côté, parallèlement au rectangle du gardien. Maltsev le repère. Park se demande ce qu'il fait devant le but. Trop tard. Bing ! C'est 3-3. C'est le deuxième but des Soviétiques en avantage numérique et le septième de la série. Esposito quitte enfin la patinoire, après une présence exténuante de trois minutes. Quelques instants plus tard, il revient sur la glace avec Pete Mahovlich pour écouler

---

vi   Ces trois joueurs évoluent ensemble depuis la partie précédente. L'histoire de Gilbert et Ratelle n'est pas banale puisqu'ils se sont connus dans une cour d'école de Montréal au primaire. Ils ont ensuite évolué ensemble au hockey mineur puis au sein des Biltmores de Guelph dans la Ligue Junior A d'Ontario. Par la suite, ils ont grimpé ensemble les échelons dans les clubs écoles des Rangers de New York , avant d'accéder à la Ligue nationale au début des années 1960.

une autre infériorité numérique. Les Russes mettent en œuvre toute leur adresse et attaquent alors sans pitié. Tony répond avec autant d'habileté et ferme obstinément la cage. Les Canadiens s'en tirent.

Tretiak est moins occupé, mais il arrête néanmoins quelques poussées des Canadiens, dont une de Phil Esposito et une autre d'Ellis un peu après le milieu de l'engagement. Le match est intense, toujours aussi viril. À 16:26, les choses se gâtent quand Bergman et Mikhailov s'affligent l'un l'autre de généreux coups. Le Soviétique répond directement aux coups du Canadien, mais pas de la façon la plus élégante car il cogne Bergman à deux reprises sur les jambières avec son patin. Bergman voit rouge ! Les autres interviennent. Ça se maltraite rondement. Les arbitres mettent cinq minutes à rétablir l'ordre. Bergman et Mikhailov sont finalement envoyés au cachot pour cinq minutes. Le Soviétique s'en tire bien, puisqu'un tel geste aurait dû lui valoir une expulsion de la partie.

Le jeu reprend donc avec des forces réduites. À 17:40, Tony Esposito résiste encore une fois à Maltsev. Puis Henderson s'empare d'une rondelle au centre de la glace. Quatre chandails rouges l'entourent, il ne représente pas une menace. Il s'avise pourtant d'avancer, malgré les circonstances pour le moins défavorables. Contre toute attente, une ouverture se fait, l'espace d'une fraction de seconde. Il fonce, passe la ligne bleue adverse et se retrouve devant les défenseurs Vassiliev et Tsygankov. Ces messieurs semblent vouloir jouer la rondelle. Henderson ne demande pas mieux. Il déjoue le premier opposant en faisant deux mouvements habiles. Il trompe le second en lui passant la rondelle entre les jambes. Le voilà donc seul devant Tretiak, qu'il déjoue d'un lancer précis. C'est 4-3 pour le Canada. Cette pièce d'anthologie électrise les partisans canadiens, qui délirent dans le Palais des sports. C'est l'un des plus beaux buts de la série, marqué à la canadienne, à la suite d'un effort individuel.

Dans la dernière minute, Tony Esposito effectue un dernier arrêt important devant Gusev. La victoire va ainsi au

Canada : 4-3. Pour une seconde partie d'affilée, Henderson a marqué le but gagnant. Les joueurs officiellement choisis par les journalistes sont White et Phil Esposito chez les Canadiens, Mikhailov et Yakushev chez les Russes. Les joueurs les plus épatants de la rencontre sont assurément les frères Esposito et Yakushev. Tony, en particulier, a été éblouissant. Les Russes, qui sont reconnus pour ne lancer au but que lorsqu'ils ont une chance réelle de marquer, ont dominé 31-25 au chapitre des tirs. Cela donne une juste appréciation du rendement du gardien Esposito. Quant à Yakushev, il a joué un match remarquable en l'absence de Kharlamov.

Le scénario parfait est donc écrit pour que la huitième et dernière mêlée soit décisive. Qui l'eût cru 25 jours plus tôt ?

Bobby Orr déjouant Ken Dryden à l'entraînement.

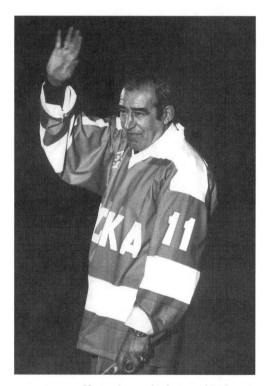

Le grand Anatoli Firsov, l'égal de Maurice Richard en URSS.

CHAPITRE 26

DEUX GRANDS ABSENTS : BOBBY ORR ET ANATOLI FIRSOV

Il y a plus de grandes fortunes que de grands talents.
VAUVENARGUES

À la veille du huitième acte, les Canadiens et les Soviétiques sont nez à nez. La série a offert jusqu'à présent un niveau de jeu et une démonstration d'habiletés, de finesse et de rapidité comme n'en ont jamais vu auparavant les amateurs de hockey. Hors de tout doute, jamais, en effet, n'avait-on regroupé autant de talent brut sur une même patinoire.

Pourtant, le spectacle offert aurait pu être meilleur si quelques grands joueurs n'avaient pas été absents. Du côté des Canadiens, on a déjà relevé que le meilleur ailier droit de la Ligue, Bobby Hull, avait été exclu de l'équipe, tout comme Jean-Claude Tremblay, l'un des défenseurs les plus estimés de la LNH en 1972. Du côté des Soviétiques, le défenseur Vitali Davidov ne peut jouer dans la série parce qu'il serait blessé, au dire des autorités de l'équipe. On sait peu de choses sur Davidov, mais assez tout de même pour reconnaître la force de son talent. Il n'est pas grand, mais fort costaud. Âgé de 33 ans, il a remporté 3 médailles d'or olympiques et neuf

Mondiaux avec l'équipe nationale. En 1967, il a été choisi meilleur défenseur du Championnat mondial. On sait aussi qu'en 1972 il était vu comme l'un des plus méritoires défenseurs de l'histoire du hockey soviétique. Tarasov, un autre exclu de la série, l'aimait beaucoup.

Outre ces absents de marque, deux joueurs qui subliment leur sport ne peuvent aller sur la patinoire avec leurs compatriotes : Bobby Orr et Anatoli Firsov. En 1972, ces deux-là sont peut-être les meilleurs joueurs de hockey au monde mais ils manqueront malheureusement ce rendez-vous avec l'histoire. Le premier est défenseur et le second ailier gauche. Regardons leur parcours de plus près.

Bobby Orr

Bobby Orr est indiscutablement le meilleur joueur de la Ligue nationale en 1972. Tous pays confondus, il est sans doute le plus dominant sur une patinoire. C'est, si on peut dire, la merveille avant la Merveille[i]. Né en 1948, il a commencé à jouer pour les Generals d'Oshawa de la Ligue junior A de l'Ontario à 14 ans. Après quatre années d'un succès incomparable et une série de records sans précédent dans le junior, il joint la LNH en 1966, à l'âge de 18 ans, ce que très peu de joueurs ont réussi avant lui. Les grands veinards sont les Bruins de Boston, à qui Orr appartient en vertu du programme des régions protégées par le système alors en vigueur dans la Ligue[ii].

Orr mesure 6 pi (1,83 m) et pèse 199 lb (90 kg). Il est doté d'une carrure athlétique impressionnante et d'une force peu commune. Il ne craint pas le jeu physique. Il sait se faire respecter en jetant les gants lorsque nécessaire et amasse sa part de punitions. Pour ce qui est des habiletés propres au hockey,

---

i   La Merveille, c'est le surnom de Wayne Gretzky évidemment.

ii   Bien que le repêchage des joueurs de la LNH existe depuis 1963, de vieilles règles permettent encore aux équipes de protéger des joueurs appartenant à leurs concessions mineures. Le parrainage d'équipes junior sera éliminé en 1967. C'est cette année-là que le repêchage universel encore en vigueur aujourd'hui est mis en place.

ce n'est pas compliqué; non seulement il les possède toutes, mais il les maîtrise remarquablement. Coup de patin, équilibre, maniement de la rondelle, lancer frappé, tir du poignet, précision des passes, vitesse, vision du jeu, anticipation, coordination, sens du hockey, robustesse, courage et *tutti quanti*. Nommez-les, aucune ne lui fait défaut! Contrairement à Wayne Gretzky, dont on dira plus tard qu'il n'est pas le plus habile de la Ligue dans ceci ou dans cela mais qu'il demeure malgré tout le meilleur joueur de la LNH, on peut dire de Bobby Orr qu'il maîtrise la plupart des facettes du jeu comme aucun autre de ses contemporains. C'est un joueur merveilleux, phénoménal, sensationnel... Tous les superlatifs lui siéent.

De plus, Bobby Orr est un travailleur acharné, qui fournit de façon constante le maximum d'efforts et qui désire vaincre à tout prix. C'est un gagnant. Il transcende son sport. Sa réputation dépasse largement l'Amérique du Nord. Les Soviétiques ne font pas exception et lui vouent une admiration peu commune. Pour preuve, à l'occasion d'un entraînement précédant le premier match de la série au Forum de Montréal, les joueurs de l'équipe soviétique ont fait la file, comme des adolescents, pour obtenir son autographe. Plusieurs scribes ont rapporté l'incident le lendemain. Parmi eux, certains ont laissé entendre qu'il aurait pu s'agir d'un subterfuge machiavélique de la part des Soviétiques pour augmenter la confiance des Canadiens. Or, il n'en était rien. Les Russes étaient simplement très au fait des qualités de Bobby Orr et leur culture n'écartait pas, contrairement aux us et coutumes d'ici, la possibilité de respecter l'adversaire, de socialiser ou même de fraterniser avec lui.

En 1972, Orr est dans la force de l'âge. Il a déjà six saisons à son actif dans la Ligue nationale et un trophée Calder en main. Il a fait partie de la deuxième équipe d'étoiles en 1966-1967, même si une blessure à un genou l'a obligé à s'absenter une partie de la saison. À sa deuxième année, en raison de la même blessure, il manque le tiers de la saison, soit 24 parties, mais il est tout de même nommé dans la première équipe d'étoiles de la Ligue et remporte le trophée James Norris, remis au meilleur défenseur. De là jusqu'à la saison 1974-1975, il remportera chaque année le Norris tout en étant choisi dans la première équipe d'étoiles, soit huit années consécutives.

En 1969-1970, Bobby Orr devient le premier défenseur à franchir la barre des 100 points, alors qu'il en obtient 120. Ce score en fait le premier pointeur de la LNH cette année-là, un exploit jamais réussi par un défenseur. Pour placer à sa juste valeur cette performance, il faut comprendre qu'en 1968-1969 les défenseurs les plus doués de la Ligue amassent autour de 35 points. Celui qui termine au deuxième rang des défenseurs, Pat Stapleton, finit loin devant les autres avec l'impressionnant score de... 56 points. En somme, Orr éclipse totalement les autres joueurs de la Ligue. De plus, il réalise un exploit que personne alors ne croyait possible: terminer au premier rang des pointeurs de la Ligue nationale et rafler du même coup le trophée Hart Ross. Il refera le coup en 1974-1975. En 2002, il est encore le seul défenseur de l'histoire de la LNH à avoir gagné le Hart Ross, symbole du champion pointeur de la LNH.

Ce n'est pas tout. Orr remporte le trophée Hart, remis au joueur le plus utile à son équipe, en 1969, 1970 et 1971. Il permet aux Bruins de rafler la Coupe Stanley en 1970 et en 1972 et obtient chaque fois le Conn Smythe à titre de meilleur joueur des séries. En 1971, Orr est nommé l'athlète masculin de l'année au Canada et il reçoit l'emblème de ce titre, le Lou Marsh. En 1975, l'Association des joueurs de la Ligue nationale lui décerne le trophée Lester B. Pearson, un honneur réservé à celui qui a le plus contribué au hockey. Puis, il récolte le Lester Patrick en 1979 pour son apport exceptionnel au hockey aux États-Unis.

En 2002, Orr détient encore plusieurs marques de la LNH. Par exemple, celle du plus fort pourcentage de lancers au but. En 1971-1972, il a réalisé avec son coéquipier Phil Esposito 879 des 2 620 lancers au but de son équipe, soit le tiers des tirs des Bruins! Les exploits de Bobby Orr sont d'autant singuliers qu'il a été durant toute sa carrière sérieusement affecté par des blessures aux genoux. Cependant, l'opération subie en juin 1972, qui lui fait manquer la Série du siècle puis 15 matchs de la saison régulière, ne l'empêchera pas de terminer parmi les premiers compteurs de la Ligue et de récolter le Norris au printemps 1973.

Sa carrière sera malheureusement assez courte, du moins trop brève pour les adeptes du hockey. Elle s'arrêtera pour ainsi dire après 9 saisons car, après 1974-1975, à cause de ses genoux en piètre état, il ne jouera que 36 parties en 4 ans. Les témoignages éloquents à l'endroit d'Orr sont légion. Nous retiendrons celui de son ancien entraîneur Harry Sinden, qui affirme, pendant la Série du siècle, que « Orr est le seul joueur au monde qui peut faire une différence entre gagner et perdre une rencontre[117] ». De l'avis de Serge Savard, Orr a été le grand absent de la série de 1972: « Il eût été avec nous qu'il aurait compté pour 25 % de l'équipe ».

Orr est amèrement déçu de ne pouvoir affronter les Soviétiques en 1972, lui qui s'était frotté une fois à eux alors qu'il évoluait dans les rangs junior en 1964, dans le cadre d'une partie d'exhibition au Maple Leafs Gardens de Toronto. Il aura la chance de se reprendre à l'occasion de la première Coupe Canada en 1976. Il jouera cette série sur une seule jambe, puisqu'il se remet encore d'une opération ne lui ayant permis de jouer que 10 parties la saison précédente. Cela ne l'empêchera pas de terminer au premier rang des pointeurs de la compétition, à égalité avec deux autres joueurs[iii]. Il remporte alors le titre de meilleur joueur de l'événement. Ses genoux sont tellement mal en point que les Bruins le laissent sur le marché des agents libres. Orr signe avec les Blackhawks de Chicago, mais sa condition se détériore. Il ne jouera que 20 parties en 1976-1977, aucune l'année suivante et seulement 6 en 1978-1979. La malédiction a fait son œuvre et c'est ainsi que sa carrière prend fin. Il est élu au Panthéon de la renommée du hockey dès 1979,

---

iii   Et qui marque le plus de buts dans le tournoi et termine au deuxième rang des pointeurs ? Eh oui, Bobby Hull !

l'année de sa retraite. De nos jours, quand vient le temps de nommer le meilleur joueur de l'histoire de la LNH, on place souvent Bobby Orr derrière Wayne Gretzky. Il ne fait aucun doute toutefois que, si le premier avait pu jouer de 15 à 20 saisons, en santé, l'identité du meilleur joueur de l'histoire du hockey pourrait difficilement être controversée.

ANATOLI FIRSOV

Anatoli Firsov a 31 ans en 1972. Cet ailier gauche était le meilleur joueur de hockey de l'URSS dans les années 1960. Il est encore reconnu à ce titre par ses pairs au moment de la Série du siècle. Dans l'histoire du hockey soviétique, seul le grand Vsevolod Bobrov peut prétendre à ce jour lui disputer ce titre.

Comme des centaines de milliers de Soviétiques, le jeune Firsov a perdu son père à la guerre. La vie n'est pas facile. Il quitte l'école après sa septième année pour aller travailler comme apprenti en métallurgie. Ses débuts au hockey, il les fait à l'âge de 12 ans. Surdoué, travaillant et acharné, il est recruté par le système soviétique et intégré à 17 dans l'équipe du Spartak de Moscou. Un peu plus tard, il passe au club de l'Armée centrale[iv]. Il entreprend alors une carrière militaire tout en jouant au hockey et obtient le titre de lieutenant.

Firsov connaît une carrière exceptionnelle. En 1968, 1969 et 1971, il est nommé le meilleur joueur de l'URSS par les journalistes soviétiques. De 1967 à 1971, il est sélectionné cinq fois au sein de l'équipe d'étoiles des Mondiaux. Il est choisi le meilleur joueur avant de ce tournoi en 1967, 1968 et 1971. Il fait aussi partie de l'équipe nationale de l'URSS de 1964 à 1972 et a gagné avec celle-ci trois médailles d'or olympiques et huit titres mondiaux. De fait, il n'a jamais perdu

---

iv   Le club de l'Armée centrale, que l'on appelle aussi le club de l'Armée rouge, regroupait les meilleurs joueurs, et ce, pour différentes raisons. D'abord, il y a le fait que Tarasov en était l'entraîneur désigné. Ensuite, les joueurs de cette formation poursuivaient parallèlement une carrière militaire, ce qui faisait qu'ils étaient moins sujets, à ce titre, à fuir leur patrie à l'occasion des nombreux voyages à l'étranger.

de compétition internationale dans sa carrière, au cours de laquelle il a enfilé 111 buts en 150 parties. Au cours d'un match disputé contre l'équipe nationale du Canada le 24 janvier 1969, il marque six buts dans une victoire de 10-2.

Prodigieux, Firsov dispose d'une panoplie de qualités. Il manie bien la rondelle et possède un lancer foudroyant que redoutent les gardiens, selon Tretiak. Firsov est très fort physiquement et ne craint pas le jeu rude. Sa vitesse est stupéfiante, selon Tarasov, et il est d'ailleurs l'un des plus rapides patineurs de l'URSS. Tarasov ne ménage pas les éloges à propos de son joueur étoile : « Son jeu est une continuelle succession de décisions brillantes qu'il peut prendre prestement en toutes circonstances […] Il pense quand il joue, sa pensée est en parfaite harmonie avec ses actions. Son synchronisme est remarquable. Il prend toujours la bonne décision[118] ». En 1969, Tarasov avance qu'avant longtemps les Soviétiques affronteront les professionnels canadiens et qu'il a hâte que Firsov se mesure aux meilleurs du monde. L'entraîneur émet un commentaire éloquent : « Je crois que Firsov est né trop tôt, c'est le joueur de demain[119] ». Vladislav Tretiak adulait Firsov. Il a reconnu l'avoir pris pour modèle dans les années 1960 : « Aucun joueur ne travaillait aussi fort que lui. Il était doté d'un caractère phénoménal et sa fureur pendant un match était formidable[120] ».

En 1972, Firsov est encore un joueur dominant de l'équipe soviétique, comme en font foi sa nomination de meilleur joueur du Championnat mondial de 1971 et sa prestation aux Jeux de Sapporo au début de l'hiver 1972. Il n'en est pas moins mis de côté pour le Championnat du monde disputé à Prague, lequel suit immédiatement les Jeux, en mars 1972. Puis, à l'occasion de la Série du siècle, les Soviétiques inscrivent son nom sur leur liste de 35 joueurs, mais ils ne l'amènent pas au Canada, sous prétexte qu'il aurait une blessure à un genou. Il ne jouera pas à Moscou, pour les mêmes raisons apparemment. Tretiak écrira en 1987, dans sa biographie, intitulée *The Legend*, qu'il aurait souhaité voir un face-à-face Esposito-Firsov en 1972. Et il apporte un éclairage nouveau sur les raisons de l'absence de Firsov : « À mon avis, Anatoli aurait dû être inclus dans l'équipe nationale de 1972. Il avait joué de façon superbe aux Olympiques mais malheureusement, à cause d'autres circonstances, il n'a pu traverser l'océan[121] ».

C'est finalement Firsov qui nous éclaire sur sa mise à l'écart dans une entrevue qu'il donne au réseau américain PBS à la fin des années 1990[122]. Il affirme que Tarasov et son adjoint de l'équipe nationale, Tchernyshev, ont été écartés après les Jeux de Sapporo. Il ajoute : « Comme Tarasov a été mis de côté et qu'il était un père pour moi, je leur ai dit que je ne voulais pas travailler pour les nouveaux entraîneurs, qui d'ailleurs ne m'avaient pas choisi dans l'équipe nationale pour le Championnat du monde de Prague ». Firsov s'est tout de même présenté au camp d'entraînement de l'équipe en préparation de la série, mais il a quitté le camp après quelques séances d'entraînement, incapable psychologiquement de travailler pour Bobrov et Kulagin. « Moi qui avais procuré tant de championnats à mon pays et qui avais été nommé tant de fois le meilleur joueur de mon pays et le meilleur joueur de compétitions internationales, je suis alors devenu un ennemi du Parti », dit-il. Suivant l'ordre des autorités soviétiques, Bobrov pousse l'opprobre jusqu'à lui interdire d'assister aux parties historiques au Palais des sports de Loujniki. On ne l'autorisera qu'à se rendre observer les entraînements des joueurs canadiens.

Après la série, des dirigeants canadiens invitent Firsov à joindre les rangs professionnels en Amérique, mais l'*establishment* soviétique refuse de lui accorder cette permission. Sa carrière de hockeyeur prend ainsi fin. Il sera plus tard réadmis dans le monde du hockey, par l'entremise de Tarasov, qui le prendra comme entraîneur adjoint du club de l'Armée centrale. Firsov deviendra aussi député. Il interviendra à ce titre auprès des autorités soviétiques pour permettre à Viacheslav

Fetisov, à Alexei Kasatonov et à quelques autres Russes de joindre la Ligue nationale en 1989, plusieurs années après avoir été repêchés par des équipes de la LNH[v]. Anatoli Firsov est décédé d'une crise cardiaque le 24 juillet 2000, à l'âge de 59 ans.

---

[v]   À la faveur de la politique d'ouverture de Mikhail Gorbachev, Fetisov et Kasatonov joignent les Devils du New Jersey. Ils avaient été sélectionnés au repêchage de 1983. Fetisov avait également été choisi par le Canadien de Montréal en 1978. Les autres grands noms qui font partie des premiers joueurs soviétiques autorisés à jouer dans la LNH en 1989 sont Sergei Makarov, qui gagnera d'ailleurs le trophée Calder avec les Flames de Calgary, ainsi que Vladimir Krutov et Igor Larionov, qui joueront avec les Canucks de Vancouver.

Après avoir marqué le but victorieux à 34 secondes de la fin du huitième
match, Paul Henderson saute dans les bras d'Yvan Cournoyer. Outre
Tretiak, sidéré, on aperçoit le numéro 6 Vassiliev et Liapkin sur la droite.

CHAPITRE 27

HUITIÈME MATCH :
LE CANADA À L'ARRACHÉ

Que c'était bon de s'être rencontrés ma toute belle,
toi et moi. Que c'est triste, triste de se séparer.
Comme si c'était l'âme qu'on m'arrachait.
MIKHAIL KHERASKOV

À la veille du huitième engagement, les médias sont sur-
voltés et la tension est à son comble. Ken Dryden note
dans ses mémoires qu'il est extrêmement nerveux et
que les deux derniers jours ont été les plus inconfortables de
sa vie. Parisé, Henderson et Tony Esposito confient à Michel
Blanchard qu'ils ne se sont jamais sentis aussi fébriles. Sous
le titre « Le Série du siècle prendra fin sur le match du
siècle », Blanchard écrit dans *La Presse* du 27 septembre
1972, la veille du match : « Vous pensez avoir vu tout un
match de hockey hier. Attendez un peu. ATTENDEZ. Ce
n'était le prélude qu'à l'apothéose finale ».

Les journaux soulèvent en long et en large la problématique des arbitres. *Le Journal de Montréal* fait ainsi toute sa
une le jeudi 28 septembre, jour du match ultime : « Russie-
Canada, la minute de vérité tient au choix des arbitres ».
Comme ses autres collègues, Gilles Terroux relate dans les

pages sportives que la brouille est prise entre les dirigeants, canadiens et soviétiques, à propos des officiels. Il souligne que la direction des deux organisations a passé la journée du 27 à essayer de trouver un compromis dans le choix des arbitres. Normalement, ce sont les deux Allemands, Baader et Kompala, qui devraient officier à l'occasion du dernier match. Ce sont les mêmes qui étaient au travail en Suède et pendant le sixième affrontement de la série, deux rencontres où les joueurs canadiens ont perdu la tête et accumulé les punitions. Sinden et ses collègues ne veulent pas de ces deux-là. Ils voudraient plutôt Dahlberg et Batja pour le huitième épisode du feuilleton. Les Soviétiques s'entêtent dans leur position : ils veulent les deux Allemands, tel que prévu dans le calendrier réalisé avant la série et accepté par les deux organisations. L'affaire paraît sans issue. Sinden menace de ne pas jouer la partie si ce sont les Allemands qui officient. L'affaire se transporte dans la sphère politique, mais tant le personnel de l'ambassade canadienne que les autorités soviétiques refusent de s'en mêler. On en est à peu près là le 27 septembre au soir.

Le lendemain matin, une nouvelle rencontre est organisée. Les choses en sont au même point. Il y a passablement de tension dans la pièce. Ferguson fait une crise du tonnerre et lance différents objets sur les murs. Un compromis est finalement atteint. Chaque équipe sélectionnera un officiel. Les Russes prennent Kompala. Les Canadiens Dahlberg. Les Russes apprennent aux Canadiens que le Suédois est malade. Ces derniers n'en croient rien, mais acceptent de prendre Batja. La série est sauvée. L'explication finale au sommet pourra finalement avoir lieu sur la glace quelques heures plus tard.

À 17 h 15, Sinden et Ferguson font leur préparation habituelle d'avant-match : hop ! deux petits verres de scotch derrière la cravate. Ils se rendent ensuite à l'aréna avec les joueurs. Arrivés au Palais des sports, certains joueurs canadiens voient Kharlamov se mouvoir avec peine dans l'enceinte. La rumeur court qu'il jouera. Chez les Canadiens, personne ne croit qu'il va jouer tellement il a de la difficulté à marcher. Les Canadiens soupçonnent une ruse de leurs hôtes. Sinden recommande néanmoins de le frapper comme d'habitude si jamais il s'aventure sur la patinoire.

L'entraîneur canadien effectue deux changements dans son alignement. Il sort Goldsworthy pour introduire Frank Mahovlich, qui a l'expérience de quelques matchs décisifs en finale de la Coupe Stanley. Il poste Dryden devant le filet. Pourquoi Dryden ? Pour respecter le principe d'alternance défini au début de la série et parce que Ferguson et lui ont le sentiment qu'il va gagner. Bobrov ne fait qu'un seul changement. Surprise ! il remplace le défenseur Ragulin par Kharlamov.

Au Canada, la partie débute à 12 h 30, heure locale du Québec. Les bars, les restaurants et tous les lieux publics qui disposent d'un téléviseur sont remplis à craquer. Environ 5 000 personnes se massent à la Gare centrale de Montréal, où des téléviseurs ont été installés. Partout, les rues des villes sont vides. Même les chauffeurs de taxi ont cessé de travailler pour regarder cette partie historique. Tant à Montréal qu'à Toronto, les activités boursières sont au ralenti. Dans les institutions scolaires, le taux d'absentéisme pour cause de maladie n'a jamais été aussi élevé. Pourtant, dans la majorité des écoles primaires et secondaires du Canada, on a installé des téléviseurs dans les classes et les gymnases pour que les jeunes puissent regarder la partie. Parfois, la décision locale de donner congé aux élèves est prise spontanément. Parfois encore, comme en Ontario, elle émane des autorités gouvernementales. Dans cette province, c'est le ministre de l'Éducation Tom Wells qui autorise officiellement 500 000 jeunes du primaire et du secondaire à regarder le duel tant attendu à la télévision[123].

En Union Soviétique, tout est en place pour le match du siècle. Cependant, avant la partie, un autre malentendu survient entre les deux organisations à propos de la présentation d'un totem par les Canadiens. Ces derniers veulent présenter ce symbole de la côte ouest canadienne, de près de

6 pi de haut(2 m), à leurs hôtes, qui ne veulent pas le recevoir sur la glace car le temps manque. Eagleson fait à sa tête.
Malgré le refus des dirigeants russes, il apporte le totem sur
la glace pour le leur offrir. Ceux-ci se voient forcés de désigner
des représentants pour aller recevoir le présent. Eagleson n'a
pu laisser passer cette autre occasion de se présenter devant
quelques dizaines de millions de téléspectateurs!

Dans l'aréna, l'ambiance est surchauffée, électrisante.
Richard Garneau se rappelle très bien ce moment : « Nous
étions tous très nerveux, René Lecavalier compris ». Dans les
gradins, les Canadiens sont en liesse. C'était déjà une belle
fête que cette sortie en URSS! Or, voilà que leurs favoris
ajoutent à l'excitation puisqu'ils ont arraché aux Soviétiques
les deux dernières batailles. La troïka de l'État soviétique,
composée de Léonide Brejnev, Andrei Kossyguine et Nikolaï
Podgorny, est sur place. Ces gens demeurent aussi discrets
qu'à l'occasion de la première partie à Moscou. Les caméras
de la télé canadienne n'osent les montrer aux téléspectateurs parce qu'ils ne sont pas en fonction officielle, précise
en ondes Foster Hewitt.

Pour la dernière fois, les deux hymnes nationaux sont
joués. Les joueurs demeurent comme toujours tout à fait
immobiles pendant ce temps. Dryden tient dans sa mitaine
le chapeau de cow-boy blanc que les Canadiens remettront
dans un instant à leurs hôtes. Il le porte dans sa mitaine à
hauteur de son cœur. Ce geste solennel n'échappe pas à l'œil
de la caméra et crispe les téléspectateurs. Les hymnes terminés, les joueurs sont présentés pour une dernière fois.
Bergman est sifflé copieusement par les partisans russes. Il
sourit, fait un 360 degrés sur place en regardant la foule et
lève un bras en l'air, pointant l'index et le majeur en forme
de V. Phil Esposito s'est de nouveau placé près de la bande
sur la ligne bleue au lieu d'être à la place correspondant à
son numéro 7. À l'annonce de son nom, il avance en s'accro-
chant à la bande. La foule applaudit et le grand joueur de
hockey et le clown. Fier de son coup, Phil sourit fièrement.
Les autres joueurs, canadiens et russes, réagissent de façon

impassible à l'annonce de leur nom. Frank Mahovlich avance nerveusement, puis recule tout aussi nerveusement. On craint qu'il n'éclate.

Savard et Lapointe commencent la partie avec Phil Esposito, Cournoyer et Parisé. La rondelle n'est pas encore déposée sur la glace que Phil Esposito discute déjà sérieusement avec Kompala au centre de la patinoire. Ça promet. L'engagement débute. Les Russes prennent moins de 10 s pour lancer sur Dryden : un tir faible, sans doute commandé pour tester ses nerfs. Les Rouges pressent le jeu en zone canadienne. White prend une punition mineure discutable à 2:25. Quarante secondes plus tard, Pete Mahovlich accroche avec sa main un adversaire par le cou. Il est puni à son tour. À 5 contre 3, Yakushev n'a besoin que de 20 s pour marquer sur le retour d'un puissant tir de la pointe, qu'a décoché Lutchenko sur réception. Dryden n'y pouvait rien. Les Soviétiques sont en avant 1-0.

Une minute plus tard, les arbitres corrigent leur erreur envers White en envoyant, sans raison, un rouge au cachot. À quatre contre quatre, Parisé bloque dans la cinquième minute un adversaire avec son bâton de hockey. Sifflet. Punition appelée. Parisé ne réagit pas. Il se dirige au banc. Puis, allez savoir pourquoi, pendant que Savard et Esposito discutent avec Kompala, il quitte le banc et effectue quelques cercles en levant son bâton d'une main et en le projetant violemment sur la glace en signe de dépit. Il est hors de lui, enragé. Soudain, il se rue vers Kompala et, tenant son bâton à deux mains, il effectue un mouvement impétueux pour le rabattre sur la tête du pauvre hère, lequel lève les deux avant-bras pour parer le coup. À la dernière fraction de seconde, Parisé arrête son élan assassin à quelques centimètres de l'officiel. Guy Lapointe se précipite auprès de son coéquipier pour le retenir et ne le lâche plus d'une semelle. Suffit !

Dans les estrades, c'est un ramdam du tonnerre. La foule siffle à briser les tympans. Sur la glace, c'est l'anarchie. Après un long moment, le présentateur annonce enfin, à l'intention de Parisé, une punition de 2 min, en plus de 10 min

d'inconduite de match. L'annonce choque les joueurs canadiens. Et ça repart de plus belle. Une douzaine de joueurs
d'Équipe Canada entourent Kompala, qui reste près de la
bande. Ça discute fort. Tout à coup, on voit des chaises qui,
en provenance du banc des Canadiens, glissent vers Kompala sur la surface glacée. Sinden, Ferguson et leurs adjoints
prennent tout ce qu'ils peuvent, y compris un banc, et le jettent sur la glace. Sinden fait quelques gestes de coupe-gorge
(décidément une habitude) en direction des arbitres. Au banc
du Canada, se sont maintenant dirigés Goldsworthy et les
autres joueurs qui ne portent pas l'uniforme.

Eagleson est là. Avec l'intention de calmer Sinden et
Ferguson, dira-t-il plus tard. C'est la cohue la plus totale
dans le Palais des sports. Arrive en trombe un escadron de
policiers. Ils se massent en rangs serrés derrière le banc des
visiteurs. Le tableau n'est pas très édifiant. Sur la galerie de la
presse, René Lecavalier et Richard Garneau sont pour le
moins inconfortables. « Je me sentais extrêmement mal à
l'aise, tellement que je souhaitais au bout du compte une
victoire de l'Union soviétique. C'était insupportable. C'était
comme si on pouvait tout se permettre! tout se permettre! »
raconte aujourd'hui Richard Garneau[i].

Au bout d'une éternité, le jeu reprend. Savard, Lapointe
et Phil Esposito gardent le fort à trois contre quatre. Esposito
est l'homme-orchestre du Canada : depuis le cinquième duel,
il évolue au sein de deux trios, est de toutes les supériorités
numériques et joue plus souvent qu'autrement en désavantage numérique. Cette fois, il permet au Canada de tenir le

---

i   De la part de Parisé, ce geste déplorable est étonnant. Parisé est un
     joueur très énergique, mais qui n'a pas l'habitude de perdre son sang-
     froid. Ce n'est pas un joueur violent, il n'obtient qu'une soixantaine
     de minutes de punition en moyenne par année. Il est apprécié des
     siens et respecté par ses adversaires. Tous les témoignages faits par ses
     coéquipiers à propos de ce geste sont à sa défense. « Jamais il n'aurait
     frappé l'arbitre », m'a confié Serge Savard. Une telle perte de contrôle
     n'était pas dans ses habitudes. Les membres de l'organisation cana-
     dienne attribuent cet excès au piètre arbitrage et à l'atmosphère de
     guerre ouverte qui sévissait.

coup en infériorité numérique. Immédiatement après, Tsygankov est pris en défaut par les arbitres. Profitant du surnombre, Esposito perce la défense de Tretiak de sa position habituelle, c'est-à-dire l'enclave, sur un retour de lancer. La marque est égale, à 1-1. Qu'il était attendu, ce deuxième but du Canada en avantage numérique depuis le début de la série ! Par ailleurs, c'est la quatrième fois qu'Esposito enregistre le premier but du Canada. À la reprise du jeu, Esposito demeure sur la glace avec Ratelle et Hull. Quand ces deux-là sortent après une séquence, il y reste pour évoluer cette fois avec Cournoyer et Pete Mahovlich. Un peu plus tard dans la période, on le voit avec Paul Henderson et Ellis, puis avec Cournoyer et Frank Mahovlich. Esposito est partout. Fréquemment, il ne saute qu'un tour sur la patinoire.

Entre-temps, le jeu s'anime. Esposito met Tretiak à l'épreuve. Gilbert en fait autant. De l'autre côté, Dryden fait sa part en bloquant un tir dangereux de Vassiliev. Quant à Kharlamov, il fait quelques présences sur la glace, mais son visage est blême et il patine avec peine. Visiblement, il ne peut fournir un effort soutenu. À 12:51, Cournoyer écope d'une punition pour double échec. Moins de 30 s plus tard, Lutchenko marque d'un lancer de la pointe, alors que Dryden a la vue voilée. C'est 2-1 pour les Soviétiques. C'est nul autre que Kharlamov qui a préparé le jeu. Quelques instants après, un joueur canadien le rudoie le long de la bande. Kharlamov s'écroule sur la glace et y reste étendu un bon moment. quand il réussit enfin à se relever, sonné, il se dirige lentement sur une seule jambe vers le banc de son équipe. On ne le reverra plus du match. Peu après, Park monte la rondelle vers la ligne bleue adverse et la passe à Ratelle, qui la lui remet immédiatement. L'ouverture est béante, Park se présente seul devant Tretiak. Lancer haut. Superbe but ! C'est 2-2. La première période se termine ainsi. L'atmosphère est survoltée, l'action n'a pas manqué, mais on ne peut pas dire qu'on a assisté à la meilleure démonstration de hockey de la série.

Quinze minutes plus tard, la deuxième s'engage. Yakushev tire d'une quarantaine de pieds du filet (une douzaine de mètres) vers Dryden. La rondelle se dirige loin de la cible, frappe le grillage à la gauche du gardien canadien et, manque de pot, revient devant le but après un curieux bond. Opportuniste, Shadrin est là. Bang! C'est 3-2 pour les Soviétiques. Le hasard n'a ni cœur ni principe. Il y a seulement 21 s de jouées.

Le rythme s'active drôlement dans les 10 premières minutes de cette période. Des poussées de part et d'autre, auxquelles résistent tant bien que mal Tretiak et Dryden. Les arrêts de jeu sont rares. Pas de *dumping* de rondelle[ii]. On tente d'entrer dans la zone adverse en utilisant la passe, la vitesse et la dextérité. Quel beau jeu! Les défenseurs canadiens appuient rondement l'attaque, à la manière des Soviétiques. Au milieu de la période, les Canadiens pressent leurs adversaires dans leur zone. Dans le coin de la patinoire, Gilbert contrôle un moment la rondelle. Bill White, auteur de sept buts en neuf ans en séries éliminatoires de la Coupe Stanley, charge vers le but de Tretiak. Gilbert le repère à la hauteur du rectangle du gardien russe et effectue une passe habile à travers quelques patins. White n'a qu'à rediriger la rondelle derrière Tretiak. C'est 3-3. Un filet marqué à la canadienne, à la suite de gros efforts en échec-avant et à un jeu effectué dans le trafic, presque sous le nez du gardien.

Le jeu se poursuit avec ardeur. Tretiak frustre Gilbert, puis Dryden arrête Mikhailov sur une poussée à deux contre un. À 11:39, Yakushev, encore lui, réussit un but de l'enclave sur une passe de Shadrin. C'est 4-3 pour l'URSS. Et ça continue! Les Russes sont étourdissants: du patin, des passes, de l'ardeur, et encore, et encore. Le Canada connaît un passage à vide. Phil Esposito, toujours sur la glace et partout à la fois, sauve un but certain. Il arrête sur la ligne rouge du but une rondelle que Blinov venait de glisser après avoir habilement déjoué Dryden, laissé penaud à sept ou huit pieds (près de

---

ii   C'est-à-dire que les joueurs ne se débarrassent pas de la rondelle, en la lançant au fond de la zone adverse, passée la ligne centrale. Les Canadiens ont très peu utlisé cette stratégie dans la série. Quant aux Russes, c'est un jeu qu'ils n'exécutaient jamais.

trois mètres) en avant de son filet. Blinov n'en revient pas. Le public non plus.

Pour un temps, incapables de suivre le rythme de leurs adversaires, certains joueurs canadiens utilisent plus de robustesse que ne le permet le livre des règlements. Stapleton violente un adversaire à la hauteur du cou, avec son bâton qu'il tient à deux mains. Deux minutes pour Pat. À cinq contre quatre, les Russes contrôlent la rondelle en zone canadienne. Bergman donne un dur coup de bâton dans le dos d'un Russe. Puis, un joueur canadien charge dans le dos un Soviet devant le filet de Dryden. L'une des deux punitions est appelée, mais avant que le Canada reprenne la rondelle et que le sifflet se fasse entendre, Vassiliev touche la cible sur une passe en croisé de Shadrin. C'est 5-3 pour les Soviétiques. Le jeu devrait reprendre à cinq contre quatre comme il se doit en raison de la punition signalée au Canada, mais annulée par le but de Vassiliev. Cependant, les joueurs canadiens argumentent tant et si bien que les arbitres cafouillent en changeant leur décision et en permettant à White de revenir sur la glace alors qu'il devrait passer encore 53 s au banc des punitions. Le jeu reprend donc à forces égales. Phil Esposito entre en action à 15:50. Il ne quittera plus la patinoire de la période, soit une présence de plus de 4 min. Malgré ses efforts acharnés et un avantage numérique de son équipe à la fin de l'engagement, ce dernier se termine sur l'avance de deux buts des Soviétiques.

Pendant l'entracte, le gardien substitut Eddie Johnson affirme que l'ambiance est positive dans la chambre des Canadiens et que les joueurs sont confiants ; ils croient possible de revenir de l'arrière. Puis, la troisième débute. Dale Tallon, trop nerveux pour regarder le match, reste dans la chambre des joueurs devant le casier de Bobby Clarke, qui y a suspendu une patte de lièvre à un crochet pour porter chance à l'équipe[iii]. Comme d'habitude, Savard et Lapointe sont à la ligne bleue. Dès la première minute, Dryden doit

---

iii   Il reviendra près de la patinoire à une minute de la fin et ne manquera pas la finale.

faire un bon arrêt à l'occasion d'une montée à deux contre un des Russes pour garder les siens dans le match.

Entre-temps, la caméra montre le soigneur du Canada qui s'entretient au banc avec Henderson. On a peu vu ce dernier sur la glace dans les deux premières périodes. On l'apprendra plus tard, il souffre d'un étirement à l'aine.

Les Canadiens travaillent énergiquement pour revenir de l'arrière. En avance 5 à 3, les Soviétiques ont décidé d'arrêter le jeu aussi souvent que possible. Ainsi, contrairement à son habitude, dès qu'il touche à la rondelle, Tretiak joue de prudence et gèle celle-ci. À 2:27, Pete Mahovlich alimente avec à-propos Phil Esposito dans l'enclave. De sa position privilégiée, Phil ne rate pas sa chance : c'est maintenant 5-4 et tous les espoirs sont permis. Dans le Palais des sports, les fans canadiens deviennent fous, fous, fous de joie. Peu après la reprise, Dryden garde les siens dans le match en effectuant un arrêt important juste avant que Mishakov et Gilbert lâchent leurs gants pour se chamailler. C'est la première bataille de la série. Sur place, les partisans russes ne savent comment réagir puisqu'ils ne sont pas habitués à de tels combats, ceux-ci étant interdits en URSS et dans les rencontres internationales. Les belligérants écopent de cinq minutes chacun pour leur geste. Les arbitres errent de nouveau en n'expulsant pas les joueurs de la partie, comme le requiert pourtant le règlement international appliqué pour cette série. À la reprise, les deux équipes jouent à forces réduites. Puis, Vassiliev est puni, mais le Canada ne tire pas avantage du surnombre à quatre contre trois. À la mi-temps, Dryden sauve encore les siens en refusant de céder devant Maltsev lors d'une autre poussée à deux contre un Soviet.

À 12:56, Phil Esposito tire sur Tretiak, qui fait l'arrêt. Phil prend son propre retour derrière le filet, passe à Cournoyer dans l'enclave, qui atteint du revers le fond de la lucarne. C'est 5-5 ! Les Canadiens jubilent sur la glace et dans les estrades. La caméra montre alors des joueurs canadiens attroupés le long de la bande, près du banc des punitions. Chose étrange, on aperçoit un joueur canadien dans les gradins! C'est Pete Mahovlich! Il y a plusieurs policiers. Des bâtons volent ici et là. Ça se bouscule. Juste ciel! D'autres joueurs arrivent. Puis, Sinden traverse la patinoire avec le soigneur et d'autres assistants. Ferguson n'est pas loin derrière. On voit soudain un homme qu'on arrache des mains des policiers. De la patinoire, des joueurs canadiens soulèvent cet homme pour le sortir des gradins et l'amener sur la glace. Eagleson! Encore lui! On est en plein cinéma. « Quand j'ai vu qu'Engleson avait des problèmes avec la police, je n'ai pas hésité, m'a raconté Pete Mahovlich. J'ai sauté par-dessus la bande, puis j'ai saisi Engleson pour le sortir de là. Je n'avais que mon hockey contre leurs pistolets, mais je n'avais pas peur, j'agissais instinctivement. »

Escorté par les joueurs, le soigneur et d'autres membres de l'organisation canadienne, Engleson traverse la glace en direction du banc du Canada. En cheminant vers l'autre côté de la patinoire, l'histrion et certains membres de l'organisation font des gestes répétés avec le majeur en direction de la foule. Les spectateurs canadiens sont extasiés. Pris d'un enthousiasme effréné, ils applaudissent à tout rompre. Les Russes, eux, sifflent autant qu'on peut le faire. Partout, c'est l'hystérie, la fureur, la démesure. On se croirait dans les anciennes arènes romaines. L'émotion est telle qu'à cet instant on craint qu'un simple geste ou signe de tête de Léonide Brejnev donne au drame une saveur de Rome antique. Quel dommage que les caméras de télé ne saisissent pas l'image du leader soviétique! On l'imagine ayant un petit hoquet derrière son col serré comme on imagine le chef du KGB se faisant discrètement craquer les doigts. Et dire que Brejnev et Trudeau ont désiré la tenue de cette série historique pour favoriser le rapprochement entre les deux peuples et la détente entre les blocs de l'ouest et de l'est.

Lorsqu'il arrive au banc des Canadiens, Eagleson pointe du doigt et invective la douzaine de policiers chargés de protéger les Canadiens, restés en poste derrière le banc. Finalement, les joueurs installent Eagleson au bout de leur banc.

Désormais, les hockeyeurs qui ne portent pas l'uniforme resteront près de leurs coéquipiers[iv].

Quatre cent soixante-treize minutes de hockey ont été jouées dans la série. Chaque équipe compte trois victoires et le pointage est égal, avec sept minutes à disputer. Le jeu reprend. Les Soviétiques font preuve de prudence sur la glace. Les Canadiens, eux, forcent le jeu. Cette stratégie porte presque des fruits car, dans la dix-huitième minute de jeu, Tretiak arrête un lancer de Bergman qui s'est rendu seul devant lui à sa gauche. Les Soviétiques contre-attaquent immédiatement, mais Dryden résiste.

À 18:25, avant une mise au jeu à la gauche de Dryden, Esposito fait un geste tout à fait inhabituel en invitant Savard, Lapointe, Cournoyer et Pete Mahovlich à le rejoindre près du filet pour parler de stratégie[v]. Formant un cercle, les joueurs se prennent par les épaules pendant que le généralissime donne ses instructions. Puis, chacun reprend sa place pour la remise au jeu.

La rondelle est déposée sur la glace. Trente secondes plus tard, pendant le déroulement du jeu, l'élu de la soirée se lève au banc du Canada. Il prend l'initiative de crier à tue-tête à Mahovlich de revenir au banc. Pete obéit. Que pourrait-il faire d'autre ? Henderson saute donc sur la glace. Le jeu se déplace dans la zone des Russes. Un joueur canadien tire de

---

iv Eagleson racontera que, comme la lumière rouge ne s'était pas allumée après le but de Cournoyer, il s'est dirigé vers l'annonceur dans le but de lui lancer une volée de bois. Des policiers l'ont arrêté en chemin pour le ramener à l'ordre. C'est là que Pete s'est lancé dans les estrades, utilisant ses 6 pi 7 po (2 m) sur patins pour littéralement enlever Eagleson des mains des policiers. Pete lui-même racontera plus tard que certaines personnes n'aimant pas Eagleson lui en ont voulu de l'avoir sorti de là. Par ailleurs, contrairement à ce que plusieurs observateurs ont laissé croire, il s'agissait bien de policiers et non de militaires. La confusion vient du type de vêtements que portent les policiers moscovites et du terme russe *militsia* qui les désigne et que plusieurs traduisent erronément par « milice ».

v Les fans du Canadien de Montréal se réjouissent que cinq des six joueurs d'Équipe Canada sur la glace en cet instant critique soient de la sainte flanelle.

la ligne bleue vers le filet de Tretiak. Henderson fonce au but puis trébuche derrière. Trois joueurs soviétiques ont la rondelle à portée de bâton près du cercle de mise au jeu. Ils hésitent. L'un d'eux y touche, cafouille. Esposito, qui d'autre, s'en empare et dirige un faible lancer vers le but. Henderson, qui se relève de sa chute, prend la rondelle et lance sur Tretiak. Ce dernier, qui a acquis la réputation de demeurer toujours sur ses deux jambes, est cette fois étendu sur la glace. Il arrête tout de même le tir, mais pas le rebond, que le perspicace Henderson, toujours fin seul, a pu saisir et projeter au fond du filet. C'est 6-5 pour le Canada! Il reste 34 s à la partie.

Les partisans canadiens sont en liesse dans les gradins. Tous les joueurs canadiens sautent sur la patinoire. Dryden quitte son but. Plusieurs joueurs qui ne font pas partie de l'alignement de ce match font de même, tout comme... Eagleson. Sinden et Ferguson, eux, restent au banc pour préparer les derniers moments de la partie. On se félicite au banc des Canadiens. Certains sautent de joie. Goldsworthy, euphorique et peu élégant, multiplie les bras d'honneur en direction de la foule. Finalement, le jeu reprend. Et la partie se termine ainsi. Victoire canadienne à l'arraché: quatre victoires, trois défaites et un match nul. Le match du siècle de la Série du siècle s'est décidé à 34 s de la fin. Il a fallu plus de 479 min pour départager les 2 équipes. On n'aurait pu imaginer un scénario plus captivant, plus saisissant.

Dans le Palais des sports, c'est l'euphorie chez les uns et l'abattement chez les autres. Les spectateurs canadiens entament spontanément l'hymne national. Encore aujourd'hui, plusieurs joueurs se rappellent avec émotion le chant de leurs partisans. Les joueurs du match désignés par les journalistes sont Yakushev, Shadrin, Henderson et Park. C'est la quatrième fois d'affilée que Yakushev est élu. Henderson, béni par quelque dieu, a marqué le but du siècle, son troisième but gagnant d'affilée à Moscou. Cependant, chez les Canadiens, la performance exceptionnelle de Phil Esposito est à souligner. Il était de tous les coups, a accumulé deux buts et deux passes en plus de voler un but certain à l'adver-saire. Surtout, par son acharnement et son désir de vaincre, il a agi comme catalyseur auprès de ses coéquipiers.

En entrevue accordée après le match à Bill Good de CTV, Park et Henderson diront tour à tour aux 15 millions de téléspectateurs canadiens qu'ils n'ont jamais été aussi fiers d'être canadiens. «Le Canada est le meilleur pays au monde», affirme Park. Dans l'histoire de ce pays, jamais un événement n'aura contribué au développement du sentiment d'apparte-nance davantage que ces huit parties et cette fin triomphale.

CHAPITRE 28

EXULTATION

*L'exultation qui a marqué la huitième partie
a dépassé les meilleurs moments de mes
cinq victoires de la Coupe Stanley.*
JOHN FERGUSON

D ans la chambre des joueurs canadiens règne la jubilation la plus grande. «Nous sommes les premiers au
monde! » proclament Sinden et Ferguson en y entrant.
Les joueurs sont extrêmement émotifs. «Ce triomphe est
plus satisfaisant que mes cinq Coupes Stanley et mon Conn
Smythe parce que 15 millions de Canadiens nous encou-
rageaient», dit Serge Savard. «Je n'ai jamais joué sous une
tension aussi grande que ce soir», dit Cournoyer, dans un
mouvement d'allégresse. Sur le coup de l'émotion, Pete
Mahovlich affirme, comme Ferguson, que ce triomphe dépasse
les meilleurs moments de sa carrière. Il ajoute un commentaire lourd de sens: «Je garde toutefois frais à la mémoire
ceux qui ont quitté[124] ». Trente ans plus tard, Pete Mahovlich
nuancera ses propos à l'égard de ceux qui ont quitté l'équipe:
«Je comprends leur point de vue maintenant», m'a-t-il indiqué en entrevue. Plus tard aussi, parlant de l'atmosphère
régnant dans la chambre, Eddie Johnson confiera qu'il n'a
jamais vu autant d'adultes pleurer comme à ce moment-là[125].

Le 29 septembre 1972, le journal *La Presse* publie cette caricature de Girerd montrant René Lévesque, le chef du Parti québécois, sautant de joie à l'annonce de la victoire canadienne.

Chez la majorité des joueurs, les années n'ont pas amenuisé leur sentiment particulier à l'égard de cette série. Serge Savard m'a confié qu'elle constitue toujours le moment le plus important de sa carrière sportive, plus encore que les huit Coupes Stanley remportées à titre de joueur et les deux gagnées alors qu'il était directeur général du Canadien de Montréal. Même chose pour Pete Mahovlich, qui précise, à propos de ceux qui ont quitté l'équipe : « Je comprends leur point de vue aujourd'hui, mais ils auraient dû réaliser l'importance de rester avec nous ; c'était pour le Canada après tout ».

Au milieu de la fête, Anisin se pointe dans la chambre et offre un samovar à Phil Esposito. Celui-ci, aussi surpris qu'embarrassé, sort à moitié nu de la chambre chercher un de ses bâtons de hockey pour le lui offrir. Ce petit geste en dit long sur l'esprit qui régnait au cours de la série. Malgré la rage, la violence et les excès dont les spectateurs ont été témoins, la série a connu ses moments d'humanisme ; rappelons-nous ces petites tapes amicales que se donnaient parfois les joueurs des deux équipes sur la glace. Ces gestes sportifs sur la glace ont autant étonné les observateurs du hockey que la qualité du jeu, car ils étaient inhabituels dans la LNH. Jamais deux joueurs ne se donnaient de tape après une empoignade sans ménagement. En dehors de la glace, les joueurs d'équipes adverses se côtoyaient rarement. Dans sa biographie, John Ferguson rapporte n'avoir jamais fréquenté un adversaire en dehors du jeu. Il se plaît à raconter qu'un jour il a quitté un restaurant sans terminer son assiette lorsqu'un adversaire est venu s'asseoir près de lui.

Après la partie, les membres des deux équipes sont conviés à une réception organisée par les hôtes. Tous les joueurs d'Équipe Canada sont là, mais seuls quelques-uns de l'équipe défaite sont présents. Les membres de l'organisation canadienne sont déçus de l'absence de la majorité des joueurs russes. L'atmosphère est glaciale. Henderson envoie promener Tretiak lorsqu'il lui dit que son dernier but n'a été qu'un coup de chance. Quant au chef de la mission soviétique,

Starovoitov, il prononce un discours qui contient quelques coups de griffe à l'endroit d'Eagleson : «Je croyais avoir un ami», dit-il au micro. L'Aigle ne manque pas de retourner l'ascenseur lorsqu'on l'invite à son tour à prendre la parole. Les joueurs canadiens, aussi vite que possible, vont quitter les lieux.

À l'hôtel Intourist où logent les joueurs et plusieurs supporters canadiens, c'est la fête. Plusieurs centaines de partisans canadiens, hébergés ailleurs à Moscou, se rendent au chef-lieu des leurs. Le champagne coule à flots. À l'intérieur et à l'extérieur, partout, les fans grisés tout autant par la victoire que par l'alcool reprennent sans cesse en chœur le *Ô Canada*. Ils entonnent également ce refrain qui les transportaient au Palais des sports de Loujniki : « *Canada da, da ; Russia, niet, niet* ». On boit, on crie, on chante, on se congratule comme lorsque l'on vient de gagner une guerre. Richard Garneau se souvient de Henderson prononçant les paroles suivantes : «C'est la victoire de la liberté sur le communisme». Et la fête se poursuit toute la nuit dans l'ivresse de la victoire.

Le lendemain 29 septembre, les Canadiens prennent l'avion pour Prague, où ils doivent jouer, le samedi 30, un dernier match d'exhibition contre les champions du monde amateurs, soit l'équipe nationale tchèque. Kompala voyage dans le même avion que les Canadiens car il doit arbitrer l'affrontement du samedi. Comme les Soviétiques souhaitent continuer d'améliorer leur performance, Bobrov fait partie du voyage pour agir en éclaireur. Richard Garneau fait aussi partie du contingent des voyageurs car il doit présenter avec René Lecavalier le duel à la télé. Garneau raconte que Parisé, pendant le vol, lançait des os de poulet à Kompala[i].

Le match à Prague se déroulera dans une atmosphère chargée d'émotion devant le président tchèque Ludwig Svoboda, car on souligne le retour sur la glace de Stan Mikita

---

i   Plusieurs témoins rapportent également l'incident. Ce harcèlement aura quelque effet car l'Allemand sera porté malade et n'officiera pas le match à Prague.

dans son pays d'origine. L'événement revêt une telle importance que l'équipe du Canada l'avait autorisé à ne pas assister au huitième match pour qu'il puisse se rendre plus tôt auprès de sa famille. Mikita est le capitaine désigné du Canada pour ce match hors concours. Il effectue la mise au jeu protocolaire. C'est Dryden qui garde les buts. Finalement, la partie se termine 3-3. Serge Savard s'est avéré le meilleur des siens en marquant deux fois, dont le but égalisateur, réussi à quatre secondes de la fin, alors que Dryden laissait sa place à un sixième attaquant. Pete Mahovlich est l'autre marqueur. Un dénommé Marian Stastny enregistre deux des trois buts des Tchécoslovaques[ii].

De ce côté-ci de l'Atlantique, on s'en douterait à moins, la victoire canadienne à Moscou a engendré une effusion de célébrations. Peu après le but victorieux de Henderson, les rues des grandes villes se sont remplies de gens entonnant leur hymne national à répétition en brandissant l'unifolié. À Montréal, on le chante en français et en anglais, sans dispute sur le sujet. Partout, les klaxons se font entendre. À Ottawa, des citoyens se rendent devant l'ambassade soviétique pour manifester leur joie. « Esposito comme pape! Esposito comme premier ministre! » scandent-ils, rapporte *La Presse* du 29 septembre. Et encore, des avions survolent Toronto et Montréal avec des banderoles félicitant les joueurs canadiens.

Jubilation et excès patriotiques ne sont pas absents des journaux. « Aucune nation ne devrait être plus fière », titre le *Hamilton Spectator*. « Le but du siècle. Victoire du Canada 6-5 », titre le *Montréal-Matin* avec un *V* d'environ 4 po (10 cm) de haut. « Une série fantastique », écrit Jean Aucoin dans ce même quotidien. « ...6-5, et c'est terminé! », titre *The Gazette* le 29 septembre, pour souligner la victoire et aussi la fin de cette formidable aventure. Le *Calgary Herald* fait ainsi sa une :

---

ii   Marian Stastny marquera l'histoire des Nordiques de Québec en rejoignant en 1981 ses frères Peter et Anton, qui avaient fui la Tchécoslovaquie l'année précédente. Il jouera cinq ans dans la LNH, dont quatre avec les Nordiques.

« Nous sommes les champions ! » C'est avec « *Canada Storms Back to Win It*[iii] » que s'ouvre le *Montreal Star*. « *From Russia With Glory*[iv] », clame le *Globe and Mail*. Quant à *La Presse*, elle consacre la majeure partie de sa une à l'événement, qu'elle résume ainsi : « Victoire canadienne ». Surtout, elle rappelle, au haut de la première page, que son journaliste Michel Blanchard avait prédit le 2 septembre précédent trois victoires, quatre défaites et un match nul pour les Soviétiques.

Certaines effusions sont sans limites... « J'acclame aujourd'hui [...] nos vaillants représentants avec leurs agressifs et compétents entraîneurs Sinden et Ferguson », écrit le journaliste et directeur des pages sportives du *Journal de Montréal*, Jacques Beauchamp. Les Soviétiques sont les numéros deux, écrit-il. Dick Beddoes du *Globe and Mail* écrit que le Canada s'est emparé de Moscou, ce que Napoléon et Hitler n'ont pas réussi, souligne-t-il. Le *Vancouver Sun* rapporte des propos semblables de la part du premier ministre de la Colombie-Britannique, Dave Barrett : « Les Français n'ont pu le faire, les Allemands n'ont pu le faire. Maintenant, le Canada a réussi et il ferait bien de quitter la ville avant qu'il commence à neiger[v] ». Autre effusion, le premier ministre de Terre-Neuve, Frank Moores, invite tous les joueurs de l'équipe à une semaine de chasse et pêche aux frais de son gouvernement. L'histoire ne dit pas combien de joueurs ont répondu à cette invitation.

Ainsi, la victoire a entre autres conséquences de raffermir le nationalisme canadien. Dans *La Presse* du 29 septembre, la caricature de Girerd évoque cette idée : on y voit des indé-

---

iii   On peut traduire ce titre par » Le Canada revient en force pour la gagner », mais le titre original nous semble plus expressif.

iv   Ici encore, la traduction ne fait pas honneur à l'expression anglaise : « Retour de Russie dans la gloire ».

v   Dick Beddoes et Dave Barrett font référence à deux événements importants de l'histoire de la Russie. D'abord, la campagne de Russie de Napoléon, terminée dans la débandade à Moscou, à l'arrivée de l'hiver, en décembre 1812 ; ensuite, la défaite des armées d'Hitler à Moscou, au mois de décembre 1941, et l'échec de sa campagne de Russie, principalement en raison de l'hiver impitoyable qui y sévit.

pendantistes, dont René Lévesque, sautant de joie avec des drapeaux canadiens à la main. Quant à Dick Beddoes, il souligne dans son journal que plusieurs Canadiens se découvrent à l'instant une nationalité. Louise Cousineau, de *La Presse*, raconte l'anecdote suivante : un Québécois qui descendait d'avion à Dorval lui a avoué qu'il ne voterait plus pour les péquistes parce qu'il y a des socialistes dans le parti et qu'il a vu de ses yeux à Moscou le socialisme et il n'en veut plus. Le très réputé journaliste sportif Rocky Brisebois du *Dimanche-Matin*, qui était du voyage pour couvrir la série, affirme dans son quotidien : « ... les beautés du socialisme de Michel Chartrand, je pensais à ça avant la partie et je me suis juré de ne plus jamais y croire ».

Sur le plan sportif, certains se désolent de la qualité du spectacle qu'ils devront désormais regarder dans la Ligue nationale, dont la saison s'amorce. Un journaliste sportif avance carrément que la saison de hockey est déjà terminée. Jean Aucoin, du *Montréal-Matin*, affirme que le Canada méritait toutes ses punitions et qu'il faut cesser de blâmer les arbitres. Brisebois affirme que « le mythe de la suprématie canadienne au hockey s'est écroulé comme un château de cartes ». Il déplore aussi le comportement de « l'ineffable bouffon qui a pour nom Eagleson ». Sur ce dernier point, Red Fisher diverge sur ce dernier point en rendant hommage, selon ses propres mots, à son « ami » Alan Eagleson.

Des comptes se règlent de part et d'autre. Le 2 octobre, Michel Blanchard publie un texte intitulé « Savard n'a pas compris ». Il y souligne que Savard a remercié les journalistes « qui ont eu le courage de ne pas salir les joueurs canadiens ». Blanchard dénonce cette attitude, ajoute que « la complaisance est terminée » et que l'ère des journalistes sportifs publicitaires est révolue ». Sans nommer de collègue, il appuie le point de vue de Pierre Gobeil, du *Montréal-Matin,* qui a dénoncé le manque d'objectivité de certains journalistes et leur peu de recul face aux équipes qu'ils doivent suivre dans le cadre de leur travail. Les relations difficiles entre Blanchard et Savard pendant la série laisseront des traces profondes.

Serge Savard me l'a confirmé : « Pendant toute ma carrière, m'a-t-il dit, Michel Blanchard s'en est pris à moi comme joueur et comme directeur général. »

Vous souvenez-vous de John Robertson du *Montreal Star*, le seul journaliste, et peut-être aussi le seul Canadien, à avoir prédit une victoire des Soviétiques ? Le 28 septembre 1972, il couche sur papier une charge contre Équipe Canada. L'intitulé de son article se passe de traduction : « *Team Ugly Canada* ». Robertson y traite les joueurs canadiens de « barbares » et s'en prend à Eagleson « qui a créé un désastre diplomatique ». On n'a rien gagné, écrit en substance Robertson, qui fait aussi l'observation suivante :

> « Nous avons montré au monde que nous n'avons pas de respect pour les officiels, pour les entraîneurs adverses, ni des lois et coutumes des pays visités. On peut être champions des gestes obscènes et des menaces, mais au moins on a gagné cette maudite partie de hockey ».

Ce pamphlet vaudra à Robertson un abondant courrier. Il reviendra à la charge le 3 octobre pour dénoncer le fait que différents journalistes aient été boycottés pendant la série parce qu'ils avaient écrit des choses qui ne plaisaient pas. Par exemple, un journaliste anglophone aurait été boycotté parce qu'il a rapporté le harcèlement sexuel d'une jeune fille de 16 ans qui aurait eu lieu pendant le vol vers Vancouver.

Le dimanche 1er octobre, les membres d'Équipe Canada atterrissent à Dorval à 18 h 30. Une foule estimée à 20 000 supporters est là pour les acclamer. C'est un record qui dépasse largement la foule venue accueillir les Beatles quelques années auparavant. En descendant de l'avion, le général Esposito, jamais en manque d'imagination pour poser, se met à genoux et embrasse le sol. Le premier ministre Trudeau et le maire Drapeau font partie des hauts dignitaires venus rendre hommage aux héros. Le plaisir des joueurs est manifeste et les jeux cabotins reprennent. Savard, à qui on présente M. Trudeau, s'empare du bâton de hockey que Ferguson avait pris la peine de faire autographier par tous les joueurs en guise de souvenir et il le remet au premier ministre, à la face de son ami Ferguson qui voudrait le fusiller sur place. Sur le tarmac, il y a une parade : les membres de l'organisation, les joueurs et même le premier ministre défilent dans des camions d'incendie. Une autre cérémonie a lieu le soir même au centre-ville de Toronto, où 50 000 personnes acclament les joueurs malgré la pluie.

Pierre Elliott Trudeau avait créé en 1969 Hockey Canada pour que le pays confirme son titre légitime de plus grande puissance du hockey. Trois ans plus tard, Hockey Canada a rempli son mandat. Dans le milieu politique, personne ne semble avoir reproché ni à Eagleson, ni à Sinden et à Ferguson, ni aux joueurs certains excès dans leur conduite[vi]. Visiblement, dans la stratosphère, la fin justifiait les moyens. Les soldats ont exécuté les ordres. « On sentait que l'enjeu dépassait largement le hockey », commente Serge Savard. Tous les joueurs pensaient et pensent encore comme lui. Sans que cela puisse excuser les excès commis, il est important de saisir le contexte. De plus, il faut se souvenir que la grande majorité des excès ont surtout été commis par un petit noyau de joueurs canadiens et par Eagleson. Ce faisant, ils ont porté ombrage à la grande majorité de leurs collègues qui se sont comportés avec dignité.

En URSS, les Soviétiques accueillent dignement la défaite. Comme il l'a fait après chacun des matchs, le journal *La Pravda* publie un court résumé au lendemain de l'ultime duel. Sous le titre sobre « Le huitième match », le journaliste L. Lebedev commence ainsi : « Eh bien, quelle finale ! » Le journaliste russe rend hommage aux joueurs canadiens, tout en signalant au passage les excès de Parisé. Il conclut sur ces mots : « Les équipes soviétique et canadienne ont appris l'une de l'autre dans cette série, en dépit de quelques gestes

---

vi   D'ailleurs, le gouvernement confiera plusieurs autres missions de même nature à Eagleson, notamment l'organisation de la série de 1974 impliquant l'AMH et l'URSS. Au fait, en juillet 1973, Trudeau mettra fin à la carrière d'ambassadrice de Margaret Meagher, celle qui avait apostrophé les joueurs après la seconde partie à Stockholm.

fâcheux mais isolés des hockeyeurs canadiens. Ces rencontres favoriseront le développement du hockey international et permettront à notre équipe d'être mieux préparée en vue du prochain Championnat mondial». Dans un particle publié peu après la série dans le périodique Le Sport en URSS, les auteurs B. Basouvov et A. Kolodny commentent : «Chacun de ces matchs a inscrit des lignes inoubliables dans l'histoire du hockey». En parlant du premier but d'Esposito et du dernier de Henderson, ils soulignent : «Ce fut une démonstration de parfaite maîtrise individuelle, doublée chez le premier d'une force herculéenne et chez le second d'une souplesse que le plus fin patineur artistique pourrait lui envier [...] Toujours est-il que le hockey soviétique reste par excellence combinatoire, le canadien un concert de solistes».

Bref, la Série du siècle a soulevé les passions. Elle a laissé des traces sur lesquelles nous reviendrons un peu plus loin. Pour tous les membres de l'organisation, elle sera inoubliable. Si la fièvre du dernier match restera inégalée au dire de plusieurs, la série en elle-même demeure, pour la majorité des personnes impliquées, parmi les moments les plus importants de leur carrière. Dryden note dans ses mémoires que rien n'a signifié autant pour lui que cette série et que jamais, dans sa vie, il n'a vécu d'émotions aussi fortes («up and down»). Yvan Cournoyer, Jean Ratelle, Pete Mahovlich et Serge Savard rangent spontanément, 30 ans plus tard, cet événement parmi les moments forts de leur longue carrière de joueurs de hockey. C'est le cas également pour ceux et celles qui ont couvert la série. Prenons Richard Garneau. Pendant 28 ans, il a couvert le hockey pour la radio et la télévision. Il a commenté 17 rencontres olympiques et de nombreuses compétitions mondiales. Or, pour lui, la Série du siècle représente un événement important dans sa carrière, juste à côté du Tour de France de 1991, qu'il a suivi au complet. Selon lui, seuls les Jeux de Montréal, en 1976, surpassent ces deux événements lorsque vient le temps de parler des émotions vécues au cours de sa longue et riche carrière.

En ce qui concerne les perdants, Boris Mikhailov dira que la défaite du huitième match a constitué le plus mauvais moment de sa carrière et qu'il a pris des années à s'en remettre. Tretiak a lui aussi mal pris la défaite. Il souligne, dans une biographie publiée quelques années plus tard, que l'URSS a marqué 32 buts dans la série contre 31 pour le Canada. Selon lui, son équipe a commis une immense erreur en changeant son style de jeu dans la troisième période. «Je vais toujours considérer ce but comme étant le plus exaspérant de tous ceux que j'ai accordés», ajoute-t-il[126].

La série de 1972 a marqué à tel point et les joueurs et les amateurs de hockey qu'elle a donné lieu à deux séries commémoratives. La première a eu lieu au Canada en 1987, pour souligner son quinzième anniversaire; la plupart des joueurs des deux équipes de 1972 ont participé aux trois rencontres amicales organisées pour l'occasion. La seconde, étalée sur quatre matchs, a eu lieu en 1999. L'équipe canadienne comptait 4 joueurs de 1972 alors que celle des Russes en regroupait 18[vii]. Divers événements sont aussi organisés périodiquement. Le dernier a eu lieu le 15 février 2002, à Moscou, dans le cadre de la mission commerciale du premier ministre canadien. Une cérémonie réunissant 13 joueurs soviétiques et 4 du Canada a été organisée en présence de Vladimir Poutine et Jean Chrétien.

Enfin, malgré l'absence de 11 joueurs sélectionnés dans l'équipe au mois de juillet 1972, malgré un flagrant manque de préparation des dirigeants canadiens (mauvais choix de date pour la tenue de la série, méconnaissance de l'équipe adverse et des conditions de jeu à Moscou, sous-estimation de l'importance de l'arbitrage), Équipe Canada a remporté la série. «Nous avons été chanceux», avoue Ken Dryden dans ses mémoires. Phil Esposito, le meilleur joueur chez les Canadiens, émettra ce commentaire: «Je crois encore que la série n'aurait pas dû avoir lieu, rien n'aurait dû arriver. Rien.

---

vii Nul doute que l'argent a constitué pour ces derniers un facteur important considérant les rentes médiocres versées par le pays aux retraités.

Nous n'avions rien à gagner et tout à perdre[127] ». Il avouera de plus qu'il ne voulait pas jouer cette série mais y a été forcé. C'eût été, ma foi! non seulement une grande perte pour l'équipe canadienne mais également un énorme handicap pour la qualité du jeu et la démesure du spectacle.

CHAPITRE 29

IMPACTS DE LA SÉRIE
SUR LE HOCKEY CANADIEN

C'est un piètre élève celui qui ne surpasse son maître.
LÉONARD DE VINCI

D e l'avis de plusieurs observateurs, les Soviétiques ont perdu la série par leur faute. Bobrov a choisi, pour la première fois de la série, d'adopter une stratégie axée sur la défensive dans la dernière période. Erreur! Ils avaient les Canadiens dans les câbles. Ne restait qu'à donner le coup de grâce. Mais voilà, ils ne l'ont pas fait. Les Russes ont péri par le défaut de leur qualité: la constance. Ils ont été incapables de trouver un niveau supérieur d'intensité qui les aurait fouettés. Ils n'ont pas su, en temps opportun, jouer avec émotion et achever la bête qui saignait. La plupart des joueurs canadiens ont utilisé le mot *guerre* en parlant de la série. À notre connaissance, pas un seul Russe n'a fait de même. Selon Paul Henderson: «Les joueurs soviétiques n'ont jamais pu croire combien nous étions vicieux. Ils ne pouvaient pas non plus comprendre notre volonté de gagner à tout prix[128]». Les Russes formaient une splendide machine, composée d'athlètes exceptionnels. Ces joueurs étaient dotés d'une condition physique incomparable aux habiletés remarquables,

Photo : Denis B

Jean-Paul Parisé menace l'arbitre tchécoslovaque Batja lors du match décisif.

mais ils n'arrivaient pas à la cheville des Canadiens en ce qui concerne le désir de gagner. Voilà sans doute pourquoi ils ont perdu en 1972 et à l'occasion de plusieurs autres rencontres critiques, entre autres face aux Américains, en 1980 à Lake Placid, puis en 2002 à Salt Lake City, quand l'émotion était à son paroxysme[i].

Les Canadiens ont remporté la Série du siècle grâce à leur détermination. Regroupés derrière Phil Esposito, leur chef de file incontesté, ils ont haussé leur intensité au fur et à mesure que la série avançait à Moscou. Il faut donner crédit à Ferguson et Sinden d'avoir adapté le système d'échec-avant des Canadiens pour profiter de la faiblesse des Russes dans leur zone défensive. Non seulement le but crucial de Henderson est-il le fruit de cette tactique, mais une majorité des buts comptés par le Canada l'ont été de cette façon dans les derniers matchs. Par ailleurs, il ne fait aucun doute que la rudesse et l'intimidation pratiquées par les Canadiens, en particulier par cinq ou six joueurs, ont joué un rôle majeur dans le résultat de la série. Or, il faut également relever que la victoire n'eût pas été possible sans la contribution exceptionnelle des nombreux joueurs de premier plan qui ont joué panache et fait preuve d'un excellent esprit sportif. Pour n'en nommer que quelques-uns, soulignons le rôle de Cournoyer, Henderson et Park, trois des héros du dernier match, ainsi que celui de Ratelle et Savard, qui n'ont écopé d'aucune punition dans la série. En somme, si les abus de certains joueurs doivent être relevés, ils ne doivent pas faire oublier la prestation remarquable de plusieurs d'entre eux.

Sur le coup, la défaite fera mal aux partisans soviétiques mais, après quelque temps, les amateurs russes réaliseront que les leurs pouvaient garder la tête haute car personne ne s'attendait à ce qu'ils remportent trois matchs et chauffent les Canadiens jusqu'à la minute ultime de la série. «Nous n'avons pas eu honte de la défaite, m'a dit Alexandre V. Archugov, un Moscovite de 30 ans qui s'est beaucoup inté-

---

i   Rappelons leurs défaites inattendues aux Jeux de 1960 et de 1980, face aux Américains.

ressé à la série[ii]. Nous étions fiers de ce qu'ils avaient accompli, car les Canadiens étaient plus forts que nous. Ces derniers nous auraient battus plus aisément, n'eussent été leur mauvaise préparation et leur trop grande confiance au départ.» Cette série a certes contribué au développement du hockey soviétique. Après avoir longtemps rivalisé avec le soccer comme sport national des Soviétiques, le hockey deviendra incontestablement, dans les années 1970, leur sport préféré. Les joueurs canadiens, Phil Esposito et Paul Henderson en particulier, demeureront des figures populaires au pays d'Anna Karénine. Quant aux joueurs de l'équipe soviétique, la série aura contribué à faire de plusieurs d'entre eux de grands héros.

Quels joueurs auraient composé l'équipe d'étoiles de la série? Assurément Yakushev à gauche, Esposito au centre et Tretiak dans les buts. Nos trois autres choix pour compléter cette équipe auraient été Maltsev à droite ainsi que White et Savard à la défense. Malgré une blessure à l'avant-bras subie au début de la série, Maltsev a offert une performance formidable. Il a joué de façon électrisante, a lancé 32 fois au but (le deuxième à ce chapitre derrière Phil Esposito) et n'a été sur la glace que pour 4 buts des Canadiens alors que les équipes jouaient à forces égales. Du côté des arrières, le meilleur a sans contredit été Serge Savard. Ce dernier a été le défenseur le plus fiable et le plus adroit de son équipe. Pour preuve, le Canada n'a pas perdu de match lorsqu'il était en uniforme. Plusieurs autres défenseurs ont très bien joué: Lapointe, White, Bergman, Tsygankov et Lutchenko. Cependant, White aurait mérité une nomimation au sein de l'équipe d'étoiles en raison de sa constance et de sa fiche de plus sept, la meilleure des joueurs de la série, à égalité avec Shadrin[iii]. Qui

---

ii   La défaite des Soviétiques n'a pas empêché l'État de diffuser régulièrement des extraits de la Série du siècle au cours des années 1970 et 1980.

iii   Brad Park a été désigné le meilleur défenseur de la série, à l'étonnement de la grande majorité des observateurs car il n'a pas joué une bonne série, à l'exception du dernier match.

aurait osé suggérer, au mois d'août 1972, que l'équipe d'étoiles de la série compterait 50 % de Soviétiques ? La Série du siècle a donc permis de découvrir qu'il se développe des joueurs de très grande qualité en URSS. Totalement inconnus au Canada le 1er septembre, Kharlamov, Tretiak, Yakushev[iv] et quelques autres non seulement commandaient, moins d'un mois plus tard, le respect des amateurs canadiens mais suscitaient leur vive admiration.

La série de 1972 et la visite des Canadiens en Suède et en Tchécoslovaquie ont permis aux amateurs et aux professionnels canadiens du hockey (joueurs, entraîneurs, journalistes) de réaliser que leur pays n'avait plus la suprématie de son sport national. Si la série contre les Russes s'est décidée à 34 s de la fin du match ultime, n'oublions pas que l'issue de la rencontre contre les Suédois a été déterminée par le but d'Esposito à 47 s de la fin du second match. Souvenons-nous également qu'il ne restait que quatre secondes à jouer, dans la joute contre les Tchécoslovaques, quand Serge Savard a marqué un filet qui permettait au Canada de leur arracher un match nul. En somme, il n'a fallu que 29 jours, du 2 au 30 septembre 1972, pour que les Canadiens réalisent soudain, après 97 ans de suprématie, que les meilleurs hockeyeurs européens étaient aussi bons que leurs idoles de la Ligue nationale.

La tournée ayant démontré que des joueurs de fort calibre jouaient au hockey en Europe, une des principales retombées de la série sera l'introduction dans le hockey professionnel d'ici de joueurs provenant des vieux pays. Aucun joueur européen n'évolue dans la LNH en 1972. On en compte deux en 1973-1974, soit Inge Hammarstrom et Borje Salming. Puis, de nombreux Européens joignent les rangs de la LNH et de l'AMH à partir du milieu des années 1970. Certains, comme Anders Hedberg et Borje Salming, deviennent rapidement des *superstars* dans leur ligue respective. En 1974, les North Stars du Minnesota repêchent, en huitième ronde,

---

iv   Yakushev s'est acquis le titre de meilleur joueur d'avant de la série.

le Suédois Roland Ericksson, qui devient ainsi le premier joueur évoluant en Europe à être sélectionné à l'occasion de la séance annuelle de repêchage de la LNH. En 1978, le Canadien de Montréal sélectionne, en douzième ronde, Viacheslav Fetisov, qui devient du coup le premier Russe choisi lors de l'encan annuel de la LNH[v]. Le CH rapplique dans la septième ronde de 1983 en sélectionnant Vladislav Tretiak, pourtant alors âgé de 33 ans. Cependant, ni l'un ni l'autre ne sont autorisés par leurs pays à venir travailler en Amérique. Malgré tout, les équipes de la LNH sélectionnent de plus en plus de joueurs soviétiques dans les années 1980. Finalement, le premier d'entre eux à être autorisé par son pays à jouer dans la LNH est Sergei Pryakhin. Il joue deux parties avec les Flames de Calgary dans la saison 1988-1989[vi]. L'année suivante, Fetisov et quelques autres de ses compatriotes profiteront de la politique de la *perestroïka* et de la *glasnost* de Mikhaïl Gorbatchev pour faire leur entrée dans la LNH. Cependant, les autorisations ne sont accordées qu'à des joueurs en fin de carrière. Privés du droit de quitter légalement leur pays, de jeunes prodiges russes bradent leur pays en faisant défection pour vivre le rêve américain. Le premier à le faire est Alexandre Mogilny en 1989[vii].

En 1989, les Nordiques de Québec créent une première dans l'histoire de la LNH en sélectionnant, au tout premier rang du repêchage amateur, le Suédois Mats Sundin, qui devient ainsi le premier Européen à hériter de cet honneur. À partir de cette date, les équipes de la LNH cessent d'attendre les dernières rondes pour choisir des joueurs d'outre-mer. De fait, de 1989 à 2001, 40 % des joueurs sélectionnés au premier rang ou au deuxième étaient des européens. En 1999, les quatre premiers joueurs choisis par les équipes de

---

v   Fetisov sera de nouveau repêché en 1983 par les Devils du New Jersey.

vi   Pryakhin aura peu de succès dans la LNH, ne comptant que 3 buts dans les 57 parties qu'il jouera, étalées sur 3 saisons, avec les Flames.

vii Parmi les autres transfuges de marque, soulignons Sergei Fedorov, en 1990.

la LNH étaient Européens. En 2001, trois des cinq premiers choix étaient russes.

La rencontre de 1972 a pavé la voie à plusieurs autres séries entre les joueurs professionnels d'Amérique et ceux d'Europe, dits amateurs. Les Russes ont voulu refaire une série semblable en 1974, mais les bonzes de la LNH, réalisant qu'ils avaient tout à perdre, ont décliné l'invitation. Les Russes se sont alors contentés d'affronter les vedettes de l'AMH: une équipe respectable composée notamment des joueurs Jean-Claude Tremblay, Bobby Hull, Gordie Howe, Réjean Houle, Marc Tardif, Gerry Cheevers, Frank Mahovlich, Pat Stapleton et, le héros de 1972, Paul Henderson[viii]. Les Soviétiques remportent haut la main la série de huit affron-tements; les joueurs de l'AMH arrachent trois nulles, mais ne remportent qu'un seul match. L'année suivante, la LNH accepte de participer à une série de huit parties, toutes jouées en sol nord-américain, qui opposera cette fois les équipes nationales A et B de l'URSS à huit équipes profes-sionnelles. C'est dans le cadre de cette série qu'a lieu le match historique du 31 décembre 1975 entre le Canadien de Montréal et l'Armée rouge, match qui s'est conclu sur une nulle de 3-3. C'est aussi dans le cadre de cette même série que se déroule un match au Spectrum de Philadelphie, au cours duquel les Soviétiques se retirent dans leur vestiaire, prétextant, non sans raison, qu'ils sont victimes d'une vio-lence intolérable des Broad Street Bullies, menés par Fred Shero. Les deux équipes de l'URSS ont gagné cinq des huit parties de la série, clouant le bec à ceux qui prétendaient que les meilleures équipes de la LNH, mieux préparées qu'une équipe formée d'étoiles, mettraient à leur place les Rouges. Par la suite, les Russes sont souvent revenus se frotter à des formations de la LNH et à des équipes d'étoiles: soulignons la Coupe Challenge en 1979, au Madison Square Gardens de

---

viii Bobby Hull sera le meilleur pointeur de la série de huit parties avec neuf points, devant Yakushev, qui suit avec huit. Paul Henderson est revenu à la normale en se contentant de trois points. Frank Maho-vlich n'enregistre que deux points.

New York, et Rendez-Vous 1987, au Colisée de Québec. Enfin, les tournois de la Coupe du Canada constituent un héritage direct de la Série du siècle[ix].

Pour amadouer les autorités soviétiques et les rendre plus enclines à laisser venir leurs joueurs dans la LNH, celle-ci se montre généreuse financièrement envers les équipes russes qui viennent jouer des parties hors concours en Amérique. La Ligue nationale va plus loin. En 1988, elle signe une entente avec la direction du hockey soviétique, en vertu de laquelle des clubs de la LNH iront disputer des matchs présaison en URSS. C'est ainsi que les clubs de Calgary et de Washington se rendent à l'est du Rideau de fer en 1989; Minnesota et Montréal font de même en 1990. Dans le but de favoriser l'ouverture des Russes à l'envoi de joueurs en Amérique, Mike Smith, le directeur général des Jets de Winnipeg, fait preuve d'originalité[x] en signant une entente qui permet au club Sokol Kiev, de la Superligue de l'URSS, d'accueillir pour la saison 1990-1991 Tod Hartje, un Américain dont les droits appartiennent à Winnipeg[xi].

---

ix   Il y a eu cinq Coupes du Canada (1976, 1981, 1984, 1987 et 1991) et une Coupe du monde (1996). Le Canada a remporté quatre de ces tournois, les Russes un seul.

x   Mike Smith détient un doctorat en études russes. Dans sa longue carrière comme directeur général, il a toujours fait une grande place aux joueurs russes et autres Européens. Par exemple, en 1992, 10 des 12 joueurs repêchés par les Jets de Winnipeg sont européens; neuf d'entre eux sont russes. De 1991 à 1993, 66 % des joueurs repêchés par les Jets de Smith sont européens et 54 % russes. Smith a maintenu le cap avec Toronto et Chicago, ses derniers employeurs: de 1998 et 2001, 60 % des joueurs repêchés par Smith pour ces deux clubs sont européens; 27 % sont russes.

xi   Diplômé de l'Université Harvard, où il a joué au hockey, Hartje est le premier hockeyeur américain à avoir joué dans la ligue d'URSS. Il a compté 2 buts en 32 parties avec le Sokol de Kiev. Les Stars du Minnesota, futurs finalistes de la Coupe Stanley en 1991, ont d'ailleurs affronté ce club à l'occasion de leur visite de 1990; le Sokol, qui se situait dans le milieu de peloton des équipes soviétiques, a vaincu Minnesota par la marque de 5-0, ce qui en dit long sur le niveau de jeu des hockeyeurs soviétiques. Hartje a fait le récit de son expérience dans un magnifique ouvrage publié en 1992: *From Behind the Red Line: An American Hockey Player In Russia*.

La Série du siècle et le contact avec le jeu européen amènent plusieurs changements ayant trait aux règlements, stratégies, tactiques et techniques, qui seront introduits dans les années ultérieures. Par exemple, la LNH met en place la notion de hors-jeu retardé à la ligne bleue afin de limiter les arrêts de jeu. Elle raccourcit les tiges fixant les buts à la glace pour protéger les joueurs de blessures à l'occasion de collisions près du filet. Elle change la zone réservée au gardien en adoptant le demi-cercle au lieu du rectangle. Elle contraint les équipes comme celles de Boston et de Chicago à faire une surface de glace plus grande lorsqu'elles construisent de nouveaux arénas. Sur la patinoire, les joueurs délaissent le traditionnel jeu de couloir et permutent de position en pleine action ; ils lancent davantage sur réception.

Le choix des entraîneurs et la façon de diriger les équipes évoluent également. Avec le temps, on n'écarte plus systématiquement les candidatures au poste d'entraîneur des diplômés universitaires qui ne sont pas d'anciens joueurs. Ils ne sont pas nombreux, mais des types comme Herb Brooks, Jean Perron et Dave King auront l'occasion de diriger une équipe de la LNH. Par ailleurs, les instructeurs professionnels suivent l'exemple des Soviétiques en s'adjoignant des associés derrière le banc pour diriger les joueurs ; Fred Shero est le premier instructeur à faire ce geste, vers 1973[xii]. Des les années 1980, les équipes de la LNH embauchent des instructeurs de gardien de but, copiant ainsi l'URSS qui avait mis à la disposition de Tretiak un entraîneur au début des années 1970. Les équipes de la LNH s'inspirent du modèle soviétique en se dotant graduellement d'équipes médicales multidisciplinaires, de psychologues et d'entraîneurs spécialisés en conditionnement physique. Les méthodes d'entraînement évoluent considérablement. Les joueurs seront soumis à des tests de mesure de la condition physique à différents moments de la saison, comme le faisaient les Russes. Ce n'est pas tout.

---

xii   Shero s'était doté de deux adjoints avec les Flyers : Mike Nikoluk et Barry Ashby.

Les équipes de la LNH soumettent leurs joueurs à un programme d'entraînement pendant la saison morte. Quelques entraîneurs introduisent de nouvelles formes d'entraînement ; Fred Shero est le premier à aller dans cette direction en faisant faire de la natation, du tennis et de la gymnastique à ses joueurs, une chose impensable en 1971.

L'influence des Soviétiques, voire des Européens, se manifeste aussi au chapitre de l'équipement. Le changement le plus évident concerne sans doute l'obligation de porter le casque au hockey international. Cette mutation est lente dans la Ligue nationale, mais définitive[xiii]. Peu à peu, les gardiens professionnels adoptent le masque avec grillage comme celui que portait Tretiak en 1972. Celui-ci et ses camarades avaient non seulement découvert que ce type de masque offre une protection plus adéquate, mais encore qu'il bonifiait le champ de vision et facilitait la circulation d'air tout en étant moins chaud que les masques portés ici jusqu'alors. Un autre changement concerne le laçage des patins. Alors qu'en 1972 la plupart des professionnels laçaient fermement leurs patins et ajoutaient souvent du ruban gommé à la hauteur des chevilles pour les tenir fermement, les Soviétiques avaient découvert que le laçage trop serré nuit à la circulation du sang ; ils s'étaient aussi aperçus que cette pratique enlevait la flexibilité nécessaire aux chevilles pour faire des mouvements aisés. Au fil des ans, les professionnels adoptent la manière soviétique de lacer les patins.

Le hockey mineur canadien subit lui aussi l'influence des Européens. Différents ajustements sont apportés à la réglementation du hockey mineur au cours des années 1970 et 1980. Au Québec, on abolit par exemple, à la fin des années 1970, la mise en échec au niveau pee-wee. Or, celle-ci était interdite depuis plus de 10 ans en URSS chez les moins de 15 ans.

---

xiii Les Nordiques de Québec seront la première équipe de hockey professionnelle à imposer à ses joueurs, en 1975, le port du casque.

Le programme de formation des entraîneurs russes ouvre les yeux à bien des Canadiens. Avec l'appui de Hockey Canada, on s'efforce d'offrir aux entraîneurs de hockey amateur une formation minimale. La Série du siècle pave la voie à l'échange de spécialistes du hockey entre les deux pays. Par exemple, en 1974, une centaine d'entraîneurs canadiens, amateurs et professionnels, effectuent un stage de trois semaines à Moscou pour y étudier le hockey[xiv]. L'expérience est répétée en 1975. C'est dire le changement d'attitude des Canadiens.

Au pays, la Série du siècle contribue à créer un engouement extraordinaire pour le hockey. Les écoles de hockey se multiplient[xv] et les arénas poussent comme des champignons. Au Québec, au cours des 15 ans qui suivent la série, dans les moindres petites villes et agglomérations rurales, des arénas sont construits grâce au soutien du gouvernement[xvi]. Le nombre de joueurs inscrits au hockey mineur passe de 80 655 en 1970-1971 à 127 920 en 1975-1976, un bond de 59 % en 5 ans seulement[xvii].

La détente de la guerre froide, les échanges scientifiques avec l'URSS qui s'ensuivent et la Série du siècle éveillent

---

xiv Font notamment partie des étudiants les entraîneurs Fred Shero des Flyers et Gary Young des Blues de Saint Louis, ainsi que Mike Smith, futur directeur général des Jets de Winnipeg et des Blackhawks de Chicago.

xv En ce qui concerne les camps réservés aux gardiens de but, l'URSS crée sa première école de ce genre en 1975 ; le Canada suivra son exemple quelque 15 ans plus tard. L'une des premières, sinon la première école réservée aux gardiens de but au Canada avait comme instructeur... Vladislav Tretiak. Son école est sans doute encore aujourd'hui la plus réputée au monde. Martin Brodeur, José Théodore et Ed Belfour font partie de ceux qui ont été formés par Tretiak.

xvi Selon l'Association des arénas du Québec, il y avait environ 220 arénas au Québec en 1970 ; on en compte quelque 425 en 2001, la majorité des nouveaux édifices ayant été bâtis de 1975 à 1985.

xvii Données de Hockey Québec fondées sur un nombre moyen de 15 joueurs par équipe.

l'intérêt du milieu universitaire canadien pour le hockey[xviii]. Ainsi, l'Université Laval à Québec réagit promptement en créant dès 1973 un groupe de recherche-développement sur le hockey. Ce programme a pour dessein d'augmenter la quantité et la qualité des recherches sur le hockey et d'en faire l'étude scientifique. Plusieurs universitaires canadiens entament dans les années 1970 des recherches scientifiques pour contribuer à l'amélioration de la performance des hockeyeurs. Celles-ci, très éclectiques, touchent différents aspects du hockey: les capacités anaérobiques, la consommation d'oxygène, les diverses mesures de la condition physique, la nutrition, l'évaluation des techniques, l'utilisation du film comme méthode d'enseignement, les aspects psychologiques chez les jeunes joueurs, etc. Plusieurs sujets d'étude sont plus pointus et détonnent quelque peu: l'analyse de l'information préalable à un tir chez le gardien de but, la relation entre le stress urinaire et le hockey chez les jeunes, l'étude des somatotypes ou encore celle de la température tympanique et cutanée.

Dans cette foulée d'intérêt et d'enthousiasme, la publication d'ouvrages traitant de hockey connaît une croissance phénoménale. Les Éditions Sca-Dia créent une collection intitulée « Hockey scientifique », dans laquelle paraissent en 1974 un livre de Georges Larivière sur le patinage et un autre

---

xviii Il faut signaler que l'attribution, en 1968, des Jeux olympiques à la ville de Montréal contribue à l'explosion de la recherche scientifique dans les sports. Stimulés par la « grand-messe » qui aura lieu à Montréal en 1976, les gouvernements et les universités débloquent des crédits en matière de recherche sportive. Les résultats des recherches sont souvent publiés. Les Éditions du Pélican créent la collection « Sciences de l'activité physique », dans laquelle paraît en 1973 un ouvrage de Paul Godbout et associés sur la préparation d'un champion. Cette collection présente huit autres titres de 1973 à 1977. Ainsi, les Jeux de Montréal n'ont pas amené que des installations sportives et des dettes.

de Charles Thiffault sur les lancers[xix]. En 1976, Larivière s'associe à Paul Godbout, un autre universitaire, pour publier les résultats d'une étude aux Éditions du Pélican, sous le titre *Mesure de la condition physique et de l'efficacité technique de joueurs de hockey sur glace : normes pour différentes catégories de joueurs*. De son côté, le Dr Gaston Marcotte publie en 1977, aux Éditions du Pélican, un ouvrage dont le titre révèle l'intérêt nouveau des scientifiques : *Hockey scientifique : évaluation technique du joueur de hockey*. Marcotte enrichit le domaine de la connaissance sportive avec ses ouvrages sur la préparation physique (1978) et les passes (1979). Enfin, d'autres chercheurs s'intéressent au hockey soviétique. Guy Dyotte et André Ruel présentent en 1976 un livre sur les techniques de hockey en URSS. Un collectif publie la même année *L'offensive rouge ; les secrets de la tactique soviétique au hockey*.

Sur la glace, s'il y a des comportements que la Série du siècle n'a malheureusement pas changés, ce sont la rudesse, la brutalité excessive et l'intimidation, à se demander si la victoire canadienne n'a pas contribué à conforter les tenants de ces comportements qui se sont révélés profitables pour les représentants canadiens. La stratégie utilisée par l'équipe canadienne a-t-elle démontré que la rudesse peut être utilisée pour gagner ? La série a-t-elle eu un impact sur le style de hockey qui allait être joué dans la Ligue nationale par la suite ? « Tout à fait », m'a répondu en entrevue Bruce Hood, un arbitre respecté qui a travaillé dans la LNH de 1963 à 1981. « Les Flyers, poursuit-il, ont utilisé l'intimidation et la Ligue nationale l'a permis. À qui la faute ? Je l'impute à la Ligue, qui n'a pas pris en main son produit. Cela n'aurait pas été permis dans d'autres sports. La qualité du jeu en a grandement souffert depuis sur tous les plans. Hood va plus loin

---

xix Georges Larivière est le premier Québécois et probablement aussi le premier Canadien à défendre un mémoire de maîtrise et une thèse de doctorat ayant pour objet le hockey. Quant à Charles Thiffault, il sera plus tard l'adjoint de Michel Bergeron chez les Nordiques de Québec, puis de Pat Burns chez le Canadien de Montréal.

encore dans son ouvrage *Recapturing Hockey's Greatness* :
« Quand Paul Henderson a compté le but le plus connu de
l'histoire du hockey canadien, cela n'a pas été la meilleure
chose qui soit arrivée à notre hockey. [...] Je pense qu'il
aurait été profitable pour le hockey canadien que nous per-
dions la série de 1972[129] ».

Peu après la fin du huitième match, Harry Sinden a laissé
tomber : « Il faudra repenser notre façon de jouer au
hockey[130] ». Son message n'a pas passé, car la brutalité et l'intimidation atteignent au cauchemar dans les années 1970.
Ce sera l'ère des *goons* dans la LNH. Les Flyers de Philadelphie,
dirigés par Fred Shero, qui a incidemment retenu des leçons
variées de la Série du siècle, y sèment la terreur pendant
quelques années. Et la stratégie a du succès : les « joueurs
d'utilité » comme Don Saleski, Don Kelly, Ed Van Impe et
Dave Schultz contribuent à aider les Broad Street Bullies à
remporter la Coupe Stanley en 1974 et en 1975. La violence
atteint un tel degré que la magistrature ontarienne tente de
mettre de l'ordre dans le hockey professionnel joué au
Maple Leafs Gardens en 1976 en déposant des poursuites
contres des joueurs de la LNH. Lorsque Fred Shero et les
siens se présentent à Toronto pour affronter les Leafs, le
coloré entraîneur de Philadelphie laisse tomber :

> « C'est difficile de jouer à Toronto parce qu'on doit tenir
> compte de deux livres de règlements : celui de la Ligue
> nationale et celui de McMurtry[xx]. On ne sait pas ce qui est
> légal et ce qui ne l'est pas. On ne sait pas si on va s'en tirer
> avec un deux minutes de punition ou avec trois ans de tra-
> vaux forcés[131] ».

Ainsi, la violence atteint à l'endémie sur les patinoires
d'Amérique, et cela, dans tous les aspects de jeu. La Ligue
métropolitaine de Toronto se voit contrainte d'interdire les
poignées de main échangées après les parties par les jeunes
joueurs d'âge pee-wee, trop de bagarres éclatant à cette occa-

---

xx Le procureur général de l'Ontario.

sion! Dans la Ligue junior majeure du Québec, au début de la saison 1975-1976, le premier compteur de la Ligue, Benoît Plouffe, des Dynamos de Shawinigan, reçoit un violent coup de bâton de hockey dans le dos de Peter Marsh des Castors de Sherbrooke. Des vertèbres cervicales sont écrasées. La carrière de Plouffe est terminée, son seul espoir étant de revivre normalement. Dans cette ligue, les bagarres générales sont monnaie courante et la violence si répandue que, dégoûté, Jacques Laperrière démissionne de son poste d'instructeur du Canadien Junior en décembre 1976; il prend sa décision après l'intervention de l'escouade antiémeute au Forum de Montréal pour mettre fin à une bagarre générale impliquant les joueurs de son équipe, ceux des Éperviers de Sorel et des spectateurs. C'est l'attaque contre Plouffe qui conduit le gouvernement du Québec à commander à Gilles Néron une enquête sur la violence au hockey. L'enquête Néron, professeur en éducation physique de l'Université de Montréal, s'étirera sur trois ans et mènera à l'introduction de réformes importantes au hockey mineur du Québec à la fin des années 1970.

L'AMH n'est pas exempte de violence excessive, loin s'en faut. Les foires y sont courantes et prisées. Cette ligue fait carrément de la violence sa marque de commerce. L'incident le plus violent est sans doute celui du 11 avril 1976. Ce soir-là, au cours d'un match de deuxième ronde des séries éliminatoires, Marc Tardif, le premier compteur de la Ligue, est presque assassiné sur la glace par Rick Jodzio, un marqueur de 10 buts et «joueur d'utilité» des Cowboys de Calgary. Tardif subit une fracture du crâne et des dommages temporaires au cerveau. Jodzio est suspendu pour le reste des séries. Tardif mis hors de combat, ses coéquipiers sont psychologiquement abattus. Malgré leurs 50 parties gagnées en saison régulière, ils cèdent la victoire aux Cowboys de Calgary. Jodzio plaidera coupable à des accusations portées en cour. Cette attaque lui vaudra toutefois une renommée, puisque les Rockies du Colorado de la LNH se l'approprieront en

1977-1978[xxi]. À la suite à l'incident Tardif-Jodzio, Bobby Hull, qui n'a jamais la langue dans sa poche, a dit :

> « Je joue au hockey depuis 19 ans, mais la violence actuelle me rend malade et c'est la faute des propriétaires idiots, d'instructeurs incompétents, de joueurs inaptes qui traînent le sport dans la boue avec cette violence insensée. On devrait rassembler tous ces incompétents dans un même circuit afin qu'ils se tuent entre eux[132] ».

Le hockey prendra plusieurs années avant de retrouver une certaine dignité.

En somme, bien que la Série du siècle ait ouvert la voie à divers changements, on ne peut affirmer que les dirigeants du hockey professionnel aient pleinement profité de la prestation remarquable des Russes pour améliorer l'essence du jeu et la qualité du spectacle offert.

> « Nous avons gagné la bataille, mais perdu la guerre, m'a dit Bruce Hood. La série aurait dû servir d'avertissement pour le hockey professionnel, mais cela n'est pas arrivé. Malheureusement, la qualité du jeu s'est détériorée après la série de 1972 avec le règne des Broad Street Bullies – quelle honte pour ce merveilleux sport ! »

Et quel malheureux malentendu avec l'histoire.

---

xxi Il compta deux buts au cours de sa seule saison dans la LNH. Sa carte de hockey vaut aujourd'hui 1,25 $, seulement 1 $ de moins que celle de Marc Tardif !

CHAPITRE 30

ET LE HOCKEY AUJOURD'HUI?

> *L'histoire est bonne à oublier ;*
> *c'est pour cela qu'elle est bonne à savoir.*
> JEAN COCTEAU

O ù en est le hockey en Russie et au Canada aujourd'hui ? En Russie, ce sport s'est effondré avec le démantèlement de l'URSS en 1991. Depuis, les changements y sont aussi grands sur la patinoire que dans l'arène politique. Alors que l'URSS a compté jusqu'à 700 000 joueurs de hockey au début des années 1970, il n'y en a plus que 58 000[i]. On comptait à l'époque 20 000 jeunes hockeyeurs dans les seules écoles spécialisées[133]. Privé du soutien de l'État, le système d'écoles de hockey, jadis envié à travers le monde, n'est plus l'ombre de ce qu'il était. Des 150 écoles qui existaient il y a 30 ans, peu ont survécu au changement de régime, faute d'argent[ii]. De façon générale, les gens s'intéressent aussi moins

---

i   La Russie ne constitue plus, il est vrai, qu'un des 15 États qui formaient l'URSS, mais la grande majorité des joueurs de hockey étaient russes ; d'ailleurs, voici le nombre de joueurs que comptent aujourd'hui certaines ex-républiques : 350 en Lituanie, 1 280 au Kazakhstan et 1 547 en Ukraine.

ii   Les entraîneurs dans les écoles de hockey des jeunes gagnent aujourd'hui 16 $ US par mois, rapporte Denis Neznanov dans l'article *The Disaster of Russian Hockey System*, publié sur le site W[3] de hockeyzoneplus.com le 30 janvier 2001.

Pete Mahovlich ne ménage pas ses efforts pour ralentir le meilleur joueur soviétique de la série, Alexandre Yakushev.

au hockey, m'a confirmé le journaliste sportif russe Denis Neznanov : « Malheureusement, le hockey n'est pas très populaire en Russie maintenant. Les gens préfèrent des activités plus à la mode comme aller au cinéma, au théâtre et dans les discothèques ».

Les ex-grands clubs d'État ont perdu de leur lustre. En 1999, le Spartak de Moscou et les Ailes du Soviet ont été exclus de la Superligue de Russie et relégués dans la première division. Quant au célèbre et dominant club de l'Armée rouge, il peine à se maintenir parmi les 18 équipes rivalisant pour le championnat de la Superligue ; on comprend que la carrière militaire, qui procure un revenu mensuel de quelque 50 $, n'a rien pour attirer la relève au sein du club. Par ailleurs, le changement de régime a fait en sorte que le hockey s'est commercialisé. Le pays totalise une vingtaine de clubs d'élite appartenant aux industries locales. Celui de Togliatti, est soutenu par Lada, une des principales entreprises de la région.

Le hockey russe n'est pas exempt de corruption et d'affaires douteuses. Quand le célèbre Viktor Tikhonov s'est fait signifier qu'on n'avait plus besoin de lui comme instructeur de l'Armée rouge en 1995, il surprit tout le monde en déclarant que la patinoire où évoluait le club lui appartenait en vertu d'un bail à long terme. Il a alors fondé son propre club, qui évolue maintenant sur cette patinoire[134]. Il y a plus tragique. Juste avant le Championnat mondial d'avril 1997, le président de la Fédération russe de hockey sur glace a été assassiné. En janvier 2001, le gardien Sergei Zemchenok de l'équipe de Magnitogorsk a subi le même triste sort. Puis, à l'été 2001, Viktor Yakushev, une grande étoile de l'équipe nationale du début des années 1960, a été battu à mort par de jeunes hommes, dans la rue à Moscou. En Amérique, plusieurs histoires impliquant la mafia ont circulé au cours des dernières années concernant certains joueurs russes évoluant dans la LNH.

Sur la glace, le hockey russe s'est transformé. Les joueurs de la Superligue ont maintenant des salaires raisonnables qui atteignent les six chiffres. Attirés par l'aventure, un certain nombre de Canadiens et d'Américains évoluent dans ce circuit. C'est ainsi qu'en 1999-2000 on compte pas moins de sept joueurs de hockey canadiens gagnant leur vie en Russie, dont deux sont d'anciens gardiens de la sainte flanelle, soit Vincent Riendeau et André Racicot[iii]. Le style de hockey nord-américain s'est tranquillement imposé derrière l'ancien Rideau de fer. Certains règlements ont été changés. Par exemple, le contact est maintenant permis chez les moins de 15 ans. La discipline s'est relâchée et le style de jeu s'est transformé, comme en fait foi le témoignage de Viacheslav Anisin, recueilli par Denis Neznanov : « Je vois beaucoup de bousculades, de cinglage et de dardage dans le hockey pratiqué par les jeunes Soviétiques. Chaque fois que les jeunes sautent sur la glace, ils risquent de se casser le cou[135] ».

Malgré la baisse draconienne du nombre de hockeyeurs et les difficultés de ses écoles de hockey, malgré qu'il n'y ait que 84 patinoires intérieures en Russie (contre 3 350 au Canada) et que, de surcroît, le nombre de patinoires extérieures ait considérablement diminué[iv], en dépit de tous les problèmes qui affligent le pays, celui-ci réussit à former des joueurs de hockey de grand talent. En fait foi la médaille d'or remportée, en janvier 2002, par ses représentants au Championnat du monde junior. En fait également foi la prestation des Russes dans la LNH.

En 2002, environ 75 joueurs russes évoluent dans la LNH. Non seulement sont-ils d'année en année plus nombreux, mais ils ont du succès. Au printemps 2001, le trophée Calder a été attribué au gardien Evgeni Nabokov, des Sharks de San Jose. Le trophée Maurice-Richard, emblème du meilleur buteur de la LNH, a été remporté par Pavel Bure les saisons

---

iii   Un troisième gardien québécois, Steve Plouffe, évolue aussi en Russie en 1999-2000. Au cours de la saison 2001-2002, il est encore le gardien numéro un du club de Khabarovsk. Quant à Racicot et Riendeau, ils ont mis fin à l'aventure après un an d'exil.

iv   En 2001, on compte 951 patinoires extérieures en Russie, un nombre important mais qui serait loin des chiffres d'antan. Rappelons-nous qu'il y avait en 1972, à Moscou seulement, 247 patinoires.

1999-2000 et 2000-2001. Au cours de cette dernière, 3 des 11 premiers compteurs de la Ligue étaient russes : Alexei Kovalev (4e), Pavel Bure (7e) et Alexei Yashin (11e).

Les directeurs généraux ne sont pas insensibles à ces succès et jettent de plus en plus leur dévolu sur les Russes aux séances de repêchage. Les Trashers d'Atlanta, détenteurs du tout premier choix de la sélection annuelle de 2001, ont choisi le jeune prodige Ilya Kovalchuk. Au cours de cette même séance, les troisième et cinquième acquisitions potentielles étaient aussi des Russes : Alexandre Svitov et Stanislav Chistov. En tout, les équipes de la LNH ont repêché 37 Russes au cours de la séance de 2001, contre 41 Américains et 106 Canadiens. Ces derniers chiffres donnent à réfléchir quand on considère que les États-Unis et le Canada disposent respectivement de 30 et 40 fois plus de patinoires intérieures qu'en Russie et aussi de 9 et 10 fois plus de joueurs juvéniles[v]. L'argument démographique ne tient donc pas la route pour expliquer le succès des hockeyeurs russes. Des pays comme la Finlande, la Suède, la Slovaquie et la République tchèque connaissent beaucoup de succès dans le hockey professionnel malgré une population moindre que celle du Canada et des moyens peu comparables.

Pays				
Finlande	Slovaquie	Suède	République tchèque	Canada
Population (millions)				
5	5	9	10	31
Nombre de joueurs juvéniles				
43 341	8 620	39 306	68 416	442 891
Nombre de patinoires intérieures				
38	40	350	103	3 350

v   En 2001, il y a 41 066 joueurs amateurs juvéniles en Russie, contre 364 878 aux États-Unis et 442 891 au Canada.

Ce tableau montre que le Canada possède un avantage marqué sur la République tchèque, tant au chapitre du nombre d'habitants, que de celui des joueurs juvéniles et de celui des patinoires intérieures. Pourtant, cette dernière possède un palmarès remarquable. Elle a remporté les Championnats du monde junior de 2000 et de 2001, les Olympiques de 1998 à Nagano et les Championnats du monde senior de 1996, 1999, 2000 et 2001. Ce n'est pas tout, les joueurs tchèques ont aussi beaucoup de succès dans la LNH. Pour preuve, voici quelques exemples. Au printemps 2001, trois des six joueurs nommés au sein de la première équipe d'étoiles de la Ligue nationale étaient tchèques : Dominik Hasek, Patrik Elias et Jaromir Jagr. Au cours des séries de la Coupe Stanley du printemps 2001, trois des quatre premiers pointeurs étaient tchèques : Milan Hedjuk, Patrik Elias et Peter Sykora. Par ailleurs, Roman Turek a remporté en 1999 (conjointement avec Ed Belfour) et en 2000 le trophée Jennings, décerné à celui qui maintient la plus basse moyenne de buts accordés ; en 2001, c'est Dominik Hasek qui l'a emporté. Hasek a aussi gagné six fois le trophée Vézina au cours des huit dernières années. Enfin, la République tchèque a produit le champion pointeur de la Ligue nationale de 1998 à 2001, Jaromir Jagr.

De façon générale, toute proportion considérée, les Européens dominent la LNH depuis quelques années. Ils représentaient 28 % (280 sur 980) des joueurs de la LNH dans la saison 2000-2001 et 7 des 10 premiers compteurs de la saison régulière étaient européens (trois Tchèques, deux Russes, un Slovaque et un Suédois). Au cours de cette saison, non seulement le meilleur gardien et le meilleur joueur d'avant de la LNH étaient-ils tchèques, mais encore le plus remarquable joueur de défense a été le Suédois Nicklas Lidstrom, comme en fait foi le trophée James Norris qui lui a été décerné. Par ailleurs, le trophée Maurice-Richard, remis depuis 1999 au meilleur buteur de la LNH, a été gagné la première année par le Finlandais Teemu Selanne, puis par Pavel Bure les deux années suivantes. Enfin, le trophée Frank

Selke, remis au joueur d'avant qui se distingue le mieux à la défensive, a été décerné à trois reprises à des Européens entre 1996 et 2001 : Jere Lehtinen en 1998 et 1999, et Sergei Fedorov en 1996. Lors des séries éliminatoires de 2002, c'est un Européen qui s'est révélé être le meilleur joueur à chacune des trois positions du hockey : l'avant Peter Forsberg a gagné le championnat des compteurs, sans même avoir participé à la ronde finale ; le défenseur Nicklas Lidstrom a de loin été le meilleur défenseur des séries, à telle enseigne que le trophée Conn Smythe lui a été remis ; enfin, Dominik Hasek a dominé les autres gardiens de buts, surclassant de fait un autre Européen, le Letton Arturs Irbe. En somme, les Européens, pourtant inférieurs en nombre dans la LNH, se distinguent à toutes les positions. Leurs performances sont telles que même l'ultraconservateur Don Cherry commence à changer son attitude envers eux[vi]. Et encore, si l'on en juge par les trois observations qui suivent, les Européens n'ont pas fini de prendre du galon dans la LNH : au cours de 6 des 10 dernières années, c'est à un Européen qu'a échu le trophée Calder ; au repêchage annuel de 2001, 142 des 289 joueurs sélectionnés par les équipes de la Ligue nationale, soit près de 50 %, étaient européens ; au terme de la saison 2001-2002, 6 des 10 meilleurs chez les recrues étaient européens, tout comme 3 des 4 premiers buteurs.

Bien que les Européens surpassent les Nord-Américains dans le champ des statistiques brutes, on semble hésiter à leur accorder certains titres qui reposent davantage sur des critères subjectifs. Par exemple, l'Association des journalistes affectés au hockey n'a pas accordé une seule fois à un Européen, au cours des 15 dernières années, le trophée Masterton, qui désigne le joueur ayant démontré le plus de persévérance

---

vi En plus d'agir comme analyste à CBC, Don Cherry est copropriétaire des Ice Dogs de Mississauga, une équipe de la Ligue junior de l'Ontario. Cherry avait promi de ne jamais admettre d'Européens dans son équipe. Or, celle-ci n'a remporté que 16 victoires à ses 3 premières saisons, subissant 175 défaites au cours de cette période ! Cela donnant à réfléchir, les Ice Dogs ont finalement fait de la place au sein de leur équipe à deux Européens pour la saison 2001-2002.

et le meilleur esprit sportif[vii]. Ces mêmes journalistes n'ont décerné que 3 fois à un Européen, depuis 25 ans, le trophée Lady Bing, qui désigne le joueur le plus gentilhomme. Un autre honneur, le trophée King Clancy, accordé au joueur qui contribue le plus à la communauté et qui fait preuve du meilleur leadership, sur et hors patinoire, n'a jamais été accordé à un Européen depuis sa création en 1988. Enfin, jamais un Européen ne s'est vu récompenser du trophée Conn Smythe, remis au meilleur joueur des séries élimina-toires, avant que l'on remette ce prix à Nicklas Lidstrom au terme des séries 2002. Pourquoi ce manque de reconnais-sance? Parce que la majorité de ces distinctions sont déter-minées par des Nord-Américains? La question est posée.

L'équipe canadienne dirigée par Wayne Gretzky a rem-porté la médaille d'or aux Jeux de Salt Lake City en février 2002. Une fois de plus, les Canadiens ont fait preuve, lors-que la situation le commandait, d'un esprit de corps et d'une intensité remarquables. Après cette victoire, d'aucuns clamaient que les Canadiens étaient les meilleurs au monde. Quoi qu'il en soit, à plusieurs titres, la supériorité des Euro-péens est peu contestable dans la LNH. Comment l'expli-quer? Ce n'est certes pas une question d'argent puisque les autorités russes, par exemple, n'en ont pas. Nous avons déjà vu que ce n'est pas une question de nombre de patinoires, de joueurs fédérés ou d'habitants. La raison de ce succès se trouve probablement dans la structure du sport de ces pays et, surtout, dans la formation et le développement des jeunes hockeyeurs. Serait-ce que les Européens enseignent le hoc-key comme le faisait Tarasov, en insistant sur le coup de patin, le maniement de la rondelle, la passe, la condition phy-sique et le développement général des joueurs? Fort proba-blement. Selon Georges Larivière et d'autres spécialistes du hockey, on encadre sérieusement et professionnellement les jeunes joueurs de hockey en Europe. Ce n'est pas le cas au Canada, où la formation et le développement des jeunes

---

vii   Mats Naslund, l'ancien du Canadien, est le seul Européen à avoir remporté ce titre.

sont le plus souvent confiés aux soins de bénévoles qui, la plupart du temps, n'ont reçu que 15 heures de cours à cette fin.

Le hockey est une affaire de culture. Contrairement à ce qui se fait sur le vieux continent, on continue ici d'accorder une place importante au développement de joueurs robustes et batailleurs. Ce n'est pas par hasard que les titres officieux de meilleur bagarreur de la LNH et celui de joueur le plus puni annuellement demeurent l'apanage des Canadiens et des Québécois en particulier. Le Québécois Peter Worrel a dominé le « championnat » 2001-2002 des minutes de punition[viii]. Au cours de cinq des sept années précédentes, ce sont des joueurs issus du Québec qui ont remporté ce « titre »: Donald Brashear, Gino Odjick, Enrico Ciccone et Matthew Barnaby[ix]. Ces joueurs sont estimés par les amateurs canadiens. Tie Domi est de loin le joueur le plus populaire des Maple Leafs de Toronto, malgré la présence de joueurs étoiles comme Mats Sundin et Curtis Joseph[x]. Et il y a quelques années à peine, Dale Hunter et Marty McSorley n'étaient-ils pas les joueurs les plus populaires de leur équipe respective ?

L'époque de la violence généralisée est révolue, mais il reste du chemin à parcourir. La Ligue de hockey junior majeure du Québec a énormément réduit les bagarres et la violence, mais la bataille fait encore partie du jeu. Le match d'ouverture local du Rocket de Montréal de la saison 2001-2002 n'était lancé que depuis sept secondes quand quatre joueurs sont sortis de la patinoire après en être venus aux mains. Dans la Ligue senior du Québec, un circuit qui connaît passablement de popularité, les bagarres sont non seulement

---

viii La brève notice biographique de Worrel présentée sur le site Web officiel de la LNH indique: « Peter se présente sur la glace pour terroriser les joueurs timides des autres équipes ».

ix Barnaby est né à Ottawa, mais il a fait son stage junior dans la Ligue junior majeure du Québec.

x Après qu'il ait battu le record de l'histoire des Leafs pour le plus grand total de minutes de punitions, Domi s'est plaint que la direction des Leafs (lire le président Ken Dryden) n'en ait pas fait mention au tableau indicateur du Centre Air Canada de Toronto.

monnaie courante, mais une marque de commerce. Parfois, les débordements vont un peu loin, comme lors du match hors concours du 24 août 2001 au Colisée de Laval, alors que le joueur « d'utilité » de Laval, Mathieu Melançon s'est lancé à la poursuite de Patrick Allard... derrière le banc des Rapides de LaSalle. Alors qu'ils se bousculaient près d'une porte de sortie, les deux joueurs se sont retrouvés à l'extérieur du Colisée, où des coéquipiers ont dû les ramener à la raison[136].

Les jeunes héritent du modèle offert par les adultes. Au début de l'année 2000-2001, une bagarre générale a éclaté dans une partie de hockey de la région montréalaise impliquant des équipes pee-wee (12 et 13 ans). Des incidents semblables sont rapportés dans d'autres équipes de hockey mineur. Les spectateurs, en général les parents de joueurs, encouragent souvent les leurs en lançant des cris comme : « Tue-le », « Arrache-lui la tête » ou : « Sors-le de la patinoire ». Il n'est pas rare que les spectateurs se bagarrent ou lancent tout ce qui leur passe sous la main en direction des joueurs, des entraîneurs et même des arbitres. Ces derniers sont à ce point victimes de menaces que plusieurs se retirent, ce qui entraîne dans certaines régions une pénurie d'officiels de qualité. Depuis le rapport Néron, les études et les commissions d'enquête réalisées au Québec sur la problématique de la violence au hockey mineur ne se comptent plus. La plus récente étude a été menée en 2000, alors que la Commission de l'aménagement du territoire a tenu des audiences publiques sur le sujet. L'Association des arénas du Québec et l'Association québécoise du loisir municipal ont déposé un mémoire conjoint. Dans celui-ci, ces organisations suggéraient que le hockey mineur se distancie du hockey professionnel parce que « malgré la croyance populaire [...] l'intimidation, la violence et la tricherie ne sont pas inhérentes à la pratique du hockey[137] ».

En somme, le modèle suprême, celui de la Ligue nationale, n'est pas très édifiant. Qu'on se rappelle le coup de bâton de Marty McSorley à la tête de Donald Brashear. Qu'on se rappelle Wayne Gretzky qui a pris sa défense. Qu'on se rappelle tous ces incidents au cours desquels des joueurs édentent, défigurent, assomment un adversaire ou lui brisent un membre d'un coup de bâton. Combien de fois arrive-t-il, dans de semblables situations, que les joueurs fautifs se voient infliger quelques minutes de punition, parfois deux ou trois matchs de suspension, tandis que le joueur frappé est mis en touche des semaines ou des mois. Le 31 janvier 1998, Gary Suter, des Hawks de Chicago, donne un violent coup de hockey sur la mâchoire de Paul Kariya, des Mighty Ducks de Anaheim, immédiatement après que ce dernier ait marqué un but. Le jeune Kariya, sans doute l'un des 10 meilleurs joueurs de la LNH à ce moment, subit une grave commotion cérébrale qui lui fait manquer le reste de la saison. Pendant un certain temps, on a même douté qu'il puisse jamais rejouer au hockey. Pour preuve, il n'a pas été en mesure de jouer pour le Canada à Nagano en septembre 1998. Il est revenu au jeu l'année suivante, mais n'a plus jamais été le même. Or, pour son geste, Suter a été suspendu quatre parties et mis à l'amende pour la somme de 10 000 $. Les exemples comme celui-ci sont nombreux. Soulignons cet autre exemple. Au cours de la première ronde éliminatoire du printemps 2002, Kenny Jonsson, Michael Peca et Richard Zednik, tous excellents joueurs, ont été gravement blessés. Or, le total des matchs de suspension imposé aux auteurs des charges violentes a été de deux seulement.

Et encore, le principal problème dans la LNH n'est pas celui de la violence, mais plutôt celui de l'accrochage et de la libre application des règlements par les arbitres. On laisse les joueurs talentueux, ceux qui font le spectacle et justifient le prix élevé des billets, se faire retenir et accrocher de façon illégale. Les arbitres ferment les yeux sur des gestes fautifs que tous voient nettement. Dans un match serré, les officiels investissent la plus grande partie de leurs efforts, avec beaucoup de succès d'ailleurs, dans la recherche de l'équilibre des punitions. Si le pointage n'est pas serré, les arbitres se chargeront d'y voir en sifflant des fautes douteuses de l'équipe en avance dans le pointage et en fermant les yeux sur des infractions évidentes commises par l'équipe en retard. En général, plus l'écart dans les points est grand, davantage

300

connu et entendu. Il s'agit de consulter les sommaires. Les
instructeurs et les joueurs connaissent le système. Alors,
l'équipe qui prend du recul dans une partie se met à accrocher davantage, à donner plus de coups de bâton sur les bras
et sur les jambes. Un joueur adverse finit immanquablement
par répliquer et prendre une punition. Cela fait partie du jeu.

Bref, les énergies sont concentrées sur les moyens de tuer
l'imagination, l'intelligence et la créativité des joueurs les
plus habiles, ceux-là mêmes qui devraient faire le spectacle
par leur virtuosité. Richard Garneau commente : « C'est anti-
spectacle. L'accrochage et le refus d'appliquer les règlements
font en sorte que l'on empêche les supervedettes de s'exprimer. Des joueurs sont payés des millions pour les empêcher
de s'exécuter ». L'ex-arbitre Bruce Hood m'a confié :

> « Le jeu souffre encore d'un manque d'enseignement et de
> développement des habiletés offensives des joueurs. Tout
> le monde enseigne aux joueurs comment jouer défensivement, comment étouffer le jeu de ceux qui rendent une partie excitante par leur habileté à manier le bâton et à préparer
> des jeux. On met toute l'emphase sur les moyens de contrer ceux qui nous font tenir sur le bout de notre siège ».

Combien de règlements ont été établis dans la LNH pour
décourager l'attaque au bénéfice de la défense, favorisant
ainsi soit l'équipe la moins talentueuse, soit celle qui est en
retard dans le pointage ? Soulignons la mise en place de la
ligne rouge, dans la première moitié du siècle, pour interdire
les passes de deux zones et les attaques explosives ; la règle
établie dans les années 1950 qui mettait fin à une punition
de deux minutes dès que l'adversaire comptait un but[xi] ; la
règle mise en place dans les années 1980 qui faisait en sorte
que malgré l'appel d'une punition mineure double, signalée
alors que les équipes jouaient déjà à cinq contre quatre, les

---

xi   On impute cette règle au Canadien de Montréal, dont l'attaque massive était dévastatrice.

deux équipes continuaient à jouer avec le même nombre de joueurs[xii]; ou cet autre règlement, établi dans les années 1980, qui permet depuis à un joueur de faire une passe avec la main lorsqu'il est en zone défensive, geste pourtant prohibé lorsque réalisé en zone neutre et offensive. Il y a également tous les règlements existants qui ne sont pas signalés en fin de match, en prolongation ou à une équipe en infériorité numérique: retenir avec sa main le bâton d'un adversaire, lancer volontairement la rondelle par-dessus la baie vitrée, sortir le but de ses amarres; geler la rondelle sous son corps, fermer la main sur la rondelle et accrocher, retenir, frapper ou faire trébucher un adversaire.

On rit des amateurs, comme en fait foi ce commentaire du superviseur des officiels de la Ligue nationale, Denis Morel, à Mathias Brunet, de *La Presse,* au cours des séries 2001: «Nous sommes très satisfaits de l'arbitrage jusqu'à maintenant. Nos arbitres réagissent de la même façon qu'en saison régulière. Tout le monde est satisfait. C'est parfait ou presque. [...] Les coups de bâton sont minimes». On se moque de l'intelligence des gens. S'étonne-t-on ensuite qu'il n'y ait plus que 50 000 joueurs de hockey juvéniles au Québec, alors qu'il y en avait près de 130 000 en 1976? Se surprend-on que les assistances dans la LNH soient en décroissance dans plusieurs villes du circuit? J'ai rencontré pour les fins de ce projet quantité de gens qui ont été exaltés par le hockey dans leur vie mais qui ne regardent plus un seul match complet de la saison régulière.

Il n'en tient qu'à la LNH de faire des gestes en vue d'améliorer le spectacle. Qu'on cesse de mettre des énergies et des dollars pour bonifier le produit en dehors de la patinoire (mascotte, musique, etc.) et qu'on place ces efforts dans l'amélioration du jeu sur la glace. Ce ne sont pas les possibilités qui manquent: d'abord et avant tout, appliquer rigoureusement les règlements, du début à la fin des matchs, du

---

xii   Ce sont les Oilers d'Edmonton qui ont été les responsables de l'édiction de cette règle, pour les mêmes raisons que le Canadien des années 1950. Cette règle a été amendée dans les années 1990.

premier au dernier de la saison ; diminuer le nombre de parties en saison régulière[xiii] ; réduire à quatre le nombre de joueurs d'avant par équipe sur la glace ; diminuer le trafic sur la patinoire en plaçant deux des arbitres hors de la glace, le long de l'enceinte, comme on le fait dans d'autres sports, entre autres le soccer et le football ; porter la dimension des patinoires à hauteur des surfaces olympiques[xiv] ; agrandir les buts, en hauteur et en largeur, les gardiens ayant une stature plus imposante qu'en 1885 et leurs pièces d'équipement étant aussi plus volumineuses ; remplacer les pièces d'équipement rigides des joueurs par de plus souples afin de limiter les commotions cérébrales et autres blessures causées par les collisions entre joueurs ; éliminer la ligne rouge, comme au hockey international ; sur un dégagement, arrêter le jeu dès que la rondelle franchit la ligne des buts, comme le font depuis des siècles les Européens ; raccourcir la durée des arrêts de jeu en fixant une durée uniforme pour chaque arrêt de jeu qui tiendrait compte des pauses publicitaires et dont le décompte serait inscrit au tableau indicateur, obligeant ainsi les juges de ligne à déposer la rondelle sur la glace à l'expiration du délai ; terminer les matchs nuls par une fusillade, comme la très grande majorité des amateurs le désirent ; innover, trouver des solutions, comme l'ont fait la NFL et la NBA, pour que puissent s'exprimer les joueurs les plus rapides, les plus raffinés et les plus doués.

L'espoir des amateurs de hockey, c'est que les nouveaux propriétaires et présidents d'équipe, les Mario Lemieux, Wayne Gretzky, Ken Dryden et Pierre Boivin, ceux-là qui aiment le hockey pour sa nature intrinsèque, réussissent à faire entendre raison à l'ancienne garde conservatrice de la Ligue nationale. L'espoir, c'est que la nouvelle génération de

---

xiii Durant les séries de 2001, Scott Stevens, des Devils du New Jersey, s'est plaint de souffrir de fatigue. Il imputait la faute aux Russes, qui auraient amené les entraîneurs de la Ligue nationale à commander trop de sessions d'entraînement ! Or, le problème ne tient pas au trop grand nombre de sessions d'entraînement, mais à celui des matchs. Les formations de la LNH jouent cinq fois plus de parties que celles de la NFL.

xiv Fred Shero proposait déjà cette solution dans les années 1970.

dirigeants redonne au hockey ses lettres de noblesse. Non seulement assisterons-nous alors à un plus beau spectacle, mais les entraîneurs et les hockeyeurs de niveau inférieur suivront l'exemple de leurs idoles, puis les jeunes reprendront goût à pratiquer ce merveilleux sport.

Le tournoi de hockey des Jeux de Salt Lake City a rappelé à tous à quel point ce sport peut être fabuleux. Les amateurs ne réclament pas d'assister tous les soirs à du jeu de ce calibre ni d'éprouver l'intensité de la Série du siècle. Ils veulent néanmoins regarder du jeu sain, loyal, énergique, rapide et électrisant. Ils veulent simplement voir le plus beau sport au monde.

ÉPILOGUE

C'était en septembre 1998. Mon copain Rénald et moi avions dormi sous le bivouac, à l'orée d'un bois, près de l'un de ces petits hameaux de la Russie profonde. Nous étions à environ 600 km au sud de Moscou, pas très loin de la ville de Voronezh.

Nous nous sommes levés tôt, comme d'habitude, pour entreprendre une autre journée de vélo dans un périple qui devait nous mener, depuis Moscou, jusqu'à la mer d'Azov. Les conditions avaient été difficiles jusque-là. Les vents dominants d'automne venaient du sud. Nous les avions de face en permanence. La route était étroite, le pavé de qualité communiste. Ce matin-là, le mercure était près du point de congélation. Nous avons roulé nos bivouacs, chargé nos vélos et mangé quelques denrées froides achetées la veille. Il était environ 6 h 30 quand nous avons enfourché nos montures. Nous avons roulé quelques kilomètres puis sommes entrés dans ce petit village, égaré dans le pli d'un vallon.

La vie reprenait tranquillement ses droits dans cette fraîche matinée. Des véhicules de l'époque communiste roulaient ici et là. Des gens circulaient. Nous avons descendu une côte au centre du village. Puis, dans la remontée qui suivait, sur la gauche, voilà une enseigne et des effluves de pain frais sorti du four. Il n'en fallait pas plus. Nous nous sommes arrêtés. Le lieu ne payait pas de mine. Les murs étaient défraîchis et la propreté fort relative. Néanmoins, les cafards se faisaient discrets dans cet établissement. Et surtout, ça sentait bon. On y vendait du café – pouvez pas savoir ce qu'on peut apprécier un café dans un moment pareil. On vendait également diverses brioches. Et de l'alcool, évidemment.

Nous avons commandé des brioches et du café. Ludmilla, une femme dans la quarantaine, nous a servis à une petite table. Nous détonnions, avec nos cuissards, nos vélos et le reste. La plupart des gens que nous croisions nous disaient rencontrer pour la première fois de leur vie des Canadiens en chair et en os. Et jamais n'avaient-ils vu de drôles de types se lancer sur deux roues dans semblable aventure.

Deux hommes d'une cinquantaine d'années se sont installés à la table juste à notre gauche. Chacun avait devant lui une bouteille d'environ un demi-litre. Chacun ouvrit la sienne et versa une liqueur incolore dans un grand verre. Et hop! d'un trait, les verres se sont trouvés à moitié vides. Ludmilla est venue s'installer avec nous. Elle s'est mise à poser des questions. Et à raconter aussi. Elle nous parlait de son homme, alcoolique. Et puis d'elle aussi. Et de son propre problème d'alcoolisme. Nous sirotions tranquillement nos cafés, pas fâchés de laisser le thermomètre remonter un peu. Nous étions au cœur de la Russie. Nous mangions la vie à coups de pédale. Qu'aurions-nous pu demander de plus?

Nous étions là depuis trois quarts d'heure environ quand nos deux voisins se sont levés, laissant sur la table leurs bouteilles vides. En passant près de nous, l'un des deux hommes nous demande d'où nous venons. «Du Canada», je réponds. «Du Canada!» qu'il dit, puis il met le pouce en l'air et ajoute, avec un large sourire: «Phil Esposito». Et nous de réagir, en levant le pouce droit en l'air: «Phil Esposito». L'homme sort rejoindre son copain.

Rénald me jette un regard. Fixe les bouteilles vides. On se dit que c'est pas possible. On décide d'en avoir le cœur net. Je me lève, je prends une des bouteilles et l'apporte à notre table. Je lis l'étiquette et déchiffre ses caractères cyrilliques. Ludmilla confirme. C'est bien de la vodka! Et on se répète, incrédules, «Phil Esposito!». Notre Phil Esposito, trente ans plus tard, encore vivant dans ce hameau de la Russie profonde.

Ainsi va la vie.

C'est sans doute là, inconsciemment, qu'a commencé à germer l'idée de cet ouvrage.

QUE SONT-ILS DEVENUS?

Le succès des Soviétiques reposait sur un jeu collectif maîtrisé de façon extraordinaire. Ce style de jeu a fait oublier à certains que l'équipe d'URSS n'aurait pas connu autant de succès si elle n'avait pas compté sur des joueurs de très grande qualité. Quelques-uns auraient été de grandes vedettes dans la Ligue nationale de l'époque : Kharlamov et Yakushev à l'aile gauche, Shadrin au centre, Maltsev à gauche, Tsygankov, Vassiliev, Ragulin et Lutchenko à la défense et Tretiak dans les buts. Plusieurs autres auraient été des joueurs de premier plan dans la Ligue, notamment Anisin, Petrov, Mikhailov, Vikulov, Liapkin, Gusev et Kuzkin. Malheureusement pour eux, aucun de ces athlètes ne pourra évoluer dans le circuit professionnel.

La carrière de nombreux joueurs de l'équipe russe de 1972 s'est prolongée plusieurs années. La majorité des joueurs ayant participé à la série de 1972 seront de la série de 1974 contre les représentants de l'AMH. Plusieurs gains en Championnats du monde suivront, ainsi que le titre olympique de 1976. Les derniers à quitter l'équipe nationale seront Lebedev en 1981, Vassiliev en 1982, Maltsev en 1983 et Tretiak en 1984. Plusieurs des joueurs de l'équipe de 1972 occuperont après leur carrière des postes dans le hockey russe. Boris Mikhailov a pris la place de Viktor Tikhonov à la tête de l'équipe nationale, de 1993 à 1995. Il est revenu à ce poste de façon intermittente depuis l'an 2000. Alexandre Yakushev a dirigé plusieurs années le Spartak de Moscou, avant de quitter l'équipe en

2000. Il a aussi mené l'équipe nationale en 1999 et 2000. Evgeni Zimin a été l'entraîneur d'une équipe d'étoiles russes qui a participé au tournoi du Spartak à l'été 2001 à Moscou. Enfin, en 2000, Youri Blinov et Alexandre Gusev font partie d'un comité national d'étude sur le hockey formé par Alexandre Rozhkov, président d'État du sport et du tourisme de Russie.

Les joueurs de l'équipe de 1972 sont encore bien connus en Russie et la plupart font entendre parler d'eux à l'occasion. Denis Neznanov remarque toutefois ne pas avoir eu de nouvelles depuis longtemps de Vikulov, Martinyuk et Mishakov. Les anciens qui ont pu poursuivre leur carrière après la chute de l'URSS dans le domaine du hockey ou en affaires ont bénéficié de conditions salariales raisonnables, mais la grande majorité des joueurs de 1972 vivent de maigres ressources. Comme la plupart d'entre eux avaient environ 25 ans au moment de la série, ils sont encore relativement jeunes. Ceux qui doivent se contenter de la pension de l'État à l'heure de la retraite n'ont droit qu'à une rente mensuelle de moins de 100 $ canadiens. En d'autres mots, c'est la misère.

Celui des Russes qui a connu le plus de succès sur la glace, Tretiak, est aussi celui qui s'est le mieux tiré d'affaire hors glace. Il terminera sa carrière avec 3 médailles d'or olympiques, 10 victoires en Championnat du monde, une victoire en Coupe du Canada (1981[xv]) et de nombreux honneurs individuels dans diverses compétitions nationales et internationales. Si, 27 ans plus tard, on parle encore du duel du 31 décembre 1975, entre le Canadien de Montréal et le club de l'Armée rouge comme l'une des meilleures parties de l'histoire du hockey, c'est grâce à Tretiak, qui avait gardé son équipe dans le match alors que le Canadien de Montréal avait dominé 40-13 dans les tirs au but. Il ne faut donc pas croire Dennis Hull lorsqu'il le taquine en disant qu'il est devenu un héros au Canada parce qu'il a accordé le but historique à Paul Henderson. Tretiak est à juste titre considéré

---

xv   Il a été choisi meilleur joueur de la Coupe Canada 1981, remportée
     par les Soviétiques.

comme l'un des meilleurs gardiens de l'histoire du hockey. Signe indéniable de cette reconnaissance, la LNH l'introduit en 1989 au Temple de la renommée du hockey ; ce faisant, il devient le premier joueur né et entraîné en Europe à recevoir cet honneur ultime[xvi]. Depuis 1990, Tretiak fait partie de l'organisation des Hawks de Chicago à titre d'entraîneur des gardiens de but.

Le contexte, les multiples incidents survenus sur la glace et hors de celle-ci, l'extraordinaire charge émotive qui a marqué chacune des huit rencontres et enfin le dénouement dramatique de la Série du siècle ont contribué à en faire un événement inoubliable et à élever l'équipe canadienne au rang de mythe. Plusieurs des joueurs racontent que depuis il ne se passe pas une semaine sans que quelqu'un les félicite pour leur victoire ou tout simplement pour les moments fabuleux qu'ils leur ont permis de vivre durant 27 jours. Trente ans plus tard, on parle de la Série du siècle et du match du siècle. L'équipe de 1972 a eu l'honneur d'être désignée l'équipe du millénaire par la Presse canadienne en 1999.

La plupart des joueurs de 1972 ont connu une carrière exceptionnelle dans la LNH. Quinze membres de cette équipe ont été introduits au Panthéon de la renommée : Bobby Orr (1979), Frank Mahovlich (1981), Rod Gilbert et Yvan Cournoyer (1982), Ken Dryden et Stan Mikita (1983), Phil Esposito (1984), Jean Ratelle (1985), Serge Savard (1986), Bobby Clarke (1987), Tony Esposito et Brad Park (1988), Gilbert Perreault (1990), Marcel Dionne (1992) et Guy Lapointe (1993)[xvii]. Chose étonnante, les trois buts vainqueurs de Paul

---

xvi Trois autres Européens ont depuis été élus : Borje Salming en 1996, Peter Stastny en 1998 et Viacheslav Fetisov en 2001. Toutefois, Tretiak demeure le seul hockeyeur élu au Panthéon de la renommée du hockey à n'avoir jamais évolué dans la LNH.

xvii Cinq des six représentants du Canadien de Montréal dans l'équipe de 1972 ont donc été élus, Pete Mahovlich étant le seul privé de cet honneur.

Henderson ne lui ont pas encore valu à ce jour cette reconnaissance ultime accordée aux joueurs de hockey professionnels. Cela surprend encore davantage quand on scrute la liste des élus récents et y trouve des joueurs comme Edgar Laprade (1993), Norm Ulman (1989) et Dave Keon (1986).

Regardons un peu ce que sont devenus la plupart des joueurs de l'équipe de 1972.

Don Awrey. Après 1972, il joue une dixième année avec les Bruins avant d'être échangé. Il évolue ensuite dans cinq équipes différentes, en six ans, dont le Canadien de Montréal. Il se retire en 1979 après 15 ans de carrière. Il travaille dans les affaires par la suite et possède notamment une entreprise spécialisée dans les sorties sportives en autobus.

Red Berenson. Après la série, Berenson joue six autres années dans la LNH. Il s'arrête en 1978 avec les Blues de Saint Louis, alors qu'il a 38 ans. Berenson a accumulé 261 buts en 16 ans dans la LNH. Après sa retraite, il retourne en 1984 à son *alma mater*, l'Université du Michigan, où il dirige la destinée des Wolverines, avec beaucoup de succès d'ailleurs, comme en témoignent les neufs championnats de ligue remportés par son équipe entre 1988 et 1996.

Gary Bergman. La série de 1972 a été favorable à Gary puisqu'il connaît l'une de ses meilleures saisons en 1972-1973, ce qui lui vaut une sélection pour le match des étoiles. Il se retire en 1976, après 11 ans dans la LNH, ce qui est pas mal considérant qu'il y est entré à 26 ans. Gary a été frappé d'un cancer au dos en 1994, s'en est sorti mais fut de nouveau durement touché, au cerveau, en avril 2000. Il est décédé en décembre suivant.

Wayne Cashman. En voilà un autre qui a connu de bons moments après la série, augmentant sa production du tiers en 1972-1973. Il joue 16 saisons dans la LNH, toutes avec les Bruins. Après sa retraite en 1983, il s'implique dans le hockey. À la fin des années 1990, il obtient brièvement le poste d'entraîneur-chef des Flyers. Il est aujourd'hui entraîneur adjoint chez les Bruins de Boston.

Bobby Clarke. Après la série de 1972, le statut de meilleur joueur de la Ligue « dans les deux sens de la patinoire » est accordé à Clarke. En 1972-1973, il hausse sa production offensive à 104 points, une croissance de 25 % par rapport à l'année précédente. Il reçoit le trophée Hart à titre de joueur le plus utile à son équipe et également le Pearson, décerné par les joueurs à celui qu'ils considèrent le meilleur des leurs. Clarke joue un rôle important dans les deux conquêtes de la Coupe Stanley des Flyers en 1974 et 1975. Il gagne deux autres fois le Hart et une fois le Selke en fin de carrière, en reconnaissance de son jeu défensif. Clarke ne joue qu'avec les Flyers. Il s'arrête en 1984, après 15 ans, un véritable exploit si l'on considère qu'il était handicapé par le diabète, une maladie qui le force depuis son jeune âge s'injecter de l'insuline. Après sa carrière de joueur, il s'est converti, comme Serge Savard, à la fonction de directeur général, poste qu'il a occupé principalement avec les Flyers.

Yvan Cournoyer. « Si on avait perdu, dit Cournoyer en parlant de 1972, on aurait été les gens les plus haïs du pays. » Il n'a pas tort. Yvan joue 15 ans dans la Ligue nationale avant d'être forcé de prendre sa retraite en 1979 à cause de maux persistants au dos. Il a passé toute sa carrière avec le Canadien, qui le lui a bien rendu en lui offrant 10 Coupes Stanley. Yvan a apporté sa contribution à ces victoires en accumulant 428 buts. Après sa retraite, il fait des affaires dans la restauration. Il a également dirigé un certain temps l'équipe de roller-hockey de Montréal, avant de revenir dans la Ligue nationale de hockey à titre d'entraîneur adjoint du Canadien. Il est aujourd'hui ambassadeur de ce club, auquel il a consacré la plus grande partie de sa vie.

Marcel Dionne. Le jeune joueur de 21 ans de l'équipe du Canada a une grande carrière dans la LNH. Quand il s'arrête en 1989, après 18 ans, il a accumulé 731 buts, une marque que seul Gordie Howe a alors dépassée. Dionne reçoit deux fois le trophée Pearson, deux fois le Lady Bing, offert au joueur le plus gentilhomme de la Ligue, et une fois le titre de meilleur pointeur de la Ligue. Il acquiert ce titre en

1979-1980 devant Wayne Gretzky, qui en est à sa première saison dans la LNH. Dionne n'a jamais remporté la Coupe Stanley. Il s'est lancé en affaires après sa carrière sportive.

Ken Dryden. Sa performance moyenne dans la Série du siècle ne l'empêchera pas de gagner le Vézina en 1972-1973 et d'être nommé dans la première équipe d'étoiles. Dryden est aussi le joueur le plus indépendant de la Ligue. En pleine gloire, il décide de prendre une année sabbatique en 1973-1974, à l'âge de 26 ans, pour poursuivre ses études de droit. Il ne joue que cinq autres années dans la LNH et gagne à ses quatre dernières saisons les mêmes honneurs qu'en 1972-1973. Le Canadien de Montréal a remporté la Coupe Stanley cinq années, où Dryden a reçu chaque fois le trophée Vézina. Après sa carrière de joueur, il joue à l'avant dans des ligues de garage et pratique le droit. Surtout, il écrit et publie quelques livres de grande qualité sur le hockey. Il réalise même une série télévisée sur notre sport national (*Home Game*). À la fin des années 1990, il laisse l'écriture et le droit pour accepter le poste de président des Leafs de Toronto. Après 30 ans de misère, les Leafs sont ainsi redevenus une équipe respectable.

Ron Ellis. Il accroche ses patins en 1981, après 18 ans de loyaux services et 332 buts, tous marqués pour les Leafs de Toronto. Ellis a eu de la difficulté après sa carrière. Comme Henderson, il a trouvé refuge dans la religion. Il est aujourd'hui directeur des affaires publiques du Temps de la renommée du hockey.

Phil Esposito. Le général Esposito poursuit sur sa lancée après la série en remportant deux autres fois le championnat des compteurs de la Ligue, soit en 1972-1973 et 1973-1974. Quelques trophées et nominations aux équipes d'étoiles s'ajoutent à sa fiche avant qu'il mette un terme à sa carrière en 1981, alors qu'il joue pour les Rangers de New York. Ses 717 buts et 1 590 points en faisaient alors le deuxième joueur le plus productif de la LNH, derrière Gordie Howe. Esposito est toujours demeuré associé au hockey. Il a notamment été le directeur général des Rangers de New York et du Lightning de Tampa Bay.

Tony Esposito. Il jouera 16 ans dans la LNH, dont 15 avec les Hawks. Un Calder, trois Vézinas, plusieurs nominations au sein d'équipes d'étoiles et 76 blanchissages. Que dire de plus, sinon qu'il a été un très grand gardien de but ?

Rod Gilbert. Rod joue 17 ans dans la LNH, toutes avec les Rangers. En tout, il compte 406 buts. Il a été un des meilleurs ailiers droits de son époque. Après sa retraite en 1978, il devient le directeur commercial du Madison Square Gardens. Il s'implique aussi dans différentes affaires, entre autres du domaine de l'imprimerie et de celui des appareils d'exercice. Toujours associé aux Rangers de New York, il agit à titre de directeur des projets spéciaux.

Brian Glennie. Il joue neuf ans avec les Leafs de Toronto, puis un an avec les Kings de Los Angeles. Il s'arrête en 1979, après 10 ans d'efforts. Il aura quelques petites affaires, mais prendra une semi-retraite après avoir connu des problèmes cardiaques en 1990.

Bill Goldsworthy. Bill joue une douzaine d'années dans la LNH. Il termine sa carrière dans l'AMH en 1979 avec les Oilers d'Edmonton, juste avant qu'ils intègrent la Ligue nationale. Il est décédé du sida en 1996.

Jocelyn Guèvremont. Il n'a jamais fourni les performances attendues d'un choix de troisième ronde. Il se retire à 29 ans, après 8 ans dans la LNH.

Vic Hadfield. Sa décision de quitter l'équipe du Canada pèse lourd sur les épaules de Hadfield. Il rate 15 parties durant la saison 1972-1973 et sa production offensive baisse de 50 %. Les Rangers l'envoient à Pittsburgh en 1974. Il termine sa carrière avec les Pingouins en 1977, après 16 ans dans la LNH. À sa retraite du hockey, il s'occupe notamment d'un club de golf dont il est propriétaire.

Paul Henderson. Les choses tournent mal pour le héros de la Série du siècle. Il manque la moitié de la saison 1972-1973 en raison d'une blessure. Il quitte ensuite les Leafs de Toronto à la fin de la saison 1973-1974, prétendant que Harold Ballard avait laissé l'équipe se vider de ses meilleurs joueurs. Il joint l'AMH et y passe plus de cinq ans, sans se démarquer sur la glace, avant de revenir faire une demi-saison avec les Flames d'Atlanta en 1979-1980. La tension vécue en 1972 et l'auréole qui l'a entouré n'ont pas porté chance à Henderson. Il a connu divers problèmes après la série. Il a fait de l'anxiété, est devenu arrogant et a sombré dans la dépression. Il s'est aussi mis à boire encore davantage. En 1975, il trouve l'apaisement en devenant un *born-again Christian*. «J'ai été sauvé par la grâce de Dieu», affirme-t-il aujourd'hui[138]. Sa deuxième carrière est consacrée à la religion, ce qui ne l'empêchera pas d'excuser le geste de Bobby Clarke à l'endroit de Kharlamov : «Nous avions à faire face aux événements. La seule façon que nous pouvions gagner était de les ralentir [les Russes] en jouant le style de jeu que nous maîtrisions le mieux. Je ne m'excuse pas pour la façon dont nous avons joué[139]». Henderson travaille aujourd'hui pour le ministère *Campus Crusade for Christ*. Il aide notamment les hommes d'affaires à trouver la foi.

Dennis Hull. Le frère de l'autre a une belle carrière de 14 ans dans la LNH. Il passe toute celle-ci à Chicago, à l'exception de sa dernière saison, qu'il jouera à Detroit. Lorsqu'il s'arrête en 1978, il a amassé un total respectable de 303 buts. Il se lance ensuite en affaires dans le domaine de l'automobile.

Eddie Johnston. Johnston traîne ses savates jusqu'à l'âge de 42 ans dans la LNH. Il s'arrête finalement en 1978, alors qu'il joue pour les Blackhawks de Chicago. Il sera ensuite sept ans entraîneur des Pingouins de Pittsburgh et cinq autres directeur général de ce club.

Guy Lapointe. Il connaît une superbe carrière. Il est nommé quelques fois dans les équipes d'étoiles. Au cours des années 1970, il fait partie du célèbre *Big three* du Canadien, avec Serge Savard et Larry Robinson. Il est échangé à la fin de sa carrière aux Blues de Saint Louis, puis aux Bruins de Boston. En 1984, il s'arrête après 16 ans. Il a depuis occupé divers postes de soutien dans des équipes de la LNH, dont celui d'entraîneur adjoint des Nordiques de Québec. Présentement, il est associé au Wild du Minnesota.

Frank Mahovlich. Le grand « M » joue 18 saisons dans la LNH puis 4 autres dans l'AMH. Sa carrière dans la LNH a pris fin en 1974 avec le Canadien de Montréal. Son total de 533 buts dans la LNH en faisait le quatrième meilleur de l'histoire, derrière Gordie Howe, Bobby Hull et Maurice Richard. Frank se lancera en affaires dans le domaine du voyage. En 1998, il est nommé sénateur.

Pete Mahovlich. Le Canadien échange Pete Mahovlich à Pittsburgh en 1977. Sa carrière dans la LNH prend fin en 1981, alors qu'il joue pour les Red Wings de Detroit. Il a amassé un respectable total de 288 buts en 16 ans dans la LNH. Pete travaille ensuite comme entraîneur dans les circuits professionnels mineurs aux États-Unis. Il est aujourd'hui recruteur professionnel pour les Trashers d'Atlanta.

Richard Martin. La carrière de l'ailier gauche de Gilbert Perreault prend fin le 9 novembre 1980 lorsque le gardien Mike Palmeteer, des Capitals de Washington, le frappe au genou. Scotty Bowman doute de la gravité de la blessure de son joueur étoile. Martin est échangé au cours de cette même année aux Kings de Los Angeles. Toujours handicapé par les séquelles de sa blessure, il ne peut jouer qu'une partie avec eux et s'arrête définitivement l'année suivante, après avoir joué un seul match. Martin poursuivra Bowman et les Sabres pour 10 millions de dollars. L'affaire se règlera hors cour plusieurs années plus tard. Au cours des 9 saisons qui ont précédé sa blessure, Martin a maintenu l'impressionnante moyenne de 42 buts par saison. Il est encore reconnu comme l'un des meilleurs joueurs de l'histoire des Sabres. N'eût été sa blessure, il serait probablement reconnu comme l'un des meilleurs joueurs de l'histoire de la Ligue nationale.

Stan Mikita. Stanislav Gvoth a connu les meilleurs moments de sa carrière avant 1972, mais il amasse encore plus de 300 points dans les 8 années qui suivent. Il s'arrête en 1980, à l'âge de 40 ans, après voir passé 22 ans au sein de la même équipe. Un véritable exploit. Mikita a dominé les années 1960 avec Bobby Hull. Il a sans doute été l'un des meilleurs joueurs de l'histoire de la LNH. Il œuvre dans les affaires après sa carrière de joueur, notamment comme partenaire d'une firme spécialisée en ventes du secteur manufacturier.

Jean-Paul Parisé. La série de 1972 a un effet bénéfique pour le petit joueur de Smooth Rock Falls, car il double sa production en 1972-1973, passant de 37 à 75 points. Il connaît ainsi sa meilleure saison dans la Ligue nationale. Parisé joue 13 ans dans la LNH après y être entré définitivement à l'âge de 26 ans, à la faveur de l'expansion. Parisé tire sa révérence en 1979 avec les North Stars du Minnesota. Il est aujourd'hui entraîneur d'une équipe de hockey au Minnesota.

Brad Park. Un autre joueur de la série qui connaît une grande carrière. Il est nommé cinq fois dans la première équipe d'étoiles. Il hérite du Masterton en 1984. Il est échangé aux Bruins dans le célèbre échange de 1975 impliquant Ratelle, Esposito et Carol Vadnais. Park s'arrête en 1985, après 17 ans de loyaux services. Il s'impliquera alors beaucoup dans les œuvres liées à la paralysie cérébrale.

Gilbert Perreault. Perreault joue toute sa carrière à Buffalo. Il remporte le Lady Bing en 1972-1973. Il est choisi au sein de la seconde équipe d'étoiles en 1976 et 1977. Il compte 512 buts en 17 ans de carrière, marqués de 10 saisons de plus de 30 buts, un exploit peu banal. Tout comme Guy Lafleur, Perreault aurait pu, malgré ses succès, être encore un meilleur joueur. Il travaille aujourd'hui comme ambassadeur des Sabres de Buffalo.

Jean Ratelle. L'émule de Jean Béliveau joue 20 ans la LNH. Il s'arrête en 1981, à l'aube de ses 40 ans, après 6 années passées chez les Bruins. Son total de 491 buts et de 1 267 points est plus que respectable. Malheureusement, il n'a jamais goûté au champagne de la Coupe Stanley. Ratelle demeure associé au hockey après sa carrière. Il a définitivement pris sa retraite à l'été 2001 alors qu'il agissait comme éclaireur pour les Bruins de Boston.

Mickey Redmond. La courte carrière du rapide Redmond sera de neuf ans. Lorsqu'il s'arrête en 1976 avec Detroit, il a amassé 233 buts. Après sa retraite du hockey, Redmond travaille pour les Red Wings. Il est encore analyste de leurs parties à la télé.

Serge Savard. Savard joue 14 saisons avec le Canadien avant de terminer sa carrière avec les Jets de Winnipeg, où il passe ses 2 dernières années. Il connaît une excellente carrière, qui aurait pu être plus éclatante encore n'eussent été les graves blessures qu'il a subies aux jambes au début. Il est l'un des cinq meilleurs défenseurs de l'histoire de la LNH selon Paul Henderson. En 1983, il est nommé directeur général du Canadien. Sous sa gouverne, le Canadien remporte deux Coupes Stanley (1986 et 1993). Savard a une feuille de route impressionnante en dehors du hockey professionnel. À la fin des années 1970, alors qu'il est toujours un joueur actif du Canadien, désabusé de la violence dans la LHJMQ et désireux d'offrir une voie différente aux jeunes joueurs de talent qui voulaient poursuivre leurs études, il fonde la Ligue de hockey collégial AAA. Celle-ci sera à l'origine des programmes sports-études au Québec. Savard est aujourd'hui un homme d'affaires prospère qui s'implique comme peu d'individus dans la communauté. Il a notamment présidé les Jeux du Québec et s'est impliqué dans la Fondation Maurice-Richard. Il est présentement impliqué dans la Fondation québécoise contre l'arthrite et est président du conseil d'administration des Internationaux du sport de Montréal, dont le but est d'amener des compétitions internationales à Montréal et de promouvoir la ville.

Rod Seiling. Il connaît une belle carrière de 15 saisons dans la LNH. Comme plusieurs autres joueurs, il se promène dans plusieurs équipes puis s'arrête finalement en 1979 chez les Flames d'Atlanta. Par la suite, il s'est impliqué en affaires, entre autres comme président de l'Association des hôteliers de Toronto.

Pat Stapleton. Il joue une autre saison avec les Hawks avant de passer à l'AMH, où il évolue pendant cinq saisons.

Après la fin du huitième match, la caméra montre Stapleton se dirigeant vers la rondelle, celle qui a été l'objet du but historique de Henderson quelques instants auparavant. Jusqu'à tout récemment, Stapleton prétendait posséder cette rondelle chez lui, refusant toutefois de la montrer à qui que ce soit ; cela n'aurait servi à rien puisque les rondelles n'étaient pas identifiées à l'époque. Rien ne distinguerait donc cette rondelle noire d'une autre rondelle noire. Depuis quelques années, il affirme s'en être débarrassé, si bien que l'histoire de la rondelle historique demeure un mystère.

Dale Tallon. Ce deuxième choix de la première ronde de 1970 met fin à sa carrière à 30 ans, après 10 ans seulement dans la LNH. Il est ensuite gérant d'un club de golf et analyste des matchs des Hawks à la télé et à la radio. Depuis quelques années, il est le directeur du personnel des joueurs de cette équipe.

Bill White. La série a un effet bénéfique sur White puisqu'il connaît sa saison la plus productive en carrière en 1972-1973 avec 47 points, une augmentation de 62 % sur l'année précédente. Il joue 9 saisons dans la LNH, ce qui est pas mal pour un type qui a commencé dans cette ligue à l'âge vénérable de 28 ans. Sa carrière s'arrête en 1976. Depuis, il s'est occupé à diverses activités, dont celle de représentant pour une compagnie de pièces de plomberie. Comme d'autres joueurs de l'équipe, White dit à propos de 1972 : « J'y pense presque chaque jour[140] ».

En ce qui concerne les entraîneurs, leurs destinées sont les suivantes. Après la série de 1972, Bobrov est deux ans encore l'entraîneur-chef de l'équipe nationale soviétique. Il est décédé en juillet 1979. Kulagin lui a succédé comme entraîneur de l'équipe nationale. Sa carrière connaît une fin malheureuse au cours du Championnat mondial tenu à Vienne en 1977. Durant l'entracte qui suit la deuxième période d'un match contre les Suédois, alors que son club est en retard 2-1, le chef de la délégation soviétique se rend dans le vestiaire et le congédie *manu militari*, jugeant sa stratégie trop axée sur la défensive. L'entraîneur adjoint Konstantin Loktev est désigné pour terminer le match, que les Soviétiques perdent finalement 3-1. Cela laissera la voie libre à Viktor Tikhonov, qui prendra la relève la même année.

Du côté des Canadiens, peu après la série, Harry Sinden se voit offrir le poste de directeur général des Bruins de Boston. Il occupe ce poste jusque dans les années 1990. Il n'a pas procuré la Coupe Stanley aux supporters des Bruins, mais cette équipe ne manquera qu'une seule fois les séries de fin de saison pendant son règne, ce qui n'est pas rien. Sinden est aujourd'hui le président de l'équipe. En 1983, il s'est vu accorder la reconnaissance suprême de la LNH, l'élection au Panthéon de la renommée du hockey. Quant à John Ferguson, il est embauché comme directeur général des Rangers au milieu de la saison 1975-1976. Après quelques saisons sans succès, il occupe le même poste avec les Jets de Winnipeg, qui font désormais partie de la LNH. Ferguson occupe ensuite divers postes administratifs au sein de différentes équipes de la Ligue nationale. Il est aujourd'hui associé aux Sharks de San Jose.

Reste Alan Eagleson. L'Aigle poursuit sa carrière d'agent de joueurs et organise plusieurs rencontres internationales, dont la série de 1974 entre l'URSS et l'AMH et plusieurs Coupes du Canada. Il poursuit son mandat comme directeur de l'Association des joueurs de la LNH. Il reçoit en avril 1984 l'Ordre du Canada, puis est élu au Panthéon des sports du Canada et intronisé au Temple de la renommée du hockey. En 1990, plusieurs anciens joueurs poursuivent en justice la LNH pour récupérer leur fonds de retraite. C'est là que les problèmes d'Eagleson commencent. Le journaliste américain Russ Conway est mis sur une piste par des joueurs, dont Carl Brewer, le premier client de l'Aigle dans les années 1960. Conway pousse son enquête et découvre d'importantes irrégularités, dans la caisse de retraite des joueurs et leur assurance-invalidité notamment. Le FBI et la GRC prennent la relève.

En tout, 32 charges (extorsion, détournement de fonds, fraude, entrave à la justice) représentant près de 1 million de dollars sont déposées en 1994 contre Eagleson. L'étau se resserre. Le 6 janvier 1998, il reconnaît sa culpabilité aux États-Unis, devant plusieurs de ses anciens clients, dont Bobby Orr, sur trois des charges : avoir escroqué les joueurs et l'Association des joueurs et avoir fraudé à l'occasion des rencontres internationales. Il écope d'une année de prison suspendue et d'une amende de un million de dollars canadiens. Dans les jours suivants, il plaide coupable à Toronto à 3 charges et se voit infliger une peine de 18 mois derrière les barreaux. Gordie Howe, Brad Park et quelques autres menacent alors la LNH de se retirer du Temple de la renommée si Eagleson n'en est pas destitué. Eagleson s'en retire de lui-même à la fin de février 1998. En avril de la même année, M. Roméo LeBlanc, gouverneur général du Canada et aussi Chevalier et Compagnon principal de l'Ordre du Canada, radie Eagleson de l'Ordre, rétroactivement au 28 février 1998. Eagleson est de plus destitué du Panthéon des sport du Canada et radié du Barreau canadien, opprobre et déshonneur suprêmes. Que ce soit par ses fanfaronnades, ses réalisations ou son influence, personne n'a autant marqué le hockey qu'Alan Eagleson en dehors de la glace dans la Ligue nationale de hockey. L'ennui, c'est que son avidité était aussi grande que sa capacité de déplacer des montagnes.

SOMMAIRE PREMIER MATCH, 2 SEPTEMBRE, MONTRÉAL
URSS 7, Canada 3

Première période
1. Canada: P. Esposito (F. Mahovlich, Bergman) 00:30
2. Canada: Henderson (Clarke) 6:32
3. URSS: Zimin (Yakushev, Shadrin) 11:40
4. URSS/DN: Petrov (Mikhailov) 17:28

Punitions: Henderson (trébucher) 1:03, Yakushev (trébucher) 7:04, Mikhailov (trébucher) 15:11, Ragulin (trébucher) 17:19

Deuxième période
5. URSS: Kharlamov (Maltsev) 2:40
6. URSS: Kharlamov (Maltsev) 10:18

Punitions: Clarke (cingler) 5:16, Lapointe (cingler) 12:53

Deuxième période
7. Canada: Clarke (Ellis, Henderson) 8:22
8. URSS: Mikhailov (Blinov) 13:32
9. URSS: Zimin 14:29
10. URSS: Yakushev (Shadrin) 18:37

Punitions: Kharlamov (bâton élevé) 14:45, Lapointe (double échec) 19:41

Lancers au but: Canada 32, URSS 30
Gardiens: Dryden, Tretiak

SOMMAIRE DEUXIÈME MATCH, 4 SEPTEMBRE, TORONTO
Canada 4, URSS 1

Première période
Aucun but

Punitions: Park (double échec) 10:08, Henderson (trébucher) 15:19

Deuxième période

1. Canada: P. Esposito (Park, Cashman) 7:14

Punitions: Gusev (trébucher) 2:07, URSS (punition au banc) 4:13, Bergman (trébucher) 15:16, Tsygankov (cingler) 19:54, Kharlamov (10 min pour mauvaise conduite) 19:54

Troisième période

2. Canada /AN: Cournoyer (Park) 1:19
3. URSS /AN: Yakushev (Liapkin, Zimin) 5:53
4. Canada /DN: P. Mahovlich (P. Esposito) 6:47
5. Canada: F. Mahovlich (Mikita, Cournoyer) 8:59

Punitions: Clarke (cingler) 5:13, Stapleton (accrocher) 6:14

Lancers au but: Canada 36, URSS 21
Gardiens: T. Esposito, Tretiak

SOMMAIRE TROISIÈME MATCH, 6 SEPTEMBRE, WINNIPEG

Canada 4, URSS 4

Première période

1. Canada: Parisé (White, P. Esposito) 1:54
2. URSS/DN: Petrov 3:15
3. Canada: Ratelle (Cournoyer, Bergman) 18:25

Punitions: Vassiliev (coup de coude) 3:02, Cashman (cingler) 8:01, Parisé (obstruction) 15:47

Deuxième période

4. Canada: P. Esposito (Cashman, Parisé) 4:19
5. URSS/DN: Kharlamov (Tsygankov) 12:56
6. Canada: Henderson (Clarke, Ellis) 13:47
7. URSS: Lebedev (Vassiliev, Anisin) 14:59
8. URSS: Bodunov (Anisin) 18:28

Punitions: Petrov (obstruction) 4:46, Lebedev (trébucher) 11:00

Troisième période

Aucun but

Punitions : White et Mishakov (cingler) 1:33, Cashman (cingler et 10 min pour mauvaise conduite) 10:44

Lancers au but : Canada 38, URSS 25
Gardiens : T. Esposito, Tretiak

SOMMAIRE QUATRIÈME MATCH, 8 SEPTEMBRE, VANCOUVER

URSS 5, Canada 3

Première période
1. URSS/AN : Mikhailov (Lutchenko, Petrov) 2:01
2. URSS/AN : Mikhailov (Lutchenko, Petrov) 7:29

Punitions : Goldsworthy (double échec) 1:24, Goldsworthy (coup de coude) 5:58, P. Esposito (trébucher) 19:29

Deuxième période
3. Canada : Perreault 5:37
4. URSS : Blinov (Petrov, Mikhailov) 6:34
5. URSS : Vikulov (Kharlamov, Maltsev) 13:52

Punitions : Kuzkin (trébucher) 8:39

Troisième période
6. Canada : Goldsworthy (P. Esposito, Bergman) 6:54
7. URSS : Shadrin (Yakushev, Vassiliev) 11:05
8. Canada : D. Hull (P. Esposito, Goldsworthy) 19:38

Punitions : Petrov (retenir) 2:01
Lancers au but : Canada 41, URSS 31
Gardiens : Dryden, Tretiak

Sommaire cinquième match, 22 septembre, Moscou

URSS 5, Canada 4

Première période

1. Canada : Parisé (Perreault, Gilbert) 15:30

Punitions : Ellis (trébucher) 3:49, Kharlamov (cingler) 12:25

Deuxième période

2. Canada : Clarke (Henderson) 2:36
3. Canada : Henderson (Lapointe, Clarke) 11:58

Punitions : Ellis (cingler) et Kharlamov (retenir) 5:38, Bergman (rudesse) 8:13, White et Blinov (cingler) 20:00

Troisième période

4. URSS : Blinov (Petrov, Kuzkin) 3:34
5. Canada : Henderson (Clarke) 4:56
6. URSS : Anisin (Liapkin, Yakushev) 9:05
7. URSS : Shadrin (Anisin) 9:13
8. URSS : Gusev (Ragulin, Kharlamov) 11:41
9. URSS : Vikulov (Kharlamov) 14:46

Punitions : Clarke (retenir) et Tsygangov (bâton élevé) 10:25, Yakushev (accrocher) 15:48

Lancers au but : Canada 37, URSS 33
Gardiens : T. Esposito, Tretiak

Sommaire sixième match, 24 septembre, Moscou

Canada 3, URSS 2

Première période
Aucun but

Punitions : Bergman (trébucher) 10:21, P. Esposito (4 min pour assaut) 13:11

Deuxième période
1. URSS Liapkin (Yakushev, Shadrin) 1:12
2. Canada : D. Hull (Gilbert) 5:13
3. Canada : Cournoyer (Berenson) 6:21
4. Canada : Henderson 6:36
5. URSS/AN : Yakushev (Shadrin, Liapkin) 17:11

Punitions : Ragulin (obstruction) 2:09, Lapointe et Vassiliev (rudesse) 8:29, Clarke (cingler et 10 min pour mauvaise conduite) 10:12, D. Hull (cingler) 17:02, P. Esposito (5 min pour bâton élevé) et Canada (punition de banc) 17:46.

Lancers au but : Canada 22, URSS 29
Gardiens : Dryden, Tretiak

SOMMAIRE SEPTIÈME MATCH, 26 SEPTEMBRE, MOSCOU
Canada 4, URSS 3

Première période
1. Canada : P. Esposito (Ellis, Henderson) 4:09
2. URSS : Yakushev (Shadrin, Liapkin) 10:17
3. URSS/AN : Petrov (Vikulov, Tsygankov) 16:27
4. Canada : P. Esposito (Savard, Parisé) 17:34

Punitions : Mikhailov (trébucher) 2:00, P. Mahovlich (rudesse) et Mishakov (retenir) 5:16, Mishakov (retenir) 11:09, P. Esposito (double échec) 12:39, White (obstruction) 15:45

Deuxième période
Aucun but

Punitions : Gilbert (accrocher) 0:59, Parisé (cingler) 6:04, Anisin (accrocher) 6:11, P. Esposito et Kuzkin (rudesse) 12:44, Parisé et Kuzkin (rudesse) 15:14, Stapleton (retenir) 15:24

Troisième période
5. Canada: Gilbert (Ratelle, D. Hull) 2:13
6. URSS/AN: Yakushev (Maltsev, Lutchenko) 5:15
7. Canada: Henderson (Savard) 17:54

Punitions: Bergman (retenir) 3:26, Gilbert (assaut) 7:25, Bergman et Mikhailov (5 min pour rudesse) 16:26

Lancers au but: Canada 25, URSS 31
Gardiens: T. Esposito, Tretiak

SOMMAIRE HUITIÈME MATCH, 28 SEPTEMBRE, MOSCOU
Canada 6, URSS 5

Première période
1. URSS/AN: Yakushev (Maltsev, Liapkin) 3:34
2. Canada/AN: P. Esposito (Park) 6:45
3. URSS/AN: Lutchenko (Kharlamov) 13:10
4. Canada: Park (Ratelle, D. Hull) 16:59

Punitions: White (retenir) 2:25, P. Mahovlich (retenir) 3:01, Petrov (accrocher) 3:44, Parisé (obstruction et 10 min pour mauvaise conduite et expulsion de la partie) 4:10, Tsygankov (obstruction) 6:28, Ellis (obstruction) 9:27, Petrov (obstruction) 9:46, Cournoyer (obstruction) 12:51

Deuxième période
5. URSS: Shadrin 0:21
6. Canada: White (Gilbert, Ratelle) 10:32
7. URSS: Yakushev 11:43
8. URSS/AN: Vassiliev 16:44

Punitions: Stapleton (double échec) 14:58, Kuzkin (coup de coude) 18:06

Troisième période
9. Canada: P. Esposito (P. Mahovlich) 2:27
10. Canada: Cournoyer (P. Esposito, Park) 12:56
11. Canada: Henderson (P. Esposito) 19:26

Punitions: Gilbert et Mishakov (5 min pour bataille) 3:41, Vassiliev (trébucher) 4:27, D. Hull (bâton élevé) et Petrov (coup de coude) 15:24

Lancers au but: Canada 36, URSS 27
Gardiens: Dryden, Tretiak

MEILLEURS POINTEURS DE LA SÉRIE

P. Esposito	7-6=13
Yakushev	7-4=11
Henderson	7-3=10
Shadrin	3-5=8
Kharlamov	3-4=7
Petrov	3-4=7
Clarke	2-4=6
Liapkin	1-5=6
Cournoyer	3-2=5
Mikhailov	3-2=5
Maltsev	0-5=5

Bibliographie

Les bandes vidéo de la version française de la série n'existent plus, selon toute vraisemblance, à l'exception de celle du huitième match. Voilà pourquoi j'ai dû utiliser la version anglaise des parties. J'ai également consulté l'excellent documentaire de 96 min *Summit On Ice*, préparé à l'occasion du vingt-cinquième anniversaire de la Série du siècle, par Robert Macaskill et Dave Toms, distribué par Malofilm Video. Par ailleurs, l'Internet est un incontournable outil. Vous y trouverez une quantité infinie de renseignements. Pour ce qui est du hockey, je citerai deux remarquables sites W^3: celui de Hockeydb (http://www.hockeydb.com), une encyclopédie en la matière; celui de A to Z, *Encyclopaedia of Ice Hockey* (http://www.azhockey.com/), un site anglais de 17 500 entrées, particulièrement utile pour ce qui concerne les Championnats mondiaux et les Jeux olympiques.

Plusieurs ouvrages ont été écrits sur le sujet au Canada anglais. D'aucuns offrent une lecture passionnante que le poids des années n'a pas altérée. La plupart se trouvent aisément, à prix raisonnable, sur les sites W^3 comme Amazon.com. Voici la liste des principaux livres et périodiques consultés.

CONACHER, Brian. *Hockey in Canada, the Way It Is!*, Richmond Hill, Simon & Shuster of Canada [édition livre de poche], 1971, c1970, 159 p.

DRYDEN, Ken et MACGREGOR, Roy. *Home Game: hockey and life in Canada*, Toronto, McClelland and Stewart, 1989, 283 p.

DRYDEN, Ken et MULVOY, Mark. *Face-Off at the Summit*, Boston-Toronto, Sports Illustrated Book, 1973, 209 p.

DYOTTE, Guy et RUEL, André. *Techniques de hockey en U.R.S.S.*, Montréal, Éditions de l'homme, 1976, 287 p.

EARLE, Neil. « Hockey as Canadian Popular Culture: Team Canada 1972, Television and the Canadian Identity », *Revue d'études canadiennes\Journal of Canadian Studies*, vol. 30, n° 2, automne 1995, p. 107-123.

FERGUSON, John, FISCHLER, Shirley et FISCHLER, Stan. *Thunder and Lightning*, Scarborough, Prentice-Hall Canada, 1989, 334 p.

GUAY, Donald. *L'Histoire du hockey au Québec : origine et développement d'un phénomène culturel avant 1917*, Chicoutimi, JCL, 1990, 293 p.

HENDERSON, Paul et LEONETTI, Mike. *Shooting for Glory*, Toronto-Los Angeles, Warwick Publishing, 1997, 216 p.

HOCKEY CANADA. *Twenty-seven Days in September/Vingt-sept Jours en septembre – The Official Hockey Canada History of the 1972 Canada/U.S.S.R. Series/Hockey Canada présente l'histoire officielle des matchs Canada/U.R.R.S. 1972*, [rédacteur John Macfarlane], Hockey Canada et Prosport productions, 127 p.

HOOD, Bruce et TOWNSEND, Murray. *The Good of the Game - Recapturing Hockey's Greatness*, Toronto, Stoddart Publishing Co. Ltd., 1999, 257 p.

HOPPENER, Henk W. *Death of a Legend, Summer of '72 Team Canada vs. USSR Nationals*, Montreal-Toronto, The Copp Clark Publishing Company, 1972, 102 p.

HUTCHINSON, Brian. «Saint Bobby of Broad Street», *Saturday Night* [publié par *The National Post*], le 31 mars 2001, p. 22-27.

LUDWIG, Jack. *Hockey Night in Moscow*, Richmond Hill, Simon & Shuster of Canada [édition livre de poche], 1974, c1972, 205 p.

KIDD, Bruce et MACFARLANE, John. *The Death of Hockey*, Toronto, New Press, 1972, 169 p.

KOSTKA, Vladimir. *Sovremennyi khokkei*, Moskva, Fizkul'tura i sport, 1976, 253 p.

MACSKIMMING, Roy. *Cold War: the Amazing Canada-Soviet Hockey Series of 1972*, Barbara Pulling, 1996, 274 p.

MACINTOSH, Donald et GREENHORN, Donna. «Hockey Diplomacy and Canadian Foreign Policy», *Revue d'études canadiennes/Journal of Canadian Studies*, vol. 28, n° 2, automne 1993, p. 96-112.

MARTIN, Lawrence. *The Red Machine; The Soviet Quest to Dominate Canada's Game*, Toronto, Doubleday Canada, 1990, 293 p.

MORRISON, Scott. *The Days Canada Stood Still – Canada vs USSR, 1972*, Toronto-Montréal, McGraw-Hill Ryerson, 1989, 223 p.

PODNIEKS, Andrew. Canada's *Olympic Hockey Teams: the complete history, 1920-1998*, Toronto, Doubleday Canada, 1997, 242 p.

SHERER, Karl Adolf. *1908-1978: 70 jahre LIHG/IIHF: siebzig jahre Internationaler Eishockey-Verband = 1908-1978: 70 years of L.I.H.G./I.I.H.F.: the seventy-year history of the International Ice Hockey Federation,* Munich, Internationaler Eishockey-Verband, 1978, 239 p.

SINDEN, Harry. *Hockey Showdown – the Canada-Russia Hockey Series*, Toronto, Doubleday Canada, 1972, 126 p.

SPASSKY, Oleg. *Ice Hockey*, Moscow, Progress Publishers, 1981, 192 p.

TERROUX, Gilles. *Le Match du siècle : Canada-URSS*, Montréal, Éditions de l'Homme, Coll. « Sports », 1972, 95 p.

TARASOV, Anatoli. *Road to Olympus*, Toronto, Griffin House, 1969, 173 p.

TARASOV, Anatoli. *Les Techniques de hockey*, Montréal, HRW, 1973, 86 p.

TRETIAK, Vladislav. *The Legend*, Edmonton, Plains Publishing, 1987, 262 p.

TRETIAK, Vladislav et SNEGIREV, V. *The Hockey I Love*, Wesport, Lawrence Hill & Company, 1977, 189 p.

YOUNG, Scott. *War on Ice: Canada in International Hockey*, Toronto, McClelland and Stewart, 1976, 250 p.

NOTES

Seuls les noms des auteurs et les numéros de pages cités apparaissent ici. Les références complètes se trouvent dans la bibliographie. Si plus d'une source est signalée par un auteur, alors le titre est mentionné.

1. À propos de l'origine du hockey, voir Karl Adolf Sherer.
2. À propos des débuts du hockey, voir Donald Guay.
3. Tiré du site WEB *Canada, un siècle de sport*: http://www.ourcenturyinsport. com/website/francais/moments/victory_48flyers1.html
4. Scott Young, p. 5.
5. *Ibid.*, p. 19.
6. *Ibid.*, p. 20.
7. *Ibid.*, p. 33.
8. *Ibid.*, p. 46.
9. *Ibid.*, p. 62.
10. *Ibid.*, p. 69.
11. *Ibid.*, p. 93.
12. *Ibid.*, p. 106.
13. *Ibid.*, p. 124.
14. Anatoli Tarasov, *Road to Olympus*, p. 51.
15. Brian Conacher, p. 68.
16. *Ibid.*, p. 144.
17. *Ibid.*, p. 131.
18. Donald Macintosh et Donna Greenhorn, p. 98
19. *Ibid.*, p. 99
20. *Ibid.*, p. 99.
21. *Ibid.*, p. 100.
22. Roy MacSkimming, p. 18.
23. *La Presse*, 13 juillet 1972, p. A6.

24. *La Presse*, 29 juillet 1972, p. A4.
25. *La Presse*, 24 juillet 1972, P. A1.
26. John Ferguson, p. 178.
27. *La Presse*, 3 août 1972, p. B1
28. *La Presse*, 31 août 1972, p. A1.
29. Ken Dryden et Mark Mulvoy, p. 36.
30. *Montreal Star*, 2 septembre 1972, p. C1.
31. Voir notamment Scott Morrison,(p. 47), Roy MacSkimming (p. 30) et Scott Young (p. 170). Ces mêmes auteurs attribuent aussi erronément ce geste à un jeune Tchécoslovaque établi à Montréal.
32. *Montreal Star*, 1er septembre 1972, p. C3.
33. *Montreal Star*, 13 septembre, p. E3.
34. *Montréal-Matin*, 2 septembre 1972, p. 29.
35. *The Gazette*, 2 septembre 1972, p. 29.
36. *La Presse*, 2 septembre 1972, p. C1.
37. *Montreal Star*, 2 septembre 1972. p. C3.
38. *Le Journal de Montréal*, 13 août 1972, p. 30.
39. *Montréal-Matin*,. 2 septembre. p. 31.
40. Vladislav Tretiak, p. 52.
41. Scott Morrison, p. 52.
42. Roy MacSkimming, p. 50.
43. Henk W. Hoppener, p. 34.
44. *Ibid.*, p. 35.
45. *Ibid.*, p. 37.
46. Harry Sinden, p. 8-9.
47. Ken Dryden et Mark Mulvoy, p. 50.
48. Guy Dyotte et André Ruel, p. 53.
49. Anatoli Tarasov, *op. cit.*, p. 145.
50. *Ibid.*, p. 7.
51. Tretiak confirme que l'équipe a reçu des leçons spéciales de boxe avant la série dans *The Legend*, p. 54. Firsov confirme cette pratique dans une entrevue accordée au réseau PBS et disponible sur le Web : « *We made many trainings with wrestlers, because they are very abrupt, with boxers, with basketball players. But basketball players began to get very serious traumas and they stopped meeting with us, while with wrestlers and boxers we met to learn to strike back in our meetings with professionals.* » Voir l'adresse suivante : http://www.pbs.org/redfiles/sports/deep/interv/s_int_anatoly_firsov.htm
52. Scott Young, p. 138.
53. Vladislav Tretiak, *op. cit.*, p. 54.
54. Harry Sinden, p. 63.
55. Jack Ludwig, p. 21-22.
56. Henk W. Hoppener, p. 44.
57. Ken Dryden et Mark Mulvoy, p. 67.
58. *Montreal Star*, 5 septembre 1972. p. A18.
59. Harry Sinden, p. 24.
60. *Ibid.*, p. 49.
61. John Ferguson, p. 125.

62. *Ibid.*, p. 133.
63. *Ibid.*, p. 322.
64. Henk W. Hoppener, p. 15.
65. *Ibid.*, p. 179.
66. Ken Dryden et Mark Mulvoy, p. 25.
67. Herry Sinden, p. 30-31.
68. James Riordan, *Sport in Soviet Society: development of sport and physical education in Russia and the USSR*, p. 13
69. Karl Adolf Sherer, p. 113.
70. Roy MacSkimming, p. 129-130, et Frank W. Hoppener, p. 57.
71. Harry Sinden, p. 34. « Il ne faut pas blâmer Goldie, ajoute Sinden, il a fait ce que je lui ai demandé. »
72. *Montreal Star*, 9 septembre 1972, p. E1.
73. Harry Sinden, p. 36.
74. *Montreal Star*, 9 septembre 1972, p. E1.
75. Brian Conacher, p. 144.
76. *Ibid.*, p. 68.
77. Fred Shero, p. 87.
78. Paul Henderson, p. 136.
79. Bruce Kidd et John MacFarlane, p. 59.
80. Brian Conacher, p. 6.
81. Marcel Desjardins, *La Presse*, 26 septembre 1972, p. C1.
82. Bruce Hood, p. 75.
83. Bruce Kidd et John MacFarlane, p. 41.
84. *Dimanche-Matin*, 17 septembre 1972, p. 145.
85. Harry Sinden, p. 67.
86. Ken Dryden et Mark Mulvoy, p. 104.
87. Henk W. Hoppener, p. 59.
88. Harry Sinden p. 74.
89. Scott Morrison, p. 129.
90. *Ibid.*, p. 130.
91. Ken Dryden et Mark Mulvoy, p. 117.
92. Scott Morrison, p. 130.
93. Henk W. Hoppener, p. 66.
94. Harry Sinden, p. 92.
95. Pierre Nadon, *Montréal-Matin*, 23 septembre 1972, p. 8.
96. Harry Sinden, p. 92.
97. James Riordan, *op. cit.*, p. 64.
98. James Riordan, *Soviet Sport Background to the Olympics*, p. 31.
99. *Ibid.*, p. 31.
100. Guy Dyotte et André Ruel, p. 23.
101. James Riordan, *Sport in Soviet Society: development of sport and physical education in Russia and the USSR*, p. 263.
102. Scott Morrison, p. 108.
103. Scott Young, p. 183.
104. *Montréal-Matin*, 26 septembre 1972. p. 58.
105. Roy MacSkimming, p. 186.
106. Harry Sinden, p. 96.

107. Jack Ludwig, p. 147.
108. Gilles Terroux, p. 85.
109. Voir Anatoli Tarasov, *op. cit.*, p. 169 et ss.; voir aussi Anatoli Tarasov, *Les Techniques de hockey*, p. 23 et ss.
110. *Ibid.*, p. 11.
111. *Ibid.*, p. 12.
112. *Ibid.*
113. Vladislav Tretiak, *The Hockey I Love* et *The Legend*.
114. Vladislav Tretiak, *The Legend*, p. 10.
115. Entrevue accordée à PBS, disponible sur le site de PBS: http:/www.pbs.org/redfiles/sports/deep/interv/s_int_anatoly_firsov.htm
116. *Ibid.*
117. Harry Sinden, p. 58.
118. Anatoli Tarasov, *Road to Olympus*, p. 112.
119. *Ibid.*, p. 137.
120. Vladislav Tretiak, *The Legend*, p. 38-39.
121. *Ibid.*, p. 39.
122. Voir la série *Red Files* sur le site Web de PBS: http://www.pbs.org/redfiles/sports/deep/
123. *Toronto Star*, 28 septembre 1972, p. 2.
124. Ces commentaires sont tirés du *Journal de Montréal*, 29 septembre 1972.
125. Scott Morrison, p. 217.
126. Vladislav Tretiak, *The Legend*, p. 56.
127. Scott Morrison, p. 217.
128. Paul Henderson, p. 85.
129. Bruce Hood, p. viii et 148.
130. Gilles Terroux, p. 178.
131. Pierre Foglia, *La Presse*, 24 avril 1976: «Quand les vulgarités changent un duel».
132. Gilles E. Néron, p. 19.
133. Les données statistiques de ce chapitre concernant le nombre de joueurs recensés et le nombre de patinoires dans le monde et au Québec sont tirées d'une part de l'enquête statistique 2001 réalisée par la FIHG et d'autre part de Hockey Québec. D'autres sources ont aussi été signalées précédemment sur le même sujet.
134. Denis Neznanov, *The Disaster of Russian Hockey System*, publié sur le site de hockeyzoneplus.com le 30 janvier 2001, p. 2.
135. *Ibid.*, p. 3.
136. *Courrier Laval*, 30 août 2001, p. 18.
137. Association des arénas du Québec et Association québécoise du loisir municipal, avril 2001, p 15.
138. Paul Henderson, p. 154.
139. *Ibid.*, p. 75.
140. David Shoalts, *The Globe and Mail*, 9 septembre 1997.

INDEX

340

LA SÉRIE DU SIÈCLE

Moreau, Jacques 80
Morel, Denis 301
Mouton, Claude 82, 93, 141, 147, 185
Mulvoy, Mark 83
Munroe, John 47
Murray, Jim 166

N

Nabokov, Evgeni 292
Naslund, Mats 296
Neznanov, Denis 9, 289, 291, 292, 308
Nikoluk, Mike 281
Nillson, Nils 41
Nilsson, Ulf 163

O

Odjick, Gino 297
Orr, Bobby 42, 58, 59, 80, 82, 91, 101, 110, 116, 121, 162, 194, 214, 217, 230, 237-239, 240-242, 309, 320

P

Paladiev, Evgeni 69, 90, 115, 128, 141, 145, 184
Parisé, Jean-Paul 64, 88, 111, 120, 129, 132, 140, 183, 186, 213, 230, 232, 247, 251, 252, 264, 269, 316, 322, 324-326
Park, Brad 21, 59, 68, 81, 91, 92, 113, 115, 116, 124, 130, 131, 143, 151, 185, 206, 229, 230, 233, 253, 259, 260, 275, 276, 309, 316, 320-322, 326
Pavlov, Ivan 230
Pedneault, Yvon 54, 67, 106, 124
Percival, Lloyd 220
Père Bauer (David) 41-43, 125, 129, 130
Perreault, Gilbert 58, 60, 63, 64, 84, 88, 124, 141-145, 186, 187, 190, 191, 193, 194, 207, 309, 315, 316, 323, 324
Perron, Jean 281
Petrov, Vladimir 71, 90, 129, 189, 190, 230, 307, 321-327
Picher, Claude 75

Plante, Jacques 82, 88, 139, 143, 157, 195
Plouffe, Benoît 287
Plouffe, Pierre 217
Plouffe, Steve 292
Podgorny, Nikolaï 185, 250
Pollock, Sam 42, 121
Poutine, Vladimir 271
Pryakhin, Sergei 278
Pulford, Bob 155

R

Racicot, André 292
Ragulin, Alexandre 69, 90, 128, 141, 188, 213, 249, 307, 321, 324, 325
Ratelle, Jean 9, 62, 64, 111, 112, 127, 129, 130, 140, 149, 179, 183, 184, 189, 233, 253, 270, 275, 309, 316, 322, 326
Redmond, Mickey 65, 111, 165, 178, 317
Richard, Henri 122
Richard, Maurice 40, 96, 154, 158, 172, 183, 195, 292, 294, 315, 317
Riendeau, Vincent 292
Robertson, John 68, 83, 84, 110, 268
Robichaud, Louis 172
Rose, Fred 83
Rousseau, Robert 154
Rozhkov, Alexandre 308
Ruel, André 285
Ruel, Claude 165

S

Saleski, Don 286
Salming, Borje 163, 277, 309
Sanderson, Derek 54, 83, 122
Savard, Serge 9, 17, 24, 42, 59, 88, 111, 116, 122, 139, 140, 147, 167, 172, 179, 186, 206, 207, 210, 211, 215, 216, 225, 230, 231, 241, 251, 252, 255, 258, 261, 263, 265, 267-270, 275-277, 309, 311, 314, 317, 325, 326
Schultz, Dave 286
Schuvalov, Viktor 136

Seiling, Rod 42, 59, 111, 140, 145, 189, 207, 317
Selanne, Teemu 294
Shadrin, Vladimir 71, 90, 92, 114, 147, 186, 188, 254, 255, 259, 276, 307, 321, 323-327
Shatalov, Youri 70, 128, 141, 209, 210, 229
Shero, Fred 61, 154, 155, 205, 279, 281-283, 286, 302
Sidelnikov, Alexandre 69
Sinden, Harry 39, 40, 53, 59, 64, 68, 80, 84, 88, 90, 92, 95, 97, 98, 106, 107, 109-111, 113, 120-125, 127, 128, 130-132, 140-143, 145, 151, 152, 161, 162, 165, 166, 169, 177-180, 183, 188, 189, 191, 193-195, 207-209, 212-215, 217, 229-231, 233, 241, 248, 249, 252, 257, 259, 261, 266, 269, 275, 286, 319
Sjoberg, Lars-Erik 166
Smith, Dallas 56
Smith, Doug 37
Smith, Mike 280, 283
Smith, Reginald 34
Smith, Rick 213
Smythe, Conn 34, 57, 59, 240, 261, 296
Solodukhin, Viacheslav 71
Sologubov, Nikolaï 41
Staline, Joseph 202
Staline, Vassili 202
Stapleton, Pat 59, 111, 144-146, 188, 240, 255, 279, 317, 318, 322, 325, 326
Starovoitov, Andrei 120, 264
Starshinov, Viacheslav 71, 84, 110, 116, 128
Stastny, (frères) 90, 265, 309
Stastny, Marian 265
Sterner, Ulf 163, 165
Stevens, Scott 302
Storey, Red 82
Sundin, Mats 278, 297
Suter, Gary 299
Svitov, Alexandre 293
Sykora, Peter 294